谷川健一の世界

魂の民俗学が遺したもの

大江修 編著
Oe Osamu

ジョン・エヴァレット・ミレイ「オフィーリア」

Ophelia, by John Everett Millais. Tate Gallery, London, UK

オフィーリアはきれいな花環をつくり、
その花の冠を、しだれた枝にかけようとして、
よぢのぼつた折も折、
意地わるく枝はぽきりと折れ、
花環もろとも流れのうへに。
すそがひろがり、
まるで人魚のやうに川面をただよひながら、
祈りの歌を口ずさんでゐたといふ、
死の迫るのも知らぬげに、
水に生ひ水になづんだ生物さながら。
ああ、それもつかの間、
ふくらんだすそはたちまち水を吸ひ、
美しい歌声をもぎとるやうに、あの憐れな牲へを、
川底の泥のなかにひきずりこんでしまつて。
それきり、あとは何も。

シェイクスピア「ハムレット」第四幕第七場
（福田恆存訳『シェイクスピア全集』10　新潮社より、新字体にあらため改行を施した）

前書き

谷川健一先生は東北を襲つた平成二十三年の大津波に深く心を痛められた。そして翌年、『悲しみの海――東日本大震災詩歌集』（谷川健一・玉田尊英編　冨山房インターナショナル）を出版するに至る。同書は被災地の歌人達の歌を中心に編んだアンソロジーである。

その編纂方針を定める際、先生は「口絵にジョン・ミレイの描いたオフィーリアを使ひたい」と言はれた。

ハムレットの恋人オフィーリアは度重なる不幸のため気が狂ふ。花環を木の枝にかけようとして川に落ち森の中を流れていく、そのオフィーリアの神々しい顔は被災者の鎮魂に相応しい。私は先生のお考へに即座に賛成した。

「大江さん、絵の場面に相当する台詞《せりふ》を抜き出しておいてください」と先生は命じた。私は福田恆存訳のシェークスピア全集から引用することしか考へなかつた。これほど美しい翻訳を私は知らないから。

だが、一週間ほどして先生は「オフィーリアは使はないことにした。被災から一年あまりでは、あまりにも生々しく感じるかもしれないので」とおつしやり、口絵の話はなくなつた。

私はどこかでこの絵を使ひたかつた。谷川先生も同じ気持ちでをられるだらう。震災から五年を過ぎた今、亡くなつた方達の慰霊の意を込めてここに掲げた次第である。

本書には『谷川健一全集』（全二十四巻　冨山房インターナショナル）の各巻に収められた先生と大江の「巻末対話」、その他、先生に関する私の追悼文やエッセー等が収録されてゐる。

先生との対談はこの「巻末対話」が初めてではない。平成十八年に大江の編集で出版した『魂の民俗学──谷川健一の思想』（冨山房インターナショナル）が最初である。当時あまり知られてゐなかつた谷川民俗学の全体像を、世に明らかにする目的で行つた十三時間のインタビューだ。谷川先生はこの本を大層気に入つて下さり、その後あらためて全集の各巻ごとに先生の聞き役を務めることになつた。

谷川先生のお仕事は民俗学、古代史、地名研究など多方面に亙《わた》るが、私は会社勤めの人間であり、何の専門家でもない。どうして谷川先生が私との対話を特に好まれたのか、先生の亡くなられた後、そのわけを考へた。共通の話題が多いのは確かだが、なぜ物事への関心がこれだけ重なり合ふのか。

この理由に気が付かせてくれたのはある著名な編集者である。縁あつて三時間ばかり話をする機会があつた。場所は上野アメ横の居酒屋である。

「大江さん、あなたと話してゐると不思議な気がする。私は六十九歳だが、あなたは五十九歳ですよね。だが、逆にあなたが私より十歳年上の気がするのだ。今の時代の人が保田與重郎やゲーテ、宣長などを話題にするのを聞いたことがない。これらは戦前の若者達の読んだ本だ。それがあなたの口からごく普通に出てくる」。

さういへば平成三年、敬愛してゐた福田恆存氏を訪ねて大磯の御自宅に初めて伺つた際、薄暗い和室で対座した七十七歳の福田氏が、「なぜ三十そこそこのあなたが私のことを知つてゐるのですか」と、不思議さうに私の顔を覗き込んだことを思ひ出す。

私は学生時代から、福田恆存や小林秀雄、保田與重郎に憧れ、必死に背伸びをした。聖書、プラトン、ゲーテ、ドフトエフスキー、本居宣長、源氏物語、芭蕉、万葉集、新古今和歌集、漱石など、彼らの文章に出てくる書物は次々に読んだ。これらは昭和十年代の青年の一般教養書とでもいふべきものである。そしてそれらは谷川先生の青年期に重なる。私の世代でこのやうな本を一連のものとして読む者は、少なくとも周りにはゐなかつた。

何年か前、私の高校時代の同級生から「谷川先生に自分の歌集を差し上げたいのだけれど、どうかしら」と相談された。逡巡する歌人の彼女に私は、「きつと谷川先生は気に入つてくださる」、とそれを強く勧めた。

二か月ほどして彼女は「谷川先生から頂いたの」、と微笑みながら手提げから一枚の葉書を取り出し、私に見せてくれた。そこには歌集への賛辞とともに、「大江さんは年の離れた私の友人です」といふ言葉が記されてゐた。

三十四歳も離れた先生が、私のことを「友人」といふ。そのことにいささか驚いた。しかし、谷川先生自身も、宣長やゲーテなどを話題にする相手は近年ゐなかつたと思ふ。

私は触媒のやうなものだ。私が聞き手になることにより、先生のお考へは明確な輪郭を現した。それが結実したのがこの「巻末対話」なのである。

全集が完結した時、谷川先生が「巻末対話を単行本にして出しませう」とおつしやつた。先生が亡くなられてから三年がたつ今、やうやくそれが実現する。この本を謹んで先生の御霊前に捧げる。

本書の刊行に際し、多くの方々からお力添へを賜つた。まづ最初に、いつも気品のある笑顔とやんごとなきお口ぶりで私に出版を促して下さつた冨山房インターナショナル坂本喜杏社長。また『谷川健一全集』出版の同志である編集者の平石元明氏、笠井照子さん、本田由利子さん、併せて本書の編集も手掛けて下さつた増田政巳氏。

毎回の巻末対話終了後、谷川先生を囲んで、坂本社長、編集者の皆さんと一緒に先生のお好きなすき焼きを賞味し、会話の弾んだあの至福のひとときが今でも心に浮かぶ。この遣り取りの録音があれば巻末対話も一層充実したのに、と何度悔やんだことか。

なほ、本書に収録した巻末対話の仮名遣ひは全集と同じ「現代仮名遣ひ」であるが、私自身のエッセーなどは「正仮名遣ひ」を用いてゐる。福田恆存にならひ、私は学生時代からこの流儀を通してゐる。

谷川健一の世界　魂の民俗学が遺したもの

目次

第二部　魂の民俗学と私

第一部

対話のたのしみ

作品を語る

一　白鳥伝説

白鳥伝説執筆のきっかけ

大江　「日本の歴史には、その裏側におそろしい真実が伏せられている！」という言葉で締めくくられている壮大な叙事詩ともいうべき書、『白鳥伝説』は文芸雑誌「すばる」に一九八二年の九月号から八五年の三月号まで二年半にわたり連載されたものです。でもその一二年前にすでに先生は「白鳥伝説を訪ねて」という紀行文を書かれておられますけれど、先生はなぜ白鳥に着目されたのでしょうか？

谷川　沖縄の歌に、「船の高艫に白い鳥が止まっている、いや白い鳥ではない、これは私のいもうと神の生御魂だ」というのがあります。白い鳥が霊魂のかたどりだという発想は日本各地にあり、もうすでに折口信夫もいろんな形で論じております。この白い鳥は今でいうスワンだけじゃなく、白い鳥一般を指します。ただ、私が白鳥に特別に関心を持ったのは、東北地方、特に今の宮城県の白石辺りに見られる、他から見れば異常と思うくらい熱烈な白鳥信仰の存在を知ったからです。

ですが、短い紀行文を七〇年代の初めに書いたあとも私の東北の白鳥への想いはつづいており、一九七五年、東北を主題に書くつもりで集英社の編集者と一緒に東北を回ったのです。その直後一一月八日に岐阜県の垂井町にある南宮大社の「ふいご祭り」を見まして、金属精錬と風に関する啓示のようなものを受けたんですね。

私は成算が全くないのに「青銅の問題をやる」と編集者に宣言した。彼は唖然としましてね。それでも「すばる」への連載を認めてくれました。それが『青銅の神の足跡』。それを一九七九年に出版し、次に『白鳥伝説』に取り掛かったんです。

『青銅の神の足跡』の時には、もっぱら伊福部《いふくべ》氏という金属精錬をなりわいとする氏族を取り上げました。ところが『青銅の神の足跡』の巻末の注を書く段階で、物部氏の問題が重要だということに気が付いたんです。それに物部氏が白鳥に関係している氏族、ということも踏まえて『白鳥伝説』を書き始めました。一度、間を置いたからこそかえって『白鳥伝説』の内容が豊かになったと思いますね。

白鳥の謎とナガスネヒコ

谷川　ところで、物部氏同様白鳥を信仰していた蝦夷《えみし》の末裔も、白鳥への信仰を抱き続けていたんです。そこに二つの問題が浮き上がってきます。

まず第一の問題ですが、八世紀初頭に編纂された常陸国風土記の中に、白鳥の里の伝説があります。一方、前九年の役（一〇五一—一〇六二）で敗れた安倍貞任《あべのさだとう》の子孫と称する者が津軽の藤崎の城主になる。その城は白鳥城と呼ばれたらしい。その三代目の城主が一二世紀の半ばに、大勢の士卒を引き連れて常陸の白鳥の里に移住した、という話がありましてね。

常陸国風土記の話から四世紀も経って、陸奥の国から常陸の国まではたいへん遠いのに、その白鳥の里を目指していったのはなぜか。しかも興味深いことに、陸奥と常陸の間には白鳥に縁のある城や神社が点々とあるんですね。そこには何かひとつの物語があるんじゃないかと考えた。

第二の問題は「意識の連鎖」ということです。津軽半島の西側の十三湖付近に、安倍貞任の後裔と称する安東氏がいた。その系図は、大和に君臨していたナガスネヒコの兄の安日《あび》を祖先としている。日本書紀によれば、ナガスネヒコは物部氏の先祖のニギハヤヒと手を組んで大和を支配してきたわけですが、神武東征の軍に敗れて殺される。そして、兄の安日が十三湖のほとりに逃れたという伝承が存在する。

私は、神武東征は邪馬台国の東遷という史実の反映であり、それは三世紀後半の出来事だと考える。安東氏の流れをくむ秋田家は明治になり爵位を授与される際、宮内省に対し安日を始祖とする系図を提出している。

自分たちは、神武東征の軍と戦ったナガスネヒコの兄たる安日の血脈を連綿と受け継いだ者だ、という意思表示をしている。安日の名は日本書紀になく、架空の人物かもしれません。でも長い間の意識の連鎖が白鳥伝説に関連して見られることに驚きましたし、私はその追究に意欲を燃やすことになったわけです。

歴史とは何か

大江　古代から近代に至るその「意識の連鎖」こそが、先生の「歴史とは何か」という根本的な問いの核心部分だと思いますが。

谷川　そうですね、歴史を事件史の連続のように捉える向きもあります。でもそれでは事実の羅列に過ぎない。私は、自分を基点として過去を振り返り、自分の記憶と過去の出来事がつながる時に歴史が成り立つ、と考える。たとえば「東京大空襲で自分の母親が死んだ」という事実があって、それを思い返す時、その思い返したものこそが歴史だと。その記憶がまた自分の周辺に代々引き継がれていく。それが「意識の連鎖」です。

大江　先生は、縄文人の意識というのが弥生時代になって跡形もなく消え失せるということはあり得ない、ということを言っておられます。

谷川　そうです。いまの歴史の研究は小刻みですよ。考古学なんかでも一つの世紀を前期、中期、後期と三つに分けますよね。だけどたとえば、戦後六〇年くらい経っているのに、東京大空襲を昨日と同じように生々しく思い出す人が大勢いる。

昔に遡るほど悠々たる時間が流れていたんですから、あまり小刻みに考えるのはどうかと思います。意識の上では、一〇〇年くらいあっという間です。

「もの」は変わっていきます。でも、意識は「もの」ほど急速に変わりません。会津の人間は明治維新以来今もあの長州を恨んでいる（笑）。長州と仲直りしない。意識は変わらないですよ。イスラエルに、「嘆きの壁」というユダヤ教徒の聖地があります。そこは祖国の喪失を嘆き、失地回復を祈る聖地です。しかし祖国を失ってからもう二〇〇〇年以上経っているんですよ。だから一〇〇年なんていうのは意識の上ではほんの一跨ぎなんです。

万葉集の編纂されたのは今から約一三〇〇年前の八世紀半ばです。でも万葉の歌は今でも瑞々しさを保っていますね。では八世紀の半ばからさらに一三〇〇年遡るといつになるか、というと弥生時代の初め頃です。これを長いと考えるかどうか。そういうふうに、時間の観念というのは、短いと思えば長かったり、長いと思えば短かったりするんですよね。だから歴史を考える時、人間の意識の特性を考慮に入れないとおかしなことになる。

大江　まさにそれが意識の連鎖ですよね。

谷川　常陸の国にある白鳥説話の地を自分たちの故地として、四世紀後に、本人たちは大真面目で津軽から常陸まで帰って行くのですからね。自分たちの故地である、ということが客観的な事実でなくても、意識の中で持続されていけば、それだって歴史じゃないか。ですから『白鳥伝説』は私の歴史観を白鳥に託して述べたとも言えるわけです。

日本書紀と史実

大江　神武東征は為政者の都合に合わせて作った物語に過ぎない、という見方がありますね。

谷川　戦後の歴史学は、神武東征は架空のものである、と否定しています。だけど架空とすると、どうしても解けないような文章が出てくるんですね。たとえば神武の軍が吉野から宇陀《うだ》に行き激しく戦うんですけれどその描写が妙にリアルなんです。それを考えますと、神武の東征はなにかの事件を漠然と表現しているに違いない。それはおそらく邪馬台国の東遷であろうと私は考えた。

それでは、物部の祖神のニギハヤヒが神武東征以前に大和の中央にいた、というのはどんな事実の反映だろうか。魏志倭人伝に「倭国大いに乱る」と出ている。これが、倭国の大乱という事件です。その時に物部氏は九州から大和に、邪馬台国に先行する形で移動したのではないか。

私は日本書紀の神武東征の話を、その後の中国の旧唐書・新唐書の記述も踏まえ、邪馬台国東遷とそれに先立つ物部東遷に置き換えた。そして物部氏は最後に邪馬台国に吸収された、と考えた。その史実が日本書紀に反映されている。

大江　冒頭にも申し上げたように、『白鳥伝説』は壮大な叙事詩だと私は感じます。でも、それは詩人としての創作ではありません。先生は、神社や地名などを根拠に、学問的に丹念に追っていかれていますね。

谷川　物部氏の痕跡が、地名や神社などに残っておりますから。私も単に空想で書いたわけじゃありません。そういう大地に刻まれた証拠物が私の想像力をかきたてました。しかし、学問的な裏付けもきちんと取ったんです。これは古地名、伝承、氏族、神社が日本の古代史を明らかにする重要な鍵となり得ることの証明でもありました。

大江　『青銅の神の足跡』と『白鳥伝説』というのは全部つながっていく話ですね。

谷川　そういう意味では兄弟のようなものですね。

柳田の山人論に通じるもの

大江　柳田国男と南方熊楠との間で、原始人類の末裔としての山人が存在するかどうかをめぐり論争がありました。山人の存在を主張する柳田さんが最後に力尽きましたけれど。でも『白鳥伝説』で明らかになった蝦夷の足跡は、山人論の新たな例証と言えますね。

谷川　そうですね。南方熊楠は、日本には原始人類の末裔のようなものはいない、と言っている。里で生活している人が、ただ山に入り込んで生活したに過ぎないのではないか、と言って、柳田さんの山人論を否定した。

ただ私は、柳田先生の山人論には大きな意味があると思っています。弥生人に縄文人が完全に吸収されたんじゃなくて、先住民族としての縄文人がそこに残ったんじゃないか。それを証明するだけのものが柳田先生の論に不足しているだけだ、と考えたんです。

その縄文時代と現代とをつなぐ媒介項として、中世に活躍した蝦夷を持ってくることにより、山人論は強固になると思ったわけです。

先ほど申しましたように、蝦夷の一派であるナガスネヒコが大和で物部氏と組んで戦ったということが出てきます。ナガスネヒコと、その子孫を自称する蝦夷の歴史をとらえれば、柳田さんの山人論を確かめることができると私は考えました。

物部氏も蝦夷も白鳥信仰を持っている。ただそのニュアンスはかなり違います。物部氏の白鳥信仰は白鳥処女説話が付きまとうんですが、蝦夷の場合にはそれがありません。しかし、白鳥信仰の強烈なものが東北には残っているということで、東北に進出した物部氏と蝦夷がつながるのです。

大江　私が『白鳥伝説』を一つの詩と感じた理由は、それが物部氏や蝦夷に対する挽歌であるということです。柳田先生にも山人へのその思いがありますよね。

谷川　柳田先生は、山人の敵である平地人の自分が、今、山人のためにかたきを討とうとしている、と言っています。私にも、敗者である物部と、蝦夷の大地であった東北を大和政権が侵略したことへの怒りと同情がありますね。第二十一巻に収録予定の『四天王寺の鷹』も、やはり敗者たる物部氏への思いを基調としています。私は物部氏によくよく縁があると思っています。

二　大嘗祭の成立　日本の神々

大嘗祭の成立

大嘗祭とは何か

大江　『大嘗祭の成立』は平成二年の十一月に小学館から出版されました。まさに平成の大嘗祭《だいじょうさい》の行われた月ですね。

谷川　ええ、そうです。大嘗祭については柳田と折口の発言があります。柳田は大正の大嘗祭に供奉しています。折口は供奉したことはないのですが、昭和の大嘗祭について「大嘗祭の本義」という重要な論文を発表しているんです。

私も平成の大嘗祭の行われる年に発言をする必要があると考えました。大嘗祭をどう考えるか発言するのが民俗学者の責務であると思いましたので。

大嘗祭は日本の祭りの中で構造的にいちばん複雑なんです。また、大嘗祭の本質がどこにあるかということが、後代になるほど見え難くなる。しかし大嘗祭は日本の祭りの最高の位置にあるわけです。私は、大嘗祭の社会的意味とは別に、大嘗祭の構造はいったい何を意味するのかを解明したいと考えました。

初穂儀礼と新嘗の意味

大江　先生は大嘗祭において初穂儀礼が行われることに着目されました。

谷川　初穂儀礼というのは、要するに収穫した最初の稲にまつわる神事です。

マレー半島の初穂儀礼を見ますと、田んぼから稲を刈り取って家に持ち帰る。その稲を一家の主婦がまるで自分の産んだ子供のように寝床の傍らに置き、産褥の時に守らねばならないのとまったく同じタブーを厳守する。そして何日かして、その初穂からまた子供が生まれるというわけです。

日本の南島では豊年祭が盛大に行われますが、それは近年のことであり、古い資料を調べてみると初穂儀礼のほうが重要な祭りであったことが解ります。「慶来慶田城《けらいけだぐすく》由来記《ゆらいき》」、これは一八世紀前半に編纂されたと思われる文書で、八重山の西表《いりおもて》島の民俗が記録されています。この記録によれば、年中行事として初穂儀礼の記載はあるが、豊年祭は見当たらない。それで「おやっ」と思ったのが私の疑問の最初ですね。私よりも前に小野重朗《おのじゅうろう》さんが豊年祭はほとんど重要じゃないということに着目している。

一方、大嘗祭を調べてみますと、初穂儀礼が非常に重要な行事になっているんです。南島にのみ残っていた初穂儀礼が大嘗祭にも残っている。大嘗祭が相当に古い流儀を伝えているのではないか、ということで初穂儀礼に関心を持ったわけです。

柳田さんは稲の初穂儀礼にほとんど関心を持たなかった。と言いますのも、『定本柳田國男集』、私の見たのは第九版ですが、その索引を見ましても初穂儀礼という項目がないんですね。

大江　折口さんは如何ですか。

谷川　折口さんは初穂儀礼を重視したわけではありませんが、新嘗《にいなめ》と物忌みについてはいろいろ発言をしております。

折口さんは、新嘗の夜に神が訪れ、物忌みをしていた婦女との聖婚が行われる、という考え方ですね。

万葉集に、「新嘗の夜に夫も外に出して物忌みしていると、誰か外の戸をがたがたさせる者がある。いったい誰が」という意味の歌があります。折口は戸を揺さぶるのが神であると考え、神がやって来て聖婚を行ったと解釈している。

私はどうもそれは違うんじゃないか、と考えた。マレーの初穂儀礼における事例でもわかるように、その場所は産小屋に相当する。産小屋には男性を入れてはいけない、というタブーは古くからある。ですから、私は新嘗の夜の物忌みの時は、神といえども男性ですから、聖婚という意味で産小屋に入れたはずはないと思いますね。

新嘗祭の時期

大江　柳田さんは、稲の収穫期が九月でありながら新嘗祭が十一月である、ということについて、十月を新嘗のための物忌みの期間と解釈しています。谷川先生はそこに疑問を持たれ、南島の初穂儀礼に目を向けられました。

谷川　柳田さんは「旧暦の九月ですべて収穫は終わる。収穫が十月にずれ込むことはまったくない。だから十月はどこの神社も祭りがない」と言っている。

私も思い当たることがありました。宮古島では旧暦の十月は「無（んな）月」というんです。何もない月であると。それと同時に名前のない月である、という意味もあると思いますね。その月は結婚式も挙げられない。それから物を移動するとか猫の子を移すのだって憚られる。家を建てるなど絶対できない。何かを新しく始めてはいけないのです。

奄美では八月にアラシツというのが始まる。シツは節、南島では一年の折目を意味します。このシツは南島の新年にあたり、それはどこの島でも収穫の時期に固く結びついているんです。奄美のアラシツ最後の行事をドンガといい、その時には虫送りとか洗骨、改葬などをやる。それをイキハテノドンガともいうんですよ。これはいい言葉ですね。何かさびしくなってしまう。

そこで一年の行事が終了する。だから極端に言えば、種を蒔いてから「月」が始まり、収穫で「月」が終わる。月の呼称というのはその期間に相当するだけで十分だったと思うんですよ。

いずれにせよ、収穫が終われば引き続き新嘗祭、豊年祭に相当する祭りが執り行われ、それで一年は終了する。

日本では十月を神無月《かんなづき》というでしょう。出雲に神様が集まるという。でも大昔はそうではなくて、その月は神様が何処にもいない月だった、と私は思うんです。柳田先生はその時を、神主が新嘗のために禊《みそぎ》をした長い忌み籠りの月だ、と考える。

しかし、常識的には九月の初穂儀礼の次にすぐ新嘗祭が来るはずなのです。それを十一月の冬至の頃まで延ばしたのは、冬至が季節のいちばん底にあるからで、それにつなげようとしたのだと私は思いますね。神主が物忌みをするから引き延ばしたのではない。これははっきり言えると思います。冬至は魂がいちばん衰える時期ですから。

鎮魂をしてハレに向かう。一陽来復ですよ。だから先帝の魂を新帝が引き継ぐ儀式を、冬至の近くに置いたと思うんです。

もう一つの大きな理由は、中国が冬至を基点として一年を数えている、ということです。欽明、推古、持統の時代にそれぞれ中国から新しい暦が入ってきますが、いずれも冬至が基点なんです。その思想から行けば、春が来るためにはどうしても冬至が必要です。

大嘗祭というのは陰暦十一月、三卯《う》があれば真ん中の、二卯しかなければ後の卯に行われます。卯というのは、方角は東を、季節は春を意味する。卯の前の日は寅《とら》です。寅は冬を意味する。ですから大嘗祭は春を迎える儀式なのです。

折口は、魂を鎮めるより、魂を揺り動かして目覚めさせるという意味のほうが最初だと言っています。魂を揺り動かすのを、魂振りといいます。卯の日の春を迎えるために、寅の日の魂振りが必要なんですね。それらの意味で、冬至というのは非常に重要になってくる。

大江　また、先生は大嘗祭の構造の作為性ということをおっしゃっています。

谷川　魂を鎮めるのはやはり冬至に近いのがいちばんいいわけです。その冬至と大嘗祭、収穫祭を結びつけたのは斬新であり、そこに大嘗祭の作為性があると思います。大嘗祭を古代的な宗教劇として見れば、実に見事な演出であると言わざるを得ません。素材は古来の習俗ですが、極めて意識的に構成されたドラマなのです。

大江　大嘗祭は民間の新嘗祭を大掛かりにしたものだ、という説もありますが。

谷川　その逆ですね。民間の新嘗祭は、もともとは季節の推移に従ったものだったと思います。しかし朝廷の大嘗祭はそれとは違い、冬至を基点とする。

その宮中の大嘗祭が民間の新嘗の行事に反映していきます。日本の本土の場合は、民間でも十一月になって行われる。八重山や宮古から奄美、大隅半島くらいまでは、初穂儀礼からすぐ豊年祭に移るんですけれどもね。

「まどこ・おふすま儀礼」と死生観

大江　大嘗祭の核心部分である「まどこ・おふすま儀礼」ですが、その本質を先生はどのようにお考えになられますか？

谷川　私は、新帝が先帝と同衾《どうきん》し、先帝の魂を受け継ぐ儀式が「まどこ・おふすま」である、と考えます。それが可能なのは殯《もがり》の時です。魂が亡骸の辺りを漂っている時期ならば、生き返る可能性があると古代人が思っていたに違いない。その時期を過ぎると、魂を受け継ぐということは不可能だと思うんです。ですから「まどこ・おふすま儀礼」は、おそらく殯の時の行事を象徴的な形で再現したのだと思います。

大江　古代においては、死者の活力を引き継ぐために、死者の肉を生者が分けて食べる、ということもあったようですね。

谷川　南島では明治の初め頃までそれが行われていたといいますね。言葉だけは九州辺りまで残っています。葬式を「骨かじり」「骨こぼり」「骨噛み」などと言います。私は宮古の池間《いけま》島のある古老から、「葬式の時に豚汁が振る舞われるんだが、自分は食べられない」という話を聞きました。かつては死者の肉を食べたという話を聞いているものだから、その豚汁を食べる気がしない、と言うんです。

魂を継承するのに私は二つあると思います。一つは子供を残す。それよりなお直截的なのは、自分が食われることによって自分の魂を後に残していく、というやり方です。そういう死生観がある。

大江　大嘗祭の秘儀である「まどこ・おふすま」が非常に特別なものであると思いがちですけれども、民間に行われていた魂の継承の儀式がそこに残っている、と考えるべきなのでしょうね。

谷川　これも宮古島の話ですが、人が死ぬと、妻あるいは母が添い寝をして一晩明かすといいます。死者に添い寝をするというのも、死者の魂を受け継ぐのに近いのではないかと思いますね。
これらから考えれば、冬至の魂の復活儀礼と初穂儀礼、新嘗儀礼等が交じり合い、大嘗祭という儀式ができている、と考えるのが妥当だと思います。

大江　柳田さんは稲を非常に重要視していました。柳田さんの時はまだ資料が少なかったこともあり、判断が誤っていた部分もあったと思うのですけれど、谷川先生が研究をより深めていって本質が見えた。そういう意味ではまさに柳田学の継承ですね。

谷川　批判と継承ですよ（笑）。柳田先生は種籾に非常に関心を寄せましたが、初穂儀礼にはほとんど無関心でした。宮古の粟の初穂儀礼は収穫の時期により、五月の場合もあれば四月や六月の場合もあるなど、部落毎に変わるんです。だけど柳田先生は八月だと決めちゃっているんですよ。八月に粟や稲の新穀を収穫してそれから始まるというふうにね。非常に緻密な頭脳の持ち主であられるのに何でこんな杜撰《ずさん》なことを、と私は思うんです。

大江　私も柳田さんの本を読んだ時に、二ヵ月間の物忌みがあるという説について疑問に思ったんです。でも谷川先生の御本を読んで疑問は解消しました。

谷川　私以外、未だに誰も言っておりませんね。だけど初穂儀礼の後にすぐ新嘗祭や豊年祭が来るのはごく自然なことなんですよ。それを柳田さんは、神主のような特殊な境涯にいる人が長い間物忌みをした、という。それは不自然ですものね。

日本の神々

路傍の神

大江 『日本の神々』は一九九九年の六月に岩波新書として出版されました。この本はコンパクトですが、谷川民俗学の広大な宇宙のエッセンスがぎっしり詰まっています。先生が知ろうとされたのは記紀以前の神々の姿ですね。

谷川 はい、日本の国家体制が整備されてきますと、国家体制に沿う神々と、それから見放された神々たちに分かれていきます。言い換えれば、皇統譜つまり天皇の血筋に組み込まれた神々と、それから疎外された神々という形になるわけです。

私の狙いはそれ以前の神々、疎外された神々がもともとどうであったか、ということを追究してみたかったんです。それから沖縄のような場合、神に仕える女性が、祭りの時には神を拝まず自らが神になる。そのような、日本の本土とやや違った神観念があるということも書いております。

大江 それは古事記とか日本書紀だけではわからない世界であり、先生はその手掛かりとして路傍の小さな神々や琉球の神々に着目されました。要するに神々の原型というのはいったい何なんだろうか、という問題意識ですね。

谷川 本の冒頭にも書きましたが、弥生時代の初めから記紀の編纂された八世紀初頭まで、一二

○○年以上の時が流れているんです。それは記紀の時代から二〇世紀末までの長さに匹敵する。つまり記紀の編纂された時代の人間にとっても、それは遥か彼方の伝承の世界であったわけです。その記紀に出てくる妣《はは》の国、根の国、常世の国など様々な懐かしい言葉が、神々の物語の背景を暗示しているのです。

日本人の神観念を遡っていきますと、原初はアニミズムだということがわかります。森羅万象すべてにアニマがある。つまり生物、無生物に関わりなく、あらゆるものが魂を持っている世界、これがアニミズムの世界です。

そこには、それぞれが自分の内部に侵入してくる悪霊を遠ざける、という戦いがあったと思いますね。だから常に緊張した世界だったと思うんです。

そのうち次第に国家体制が整備され、神観念が統一されてまいりますと、国家体制の外の神を悪神と呼ぶようになった。いわゆる国家社会の組織が神観念に入ってくるんですね。その結果、国家体制に順応しない神々を追放していくことになる。

大江　先生は、古事記や日本書紀の神観念から、後に付加されたものを削ぎ落としていき、神々の原型に辿り着く、という手法をとられました。

谷川　ええ。神は最初、意思を持たない非人格的な存在であったと考えられます。出雲国造《いずものくにのみやつこ》神賀詞《かむよごと》の中に「豊葦原の水穂の国は、昼は五月蠅なす水沸き、夜は火瓮《ほべ》なす光《かがや》く神あり、石根、木立、青水沫も事問ひて荒ぶる国なり」という文章があります。西洋の神のような人格神とは全然違う。

そこから出発しないと日本の神の源流というものは押さえられない。たとえば、人は風邪を引きますが、風邪を悪霊と考えた時代があるんですよ。風邪を引くと悪霊に取り憑かれたと考えた。それはミサキと呼ばれる小さい神なんですね。そういう神は大きい神に従いもするが、またすこし悪戯っ気を起こしたり邪魔をしたりする、という両面性を持っていました。

全宇宙を統括するキリスト教的な神に対して、小さい路傍の神がもともと日本人の神観念の本質だったんです。憎々しい神もあれば蛍火のように飛び交ったり、夜炎のように燃える妖しい神もある。森羅万象すべてが神だった時代があったわけです。

大江　神々の原型を探るため、先生は沖縄のいろいろな祭りを調べられました。

谷川　沖縄は仏教の影響が極めて小さかったんです。一部の支配階級が本土の影響で仏教を受け入れていたのですが、庶民は仏教とはまったく無縁だったといっても過言ではありません。そのため沖縄の祭祀には古代の流儀が色濃く継承されていました。

大江　しかしその祭りも、つい最近まであったものがどんどん消滅していきます。久高島のイザイホーも、先生が一九七八年に御覧になられたのが最後となりました。

谷川　イザイホーは実に見事な祭りでした。これは十二年に一度午年《うま》に行われるもので、沖縄の祭りの中でも華麗であり、また演劇的な構成の素晴らしさも群を抜いていました。姉妹が兄弟の守護神となるオナリ神の信仰が濃厚に表れているのもこの祭りの特徴です。

しかし、生活が現代化し、島の外で生活する者も多くなりました。そのため祭りへの参加資格のある女性が非常に少なくなり、祭り自体が成り立たなくなってしまったのです。これも時代の流れで仕方がないんですけれど、残念ですね。

私がかつて目の当たりにした宮古島の狩俣《かりまた》の祖神祭《うやがん》も、なんとか継承できないか地元の人たちと相談しているところです。

人間は神なしに自立できるか

大江　先生の民俗学の根柢には、人間には神が必要なんだ、というお考えがあると思います。

谷川　私が小学校の時にね、海岸で地引網をしているところに空の弁当箱を持っていくと、漁師が獲れたばかりの雑魚を一摑み入れてくれるんです。見ていただけの人にもくれる。これをミダマスといいます。南九州や南島では、狩猟や漁の時の獲物の配分をタマスと呼んでいます。ヒトタマスといえば一人分の分け前の分量です。

タマスは「賜う」と関係のある言葉であり、柳田国男は霊魂のタマと根本は一つである、と言っています。南島ではそこに居合わせた人だけでなく、家で寝ている病人や赤ん坊にも一人分のタマスを分け与えるところがあった。

このタマスという考え方で注目すべきは分配の平等です。それが神の前では可能である。神はその時に獲れたものはみんな平等に、惜しみなくくれる。私が雑魚を一摑みもらった時も、神の前の平等を小さいながら実感したわけです。

それでは神がいない場合の平等というのはどんなものなのか。その壮大な実験がソビエトでした。ソビエトは、平等を目指した社会であったにもかかわらず、いろんな不合理、不平等が生じました。そして最後は国自体が崩壊に至る。

日本でも似たような事例があります。武者小路実篤が大正七年に宮崎県の日向《ひゅうが》で「新しき村」を建設しました。トルストイの人道主義に基づく共同生活をしようということで、全国から四〇名以上が参加した。私はそれに参画した人の奥さんから話を聞いたことがあるんです。

それによれば、最初は非常に平等にやっていた。でも、だんだんよその家族について、いろんな批判をするようになっていった。「あそこの家はコーヒーを飲むときに砂糖を三杯入れた、一杯でいいものを」(笑)、などと、けちを付ける。そうすると、もう平等というトルストイの崇高な精神が地に落ちてしまうわけですね。

神がいればそういうことはない。神の賜物ですから、それはいくらでも自由に使っていいわけですよね。逆に、「これしかない」と言われる時には当然のように我慢をする。

そのように自分以外のものに精神を委ねる。それがないと我執から逃れられない。人間の心の底には恨みや妬みが潜みます。自分の愛憎とか欲望から解き放されることがない。私はそういう意味で人間は自立できるのか、という疑いを持ちますね。

といって唯一神のような神では解決しません。人間と同じような背丈の神があることによって、人間は気持ちが広くなるんじゃないか。ここでいう神は狩猟や漁労など生活に密着した神です。観念的な神ではありません。これは生活者の思想、民俗の観念ですね。

結局「神とは何か」というのは「人間とは何か」ということなんですよ。人間なしに神が離れて存在するのではない。

日本人の場合、自然に顕現するような神です。たとえば雷。鳴神《なるかみ》と言いますよね。海の霊としてのジュゴンや鮫もそうです。神は自然とは違う、とキリスト教は言いますけれども、自然は神の顕現の舞台である、というのが日本人の考え方と思いますね。

大江　先生のお若い頃、キリスト教をとことん突き詰めて考え、そこで壁にぶつかりながらずっと思索を重ねてこられた。「神とは何か」、裏返せば「人間とは何か」という問いが根柢にあるのが谷川民俗学だと思います。

谷川　カトリックの坊さんの説教を戦時中に聞いたことがありますが、「信者と非信者は人間と石ころほど違うんです」という言い方をするんですよね。

そんな差別があっていいものか、という気持ちがした。神というのは寛容じゃないといけません。信者だけを愛する神では駄目で、非信者にも同じように同等の愛を注がないとね。

一神教で救われるか、という問題はやはりこの二一世紀の大きな問題だと思うんですよ。と申しますのもキリスト教国であるアメリカやイギリスとか、あるいはイラク、イランなどイスラムの世界が、今もああいうような惨憺たる修羅の世界を演じていますからね。どうかと思いますよ。

でも砂漠の中に暮らしていると、そういう絶対的な神が出てくるでしょうね。そこには、自分が生存することが人を殺すことに直接つながる厳しい環境がある。いかんともし難いことです。

三　古代史ノオト

古代史へのきっかけ

大江　『古代史ノオト』は雑誌「流動」に一九七四年から七五年にかけて連載されたものが中心で、一九七五年に大和書房から刊行されています。谷川先生は、「古代史ノオトで初めて自分なりに古代学の世界に踏み入るきっかけが見つかったように思う」とおっしゃっておられます。

谷川　処女作の『沖縄・辺境の時間と空間』にあるように、最初は沖縄体験から民俗学の世界に入って行ったんです。

一九六九年二月のことです。たまたま立ち寄った那覇の古本屋で、仲松弥秀《なかまつやしゅう》の『神と村』という本を偶然見つけました。目立たない薄っぺらな小冊子でしたが、それを買って読み、その中の「青の世界」という論文に強く心惹かれた。

それによれば、日本の古代では色の呼称が青、赤、白、黒の四色しかなかった。ところが沖縄でも近年まで、那覇などを別にして日本の古代と同様四色だった。かつて沖縄では人が死ぬと海岸の洞窟に葬られた。その海蝕洞窟に外から光が入ってくると、中は黄色い薄明の世界にみたされる。黄色を沖縄では青と呼んでいる。だから沖縄の死者の世界は「青の世界」であると仲松は言う。

ところで沖縄には、オーと呼ばれる地先の島がある。奥武という字が当てられているが、それは青を意味するのではないか。そこは死者を葬った島だ。それが仲松の説です。

仲松は当時、琉球大学の地理学の教授でしたが、その小冊子を読んですぐ会いに行ったんです。仲松はすごく喜んでね、それからずっと親しくさせてもらった。

そこで私は、南島の人たちが黒潮に乗って本土にやって来たとすれば、本土に青という地名が残っているのではないかと考えました。探してみるとそういう地名があるわけですよ。たとえばいちばん代表的なのは日向の青島です。青の地名は特に日本海沿岸沿いにたくさん出てきます。福井県高浜町の青郷《あおのごう》などもそうですね。

日本本土の海岸部にある「青」という地名は南島と同じく、埋葬地ではないか、と考えたのです。一方、青の地名を追っていくと、青はオウとも訓《よ》むから、多という地名につきあたったのです。古代の氏族に多氏《おお》がいます。「多」は「オウ」つまり「青」に通じる。その多氏を調べ始めた。そうしたらまたいろんな面が出てきましてね。装飾古墳は多氏が作っているんです。神八井耳命《かむやいみみのみこと》を先祖とする一九氏族は多氏を筆頭に、火の君や阿蘇の君、大分の君があるが、その多氏の発祥の地は肥の国です。

多氏は九州から東の方に移っているんです。大和には多神社がある。それから諏訪《すわ》神社の宮司も多氏の同族なんです。信州上田の生島足島神社《いくしまたるしま》は多氏が祀った神社です。そういうことで多氏のほうにも関心がいって、古代の氏族や地名を調べ始めたのがきっかけですね。

古代の宇宙観

谷川　たまたまその頃に「流動」という雑誌の編集者から「古代史のことを書いてくれ」と言われまして、それに応じて準備もなく書き始めた。毎月一回三〇枚ずつ書いていくんです。それを七四年から七五年にかけて書いた。「ひさごとたまご」「応神帝と卵生説話」など、テーマを変えてね。

大江　書くテーマは最初の段階からいっぱいお持ちだった。

谷川　いや、旅行の途中に気が付いたことが多いですね。

韓国に行きましてね、徐廷範という慶熙大学の教授にいろいろ話を聞いた。そして私が韓国語で天というのを何と言うのか聞いたら「ハヌル」と言うんです。ハヌルはハンとアルに分解できる。ハンはグレート、アルはエッグだ。それが大きなヒントになりましたね。天は卵のような格好をしていると古代人は考えた。

また韓国で、屋根に蔓を這わせて瓢簞《ひょうたん》を栽培しているのを見ました。それも中がくびれていない真ん丸い瓢簞。三国遺事という朝鮮の古い史書に、新羅の始祖の赫居世《かくきょせい》という王様の話がある。慶州の林の中で白い馬がひざまずいて恭しく何かを拝んでいる。そこに大きな紫色の卵がある。

その紫色の卵が割れて、人間が出てくる。それが赫居世なんですね。この卵は瓢箪に似ていると書いてあります。自分たちの先祖は瓢箪から出た。要するに瓢箪と卵は同じなんです。

瓢箪は「ひさご」とも言いますが、それは天空を表しているわけです。そうすると「ひさかたの」というのは、「ひさごがた」ということがわかってきますね。

韓国で慶州を歩いていましたら土饅頭《つちまんじゅう》があったんですよ。土饅頭は庶民の墓です。「それも卵ですよ」と徐廷範が言う。そうなると日本の前方後円墳、あれは「ひさご墳」などと言いますが、それは卵でもいいわけです、卵とひさごがイコールなんですね。

大江　なるほど。

谷川　「ひさごとたまご」では円墳が卵で瓢箪型にしたのが前方後円墳、そういうようなことを書いた。

また奄美では、ある写真家に会ったら、その奥さんが神様に延期願いを出したというんです。神様がはやく神の道に入りなさい、霊能者になりなさい、とせっつくわけです。でも「自分は旦那も子供もいるからもう少し待ってくれ」と、奥さんが神様に延期を願ったというんです。彼女は神様に追われているんですね。そこで『古代史ノオト』に「神に追われて」の一篇を書いた。旅行をするとね、書斎ではとても考えもつかないような重大な問題に出会う。

古代の民俗を類推する

大江 もうひとつ、先生が古代史に関わられたのは、従来の民俗学の手法に限界を感じられたからですね。

谷川 ええ、そうです。民俗採集に頼るだけでは常民の意識の本質にたどり着くことはできません。それにはおのずと限界があります。古代人の世界観がわからない限り、常民の意識に潜在する世界観の「自覚されない枠組み」を発見することはできない。それを補助する材料として古代史が極めて重要だ、と考えたんです。

たとえば土器の破片を発掘して、あれこれつなぎ合わせて復元するわけですね。もともと完全な形があって、それが粉々に砕けて破片になったのが今の民俗だと思うんです。その破片をつなぎ合わせなければ完全な器はできません。そのために、どうしても類推ということが必要になります。

だから古代の民俗というものを想定して、それに合うようにつなぎ合わせていく。それが私の考え方です。いきなり古代の姿が完全な形で現れるわけではありません。民俗学の研究のためには古代史も必要だと私は思っています。

今の民俗学者は古代をまったく無視しているでしょう。それじゃあ民俗の本来の姿というのはつかめないと思うんですね。たとえば「山の神」とは何か、ということに関する学説はたくさんある。だけどどれひとつとして共通したものもない。だから山の神の原像というのを考えないといけないですね。古代の人間はどのように考えていたか、ということです。

ところが面倒がって原像を考えないわけです。そんなのは観念的だと思っているかもしれない。でもね、私はそれは必要だと思うんです。じゃあ私はどう考えるか。山の神というのは、狼と熊。特に身近なのは狼です。野獣が自分たちの縄張りを持って山を支配している。それが山の神の原像です。そう見ていくといろんな問題が解けていくんですね。

谷川民俗学の原点

大江　『古代史ノオト』を読んで思ったのは、これは谷川民俗学の原点だなと。なぜかというと、それぞれの素材を元に、『青銅の神の足跡』『南島文学発生論』『大嘗祭の成立』『神に追われて』『古代海人の世界』『四天王寺の鷹』などのように、一〇年後、二〇年後、あるいは三〇年後に大きな著作になっていっているからです。

谷川　萌芽的なヒント集のようなものですね。苗木が育つには、一〇年、二〇年かかります。たとえば『神に追われて』なんかも二〇年くらい後に単行本として出版したのです。数え切れないくらい沖縄に足を運び、いろいろな人から話を聞き、祭祀を調査し、考えを深めていった。

大江　先生の説は観念的でなく、実際に日本中を歩かれたということが裏付けになっています。

谷川　私は書斎的な仕事は苦手ですし、出歩くのが好きですからね。ところがさっき申しましたように、出歩いてみると書斎では考えられないような暗示、示唆があるんですね、それがこたえられない。

大江　たとえば「サルタヒコの誕生」の中の「サダル神」の話もそうですね。それが古事記に出てくるサルタヒコの源流であるという発見。

谷川　宮古島の祖神祭で、赤い頭巾を被ったお婆さんが行列の先頭に立ち、杖で地面を叩きながら歩く。「あのお婆さんをなんというのか」と聞くと、返ってきた答えが「サダル神」。沖縄でサダルというのは先に立つという意味です。道案内をする神で、土地の悪しき精霊を鎮める能力を持っていた。女であってもかまわない。これも現地に足を運んだからこそ判ったことです。そのサダルが音韻変化でサルタになった。だからもともとは、猿の顔をしていたわけではありません。

猿がシャコ貝に手を挟まれ溺死する、というインドネシアなど南方起源の説話があります。この説話が海人族の手を経て伊勢志摩の海岸に辿り着いた。それが当地の地主神である宇治土公《うじとこ》と結びつき、猿を日神に配する説話も取り入れられて、サルタヒコのイメージができあがっていった。ここで沖縄のサダル神と古事記のサルタヒコがつながっていくわけです。

大江　先生が実際に各地を歩かれたことによって、本居宣長とか柳田国男が気が付かなかったことに先生が気付かれた。それが先生のいくつもの重要な発見の端緒となっています。そこが谷川民俗学の金字塔たる所以ではないか、と私は思います。

四　神・人間・動物　古代海人の世界

神・人間・動物

アニミズムが生きる日本

大江　『神・人間・動物』は一九七四年に雑誌「アニマ」に「動物民俗誌」として一年間連載され、一九七五年に出版されました。先生は「民俗学とは神と人間と自然との交渉の学である」と定義しておられます。

谷川　西欧の場合は序列がありましてね、神はもう絶対的な存在です。その下に人間がいて、次に動物、植物、さらに無生物という、ちゃんとした縦の序列があるんです。けれども日本の場合、縦ではなく並列的な関係になっていると思うんです。かつて日本の古代は、草木石や邪しき神がそれぞれ自己を主張し、隙あらば相手を倒そうとした時代でした。それがアニミズムの世界なんですけれども、そこでは、神も人間も自然も並列的な存在でした。

民俗学は残存文化を研究する学問、というような定義がありますけれども、残存文化を研究するだけではヨーロッパやアメリカのフォークロアと変わりがない。
日本の場合は、神と人間と自然の横並びの世界がその後も続いてきている。日本に仏教が入ってきましたけれども、仏教はあまり縦の線を強調しません。その後入ってきたキリスト教は縦の線を強調するんですが、それは非常に限られた階層にしか浸透しなかった。つまり、仏教やキリスト教という輸入宗教があったにもかかわらず、アニミズムが近代に至るまで途絶えることなく伝わってきている、ということです。ですから日本の研究者は、近代から遡ることにより古代が把握できるわけです。

神になる動物

大江　また先生は「神、人間、自然という三者は相互に対立するものであるが、対立の前提には相互間の強い親和力がある」と書いておられます。

谷川　原始時代は、外側からの力を排除しなければ自分が生き残れないという厳しい世界です。しかし、その中にあってもお互いに協力し合う必要があり、そこに親和力が生まれるわけです。疎外する関係だけに目を向けないで、親和的関係に力点を置くのが民俗学じゃないか、と私は思うんです。
相手と結合するのにいちばんやり易いのは、相手を食べるか、相手と結婚するかのいずれかです。食べる場合は、相手のアニマを自分の体内に活力として入れ込むということです。もう一方の結婚ですが、神と人間が結婚する場合があります。それから人間とけものが結婚する場合、神とけものが結婚する場合がある。本居宣長の説によりますと、賢きものはすべて神ですから、オオカミ、ヘビ、トラ、クマというような野獣も神なんですね。

そういう動物と人間の結婚というのは神と人間との結婚ということになります。たとえば三輪山伝説では人間の女性と蛇との結婚ですね。若者の姿で夜な夜な通う男が実は蛇であった。それは大物主神《おおものぬし》である。日本の場合はそういう親和力が成り立つということを私は言いたいわけです。

キリスト教の場合は絶対それが不可能なんです。神は全知全能であって、人間は有限の存在ですから、そこには越えられない一線がある。人間と動物、植物、石ころにもまた越えられない一線があるんです。

ヨーロッパでもキリスト教が起こる前は、日本と非常に共通した世界があったと思うんですね。しかし一旦キリスト教が成立しますと、神々の流竄《るざん》といいますか、神々が追放されて哀れな存在になっていき、全能の神だけが人間に君臨する形になりました。

大江　先生が白鳥を例に、動物が神となる過程を書いておられます。

谷川　もともと白鳥は非常に生活に密着した存在で、人間はその羽根で衣服を作ったり、その肉を食べたりしていました。そのうちにだんだん農耕の時代に移行し、狩猟による食肉獲得の必要性が薄れていく。それと反比例して白鳥を神聖視する観念が芽生え、最後に神になる。他の動物もみな同じです。

イルカの場合はどうか。明治の末にまとめられた地誌『能登志徴《のとしちょう》』によりますと、能登半島の突端の三崎には、四月、五月に夥しい数のイルカがやってくる。そこには三崎権現が祀られているが、イルカはその使者ということで、食べることは固く禁じられていた。ところが、三崎からわずか五、六里しか離れていない真脇《まわき》は、同じ三崎権現を祀るのに、神が好み賜うものとしてイルカの初物を神前に供える。もとより真脇では、イルカを食用にしていたんです。それは大昔からで、イルカの頭骨が先史時代の遺跡から何百と出ることでも判ります。

イルカを厳しいタブーとして決して食べず、神と一体のものとして大切にするところがある一方、イルカの豊漁を願い、イルカを神に供えるところが同じ能登半島にある。そういうふたつの流れがあって、どちらが元の姿なのか、なかなか決め難いわけですね。

ですけれど、私の考え方とすれば、先祖と合一するためには食べることが先行したんじゃないかと思うんです。食べるといっても一種の近親結婚のようなものです。それが逆にトーテムだから食べない、というふうにタブーになっていったのではないか。

宮城県刈田郡の白石藩の領民は白鳥を神と崇め、白鳥の羽毛が落ちていてもそれを素手では拾わないほど慎みがあり、白鳥を食べるなんて決して考えない。他所から来た人が白鳥を殺して食べたというので血の雨が降った、ということもあったくらいです。神だから食べないということがあってこそ、それを食べるという意味がまた生きてきます。食べるといっても、普通のむしゃむしゃ食べるのとちょっと違います。

『遠野物語』への共感

大江　先生は『神・人間・動物』のプロローグで、柳田国男の『遠野物語』を引用されておられます。

谷川　遠野では神や仏といえども取り澄ましていません。しかも、神仏が善悪を超えて人間の生活に深い好奇心と愛着を抱いている様が窺われるんです。かつては人間と神、人間と生き物との交流は、かくのごとく親密を極めていたわけです。そして、人間と神と自然の生き物の三者の交渉こそ民俗学の本質に他ならない、とする私の主張を、『遠野物語』ほど豊富な実例をもって裏付けている世界はありません。

柳田国男は『遠野物語』の序文に、これは目の前のできごとである、と書いています。だからあの中の話は遠い過去のできごとではなくて、『遠野物語』の時代の、つまり明治の末年に生きていた話なわけです。

子供たちが仏像を引き摺り回したり、池に浮かべて船にしたりして遊んでいるのを大人が叱った。するとその夜、仏様から「せっかく自分は子供と楽しんで遊んでいたのにいらんことするな」と逆にたしなめられる話が『遠野物語拾遺』にありますよね。そういうふうに子供と神仏との関係が、大人が考えているようなよそよそしいものではなく、好奇心と愛着を抱いた関係だったのです。

大江　また、『遠野物語』では、動物をよく観察しているのがわかります。

谷川　ええ、雨の日に岩の上でうずくまっていた狼が、首を下から押し上げるようにして吼えた、などと書いていますよね。前から見ると生まれたばかりの子馬のようにも見えるが、後ろから見ると意外と小さいという。そこまで観察している。そのような話を柳田さんは非常に克明に聞き取っています。

この物語の中では、動物は単なる観察の対象ではありません。『遠野物語』は人間と獣の交流だけに絞られており、そこに『遠野物語』の記述の本質があるんです。

大江　それだけ人間と動物との濃密な関係があったわけですね。

谷川　その時代までは、山村の生活というのは動物との共存が当たり前でした。ですから、緊張感も絶えずあったし、また一方においては動物に対する親しみが存在したと思いますね。

鵜の生態と鵜匠

大江　先生は文献調査だけでなく実際に取材をしておられます。たとえば鵜飼いの鵜の生態や鵜匠の生活など非常に興味深いものがあります。

谷川　能登半島の七尾市の北東に位置する鹿渡島《かどしま》に、海鵜が冬の間羽を休めに来る崖があり、その場所を小船で見に行ったことがあります。能登一宮である気多《けた》神社の鵜祭りに使う鵜をそこで獲るんです。

それからもうひとつはね、茨城県の日立市にある十王町伊師浜。そこの崖に鵜が来るんです。

その崖の一角に鳥屋と呼ぶ捕獲小屋を設営し、その前に鵜の囮《おとり》を置きますと、向こうから鵜が安心してやって来る。その時、鳥屋の前に垂らした菰《こも》の隙間から、とりもちのついた竿を突き出すわけです。そうして鵜の羽をとりもちでくっつけ、鳥屋の中に引き入れて捕らえる。

その鵜を荒鵜《あらう》というんです。荒っぽいから。その時に鵜の瞼を縫いつぶします。目を開いていれば暴れますからね。鷹なんかもそうですが、まず目を潰して馴らすわけです。そして次第に慣れたところで縫い付けた糸を取るんですね。

長良川の鵜は伊師浜で捕獲したものです。私は長良川の皇室御用の鵜匠である杉山旗雄さんという有名な方からお話を聞いたんですが、鵜匠は夜、鵜の近くで寝て、鵜がどうしているかを絶えず見ている。鵜は大食いで、食べ物を吐き戻しやすい。それで消化するまで首にニゴという藁を結わえる。八時間から一〇時間掛けて消化し終わったところでニゴを切ります。それが夜の一〇時頃で、鵜匠はやっと安心して寝るんだそうです。

だいたい鵜は一八年くらい生きるんです。鵜というのは、年とった連中だけだと、魚を獲るのはすごくうまいけれど、だんだん集団全体の力がなくなる。その時に新参の荒鵜、会社でいえば新入社員ですな、魚の獲り方は下手なんだけど、それを入れると鵜の集団全体が活性化する。ベテランだけではだめなんだそうです。だから、新入社員の効用はそういうところにあるんだな、と思いましたね。

余談ですが、歴史学者の網野《あみの》善彦《よしひこ》に初めて会った時、どこかで酒を飲んだんです。その時網野善彦に「あんた荒鵜だよ」と僕は言いました。彼は鵜みたいに首が長いんですよ（笑）。しかも元気がよく、荒っぽい。それで「網野善彦じゃなく悪彦だ」と笑ったことがありました。

鵜には川鵜と海鵜の二種類があります。川鵜というのは非常にすばしっこいんです。だけど浅いところにしか潜れない。一方海鵜は深いところまで潜るんだけれど、動作がのろまなんですね。それで川鵜と海鵜の掛け合わせをつくる。これは「ひこまる」といって、深いところにすばしっこく潜る。それをある鵜匠に話したら「えっ、ひこまるまでご存知ですか？」と言われたことがあります。

狩猟の快感

大江　先生はエピローグで、現代の我々が動物たちの多彩な世界についての経験を身に付ける術を持たなくなった、と書かれています。

谷川　いわゆる的確な感覚が現代人からなくなってしまっている。動物が間近にいた時代は、絶えず動物との関係が成立している。それで動物の鋭敏な感覚を人間は評価できるわけですね。それからまた、それに対する警戒心もあり、直截的な関係が成立する。相手をよく観察することが必要な時代があったと思うんです。

たとえば、猪の足跡を追ってその猪の所在を突き止めるのを「つなぐ」といいますが、これは万葉集にも出てくる言葉です。手負いの猪の足跡に血が混じるんです。その血の多さとか足跡の深さなどを観察しながら追っていく。
　乾いたところを歩く場合の猪の足跡と、湿ったところのそれは違うわけですね。日本書紀に乾《から》跡《と》と書いてある。それから血が泡状に吹いて非常にフレッシュな感じの時はまだこのあたりにいる。どす黒くなると、これはもうだいぶ先のほうに逃げたとかね、そういうことを観察しなきゃいかんのですよ。
　動物に対するそういう感覚は、今まったくなくなってしまっているでしょ？　そうすると自分の存在自体が非常に曖昧になってくる。

大江　今日《こんにち》、陰湿ないじめや理不尽な子殺しが横行しています。

谷川　狩猟が日常的であった頃は、動物を殺すというのは非常に身近な行為でした。狩猟は人間にとって喜びであり、動物を殺すという興奮もあった。かつて、狩猟で快感を得る機会があったけれど、今はそれがなくなったが故に、今度は人間が人間を相手にその鬱憤を晴らすようになる。それが今日のいじめ横行の根源的な原因だと思うんです。

大江　狩猟の快感とはどのようなものでしょうか。

谷川　その最たるものは鹿狩りでしょう。特に鹿を射るとき、狩猟者は激しい興奮を覚えるのです。鹿の優美さが、いっそうそういう感情を呼び起こすんですね。私からすれば、追い詰められ、倒れた鹿の断末魔の目は、神への生贄《いけにえ》としての「殉教者」の最後を連想させる。それは、十字架にかかったイエスや、杭に縛り付けられ無数の矢を浴びた殉教者サンセバスチャンのように、屠《ほふ》られる者の快感を思わせるものがあります。

室町時代に狩詞記《かりことばのき》という書物があって鹿狩りのことが書いてある。柳田さんはそれを読んで『後狩詞記《のちのかりことばのき》』を書いた。鹿狩りは狩猟の金の時代です。『後狩詞記』は、猪狩りの話ですから銀の時代の狩猟なんですね。柳田さんは「全く鹿は狩の主賓であった」とはっきり書いています。マタギの言葉に「鹿は初矢、猪は止め矢」というのがあります。鹿は最初の一矢で射止めるわけですね。猪は止め矢で、何度も何度も射掛けて最後にとどめをさす。猪はなかなかしぶといから、鹿のように非常にきれいに倒れない。それだけ鹿の倒れ方というのは優美なんです。だから猟の快感というのはあったと思う。今のイギリスなんかでもね、狐狩りはなかなか止まないでしょう? 動物愛護の連中は狐狩りに反対なんだけど、依然として残っていますよ。

大江 日本人ほど動物を愛玩する民族はいませんね。

谷川 最近はペットと自分と一緒に入る墓を作るなどというのを聞きます(笑)。これも人間と動物が同等であるという潜在的な意識があるから。だからキリスト教の国なんかではありえないと思います。

大江 そういう意味では神・人間・動物という関係はまだ生きているわけですね。

谷川 そうですよ。いまだにそういう関係が成立するわけですからね、日本では。

古代海人の世界

身近だった古代の風習

大江　『古代海人の世界』は一九九五年に小学館から出版されました。海を遊び場として幼年時代を過ごされた先生にとって、海人の世界は民俗学に留まらない身近な存在と伺いました。先生は序のところで「古代海人の意識の底にうずくまり、ひそむものをとらえてはじめて、その実態を明らかにしたといえる」と書いておられます。この一文は谷川民俗学の面目躍如たるものがありますね。

谷川　たとえば考古学は遺跡や遺物がないと成立しない学問ですね。それから歴史学は文書記録がないとできない。ところが民俗学は遺跡や遺物、文書による記録がなくても伝承があれば可能なんです。私はある時、歴史家の網野善彦さんに「あなた方歴史家は、海の底までは追って来れないでしょう」と言ったことがあります。海の底には文書がありませんから。

私が小さい時に過ごした水俣は、当時漁村でした。生まれたところは水俣町大字浜です。家で井戸を掘ると塩からい水が出てくる。それくらい海に近かった。幼い頃、漁師たちが地曳網をするのを海岸に見に行きます。すると、漁師たちが私たちにもひと摑みずつ小魚をくれるんですよ。これがひとタマス。ひとり分の分量です。我々のように、見ている者にも分け与えられる。これを見ダマスといいます。

後で振り返りますと、南九州、奄美、それから沖縄本島も先島も全部タマスという言葉を使いますね。取れた獲物は海神の贈り物だから平等に頒けるわけです。狩猟の場合もタマスと言いまして、イノシシの前足や背中の肉など、平等に頒ける。

それから私は子供の頃よく海に潜りに行ったのですが、潜ることを水俣ではスムと言っていました。これも調べてみますと、南九州はみなスムなんです。沖縄本島も奄美もね。中国・四国の西半分から、遠くは越前海岸にまで及んでいます。「潜る」と言わない。民俗学をやるようになって考えてみますと、住之江という地名も、もともと潜る海人がいた入り江であった、ということに気がついた。そういうことで、タマスとかスムなど幼年時代に体験した言葉が、民俗学のテーマにつながっていったわけです。

大江　漁獲物を平等に分配する古代の風習が、少なくとも先生のお小さい時までは残っていたわけですね。

谷川　今でもあるはずです、沖縄なんかではね。その時につくづく感じましたのは、「神から与えられたものだから平等に配ることができる」ということです。つまり神の前でなければ、公平な配分は実現不可能なのです。漁師は恵比寿様を祀っていますし、山には山の神がおります。それで、恵比寿様や山の神から頂いているということで、海人も猟師も動いていくわけですよ。「神様から貰ったのだから、これ以上獲ってはいけない」という自己抑制もできるわけですね。

大江　さっきのスムという言葉ですけれど、住吉神社の「すみ」が潜ることを意味する海人の言葉「スム」に由来する、という話を聞くと、古代の日本人の生活が思い浮かび、懐かしい気持ちになります。

谷川　ええ、そうですね。魏志倭人伝に、倭の水人たちは「好んで沈没して魚蛤を捕へ、文身し亦以つて大魚・水禽を厭ふ」とあります。だいたい、住吉神社というのは海のそばにあります。だから海とつながりの深い神社であることは確かですね。

住吉神社の祭神は古事記にいう墨江《すみのえ》の大神です。その「すみのえ」の「すみ」は潜ることを意味する「スム」から来ており、「え」は入り江の江です。要するに「すみのえ」は海に潜ってアワビやサザエを捕る人たちがいた場所なんです。

大江　「すみのえ」は万葉集の高橋虫麻呂の歌にも出てきます。

谷川　ええ、浦島伝説の長歌ですね。「春の日の霞める時に　墨吉《すみのえ》の岸に出で居て……」とありますね。古代の海人の生活を髣髴《ほうふつ》とさせる歌です。

蛇信仰の痕跡

大江　この著作の特徴は古代海人の精神世界に深く踏み込んだところですが、彼らの意識の根底にあるのは縄文以来の強烈な蛇信仰であると。

谷川　そう思います。それは魚の名称がヒントになります。渋沢敬三の『日本魚名集覧』という有名な本、これには各地の魚の呼び方が書かれている。

それを見ると、あるところでアナゴと呼ばれる魚が、他のところではハモやウナギになったり、またあるところではウミヘビをハモと呼ぶ。もう無茶苦茶なんですよ。逆にいえば、古代において、これらの動物は同類として扱われていた、ということです。

では一般的な名称は何であったか。それが、「ウジ」ないし「ウズ」だと思うんです。

私の調べたところでは、先島《さきしま》の宮古島、伊良部《いらぶ》島、池間島では、ウズといえばウツボを指します。それから奄美諸島でもウジはウツボのことです。ところが八重山諸島の鳩間《はとま》島にいきますと、ウツボ、ウナギ、ハモ、アナゴすべてをウジと呼びます。要するに、水中に棲むヘビに近いものを総称してウジというんですね。

そういうわけで、古代の海人がハモ、アナゴ、ウミヘビ、ウツボなど長いものが泳いでいる姿を見て、それを一括してウズとかウジとかいったのではないか、と考えてみたわけです。もちろん、南島が非常に古いものを今まで保持してきたということも興味深い点です。

では、ウジ（ウズ）という言葉は何に由来するか。私はウジは虹からきたのではないかと推測しています。

虹は古語ではヌジと言います。ヌジからnを取るとウジになる。ヌジとウジは同じであると。このような語の変化は特別なものではありません。万葉集で「ムナギ」というのは「ウナギ」のことです。「ムナギ」のmを取ると「ウナギ」になりますよね。

宮古島では虹をティンパヴという。ティンは天、パヴは蛇です。虹は天の蛇だと考えられている。ヌジ（虹）は大きな口を開いて雨水を飲んでしまう、といって非常に恐れられているんですね。八重山では虹のことをアミヌミヤー、雨を飲むものと呼んでいます。大きな蛇のような怪物が雨を飲んでしまう。これは沖縄本島でもそうですし、久米島のノロの祈りの言葉にも出てまいります。つまり蛇が、一方は海中、他方は天にいる、というわけです。それは日本古来の蛇信仰の反映です。

大江　海人族の宗像《むなかた》とか尾形《おがた》の名も蛇と関係があるのですね。

谷川　ええ、九州大学の解剖学の先生でもある文化人類学者の金関丈夫《かなせきたけお》は、ムナカタは胸に、オガタは背中の下のほうに蛇の文様の刺青をしていた、と言っておりますね。安曇《あずみ》というのは、目に刺青をして大きな魚とか鮫などの災いを避けたのではないか、と述べています。鮫やウミヘビに襲われないためのまじないが刺青だったわけです。

各地に進出する海人

大江　日本神話の伊奘諾尊《いざなぎのみこと》のミソギは海人の古い風習を彷彿とさせるとともに、古代宮廷における安曇連の影響力を反映していると、先生は書いておられます。また、海人の民俗慣習が南九州の海人集団である隼人によって、一方は東の伊勢へ、他方は南の与論島《よろん》を含む南の島々に運ばれたと推論しておられますが、海人集団の動きはダイナミックですね。

谷川　安曇氏というのは北九州の志賀島が本拠地です。そこにある志賀海神社《しかのわた》では代々安曇氏が祖神の綿津見《わたつみ》の神を祀っています。ところで日本書紀などによりますと、淡路島にいた安曇氏が政治的にも大きな影響力を持っていたことがわかります。

大和朝廷では皇子誕生の際、産湯を使わせる役目の女は淡路から選ばれました。記紀の国生み神話は淡路島が舞台であり、伊奘諾尊が黄泉《よみ》の国からの帰り道、ミソギをした、という話も海人の風習の反映にほかなりません。ミソギの風習は魏志倭人伝に記されていますが、それは朝鮮半島に近い北九州の海人の風習を記述したものと思われます。

一方、南九州に拠点を置いた海人族は隼人です。隼人の先祖は、古事記や日本書紀に登場する有名な山幸海幸神話の海幸です。その文化的な影響が東の伊勢湾の海人に受け継がれたのではないか、と思うんですね。南のほうは、少なくとも与論島あたりまで彼らは行っている。

そのひとつの痕跡として、蓋歌《うきうた》、蓋結《うきゆい》という古代大和の宮廷の酒宴に用いられた言葉が、そのまま与論島に明治の頃まで残されていた。これは古代の海人が媒介したとしか考えられません。ほかにもいろんな例で実証できるんです。

大江　宮中の祭祀に海人の風習や伝承が反映されていますね。

谷川　そうです。たとえば伊勢の海人の伝承が、宮中の祭祀や宴会の歌などに残っています。その伊勢の海人の風習が伊勢固有のものではなく、はるばると黒潮に乗って南九州から伊勢まで運ばれたのだ、と私は推測しているわけです。そのひとつにシャコ貝伝承があります。

シャコ貝と猿

谷川　沖縄本島ではシャコ貝のことを、アザカーとかアジクヤと言います。アザというのは十文字を意味する言葉です。東大寺の正倉院は校倉造ですが、この「あぜ」は木を十文字に組むことから来ています。田んぼの畦も十文字です。シャコ貝の口がギザギザになっていますが、その噛み合うところが十文字。それでアザカーと言うのです。

三重県四日市市の近傍に阿坂というところがあります。そこは、猿田彦が阿邪訶《あざか》で漁をしていたおり、比良夫《ひらぶ》貝に手を挟まれて溺れ死んだ、という古事記の神話の地と言われています。ところがその阿坂といったら山のふもとで、海からそうとう離れているのです。

私の推測ですが、元の伝承は、猿がアザカー（シャコ貝）に手を挟まれて溺死した、というだけのものであった。そのうちアザカーの意味がわからなくなった。それでアザカーはその伝承を持ってきた人たちの住む海岸の名前として残り、その後海岸から山のふもとまでを含む広い地域を指す地名になったのではないか。

シャコ貝というのは海の中で口を上に向けて立っているんです。一メートルも二メートルもあるようなシャコ貝が口を大きく開いて、その中に潜水夫などが足を入れてしまうと、いきなりぎゅっと挟まれる。そうすると、足を引き抜こうとしても不可能なんですね。それほどシャコ貝の力は強いわけです。

インドネシアに、猿がシャコ貝に手を挟まれて溺れ死んだ、という説話がありますが、それが沖縄本島、奄美を経て南九州まで行き、伊勢湾まで到達したと考えたわけです。それが本土に生息する、あまり大きくもない比良夫貝に手を挟まれた、という話に変わったのではないか。

海幸山幸の神話で、いじめられた山幸が、最後に仕返しとして鹽盈珠《しおみつるたま》による呪いで海幸を溺れさせる場面があります。後に隼人がそれを「隼人舞」として宮廷で演じた、という古事記の記述がありますが、インドネシアの説話も背景にあったかもしれません。

いずれにしても、隼人が南のほうから来た氏族だというのは確かだろうと思うんですね。その証拠はいくつもあります。それを考えますと、隼人が海人の源流ではなかったか、と想像されるわけです。

大江　日本の文化のみならず、政治にも影響を及ぼした古代海人に、もっと注目すべきですね。

谷川　ええ、民俗学者は、海人の現代の生活、生業についてはいろいろ調べます。でも、それを古代の海人とつなげて考えませんので、私のような発想まではいかないですね。

現代の海人の生活をただなぞるだけじゃなくて、その意味や海人の世界の奥の深さを探っていくことが大事です。柳田さん、折口さんにしても、海の生物の名称や海人の問題などをそんなに詳しくやっておりません。まあ及ばずながら、私がやっているんじゃないかと思っております。

五　南島文学発生論

通説への違和感

大江　『南島文学発生論』は思潮社の「現代詩手帳」に、「南島呪謡論」として一九八七年九月から九〇年の七月まで連載されたものが中心ですが、先生がこれを書かれた動機についてお話し頂けますか。

谷川　藤井貞和さんが一九七七年に「古日本文学発生論」を書いたんですね。藤井さんのねらいは、南島文学と本土の古代文学の比較検討です。しかし私の南島文学への関心は別のところにありました。私は外間《ほかま》守善《しゅぜん》氏や小野重朗氏の南島の古謡や歌謡についての論考に、不満と違和感を抱いていたんです。このお二人は、沖縄本島の古謡が奄美、宮古、八重山のほうに伝播していった、という考えなんですね。

私はそんなことはちょっと無理じゃないかと思ったわけです。私は、奄美でも宮古でも八重山でも、それぞれの島にはそれぞれの古謡の発生があってね、それがだんだん発展していった、と考えていました。それを表白したいと思ったんです。

それからもうひとつ、外間さんも小野さんも、民間の巫女であるユタは公的なノロの後に生まれたという考えです。ユタはノロの崩れのようなもの、との認識です。これは多分に伊波普猷《いはふゆう》あたりの考えを引いていると思いますけれど、それに私はひどく反発したわけです。私はむしろユタのほうが古いんじゃないかと。

古代、沖縄にはカンカカリヤという神に憑かれた女性たちが最初にあってですね、ユタとノロが未分化の時代があったんだと。それを何とか証明したいということもありました。まあ他にもいろいろありますが、主だったところはその二つですね。

大江　ユタについて、先生が書いておられますね。家族の誰かが死ぬと祭祀をしなきゃいけない。それをやるのはまず主婦であったろう。そういうところから発展していったのがユタであって、決して公的なノロが変化したものではない、という趣旨ですね。

谷川　今まで何事もなく一家の務めをしていた主婦が、突然神懸りして外をさまよい歩く。そういう行為があるんですね。東北にもかつて「おしらさま」とか「おしんめいさま」を背中におんぶしながら、果てしなく歩く主婦の姿があったわけです。これもやはりユタの原型ですね。そのような巫女的な女性は縄文時代あたりからいたんじゃないか、というのが私の考えです。

記紀以前の空白の謎

大江　先生は、記紀以前の文学資料の空白を埋める方法として南島に着目されました。

谷川　その空白を埋める方法はただ一つしか見当たりません。南島の呪謡を介して日本古代文学の黎明を類推する他はないんです。これはもともと折口さんや藤井さんも着目していた点です。でも折口さんの時は資料がまだ少なかった。折口さんは昭和二十八年に亡くなりました。その後どんどん南島歌謡の資料が世に出てきたんです、特に七、八〇年代。それで折口さんが考えつかないような古謡の発生過程がだんだんわかってきました。

神の言葉というのは神託の形をとるのですが、徐々にそれがリズム化して呪謡になっていく、そのプロセスがよくわかるようになってきました。

大江　日本にそのような時代があったとしても、沖縄にだけその痕跡がある理由は何でしょう。

谷川　仏教、暦、鉄器、この三つの柱が沖縄に入ってきたのがだいたい一二～一三世紀から一四～一五世紀です。それまでは何もないわけですよ。そうすると、沖縄の社会で支配的なものというのは、神に奉仕し神託を行う女しかいないわけです。みんな神に従って動くしかない時代があった。神意がいちばん大事にされるんですね。

日本の本土でも南島でも、昔は言葉の呪力が信じられていました。それは神に憑かれた時がいちばん強いんです。神のお告げの言葉で相手をしたがわせる。その呪いの言葉を用いるのがユタなのです。神に憑かれた者の託宣ですから絶対的な力を持っている。そういう時代が最初にあって、長く続いたと思われます。

その後、仏教が伝わってもその影響は軽微でした。仏教寺院はほとんど沖縄本島の首里、那覇付近だけでした。一八世紀になっても、宮古と八重山にはお寺が一つずつしかないんです。それも沖縄本島から来た役人とか宮古の有力者など、一部の支配階級しか関与しないわけですから。ほとんど庶民は仏教には関わりがない。

私は七〇年代の初め頃に、宮古島でお葬式に行ったことがあるんです。葬列のうしろから野原を歩いていくと崖に横穴が掘ってありまして、その穴に亡骸を入れるんです。そこでお坊さんがお経を唱えるんだけれど、そのあと遺族代表が「このたびはお忙しいところをどうも有難うございました。これで故人もつつがなく神の国に入ります」と挨拶をしました。宮古島の祥雲《しょううん》寺のお坊さんが葬式を取り仕切っているんですよ。だけど遺族代表は「神の国に入る」と言うんだから。

大江　仏教が入ってくる以前の日本はそうだった、ということですよね。

谷川　神といってもいわゆるゴッドじゃなくてね、死んだ人の魂を神と呼んだわけです。

まれびと論の破綻

大江　折口信夫の「まれびと論」について、先生が南島の神事を実際に調査されて、沖縄全体に当てはまるものではない、とおっしゃっていますよね。

谷川　折口の「まれびと論」の核心は、「常世から来訪する神の発する呪言や祝福の行動が日本の文学や芸能の起源である」ということです。ところが沖縄本島ではいくら探しても、その「まれびと」が出てこないんです。

折口が「まれびと」の例として着目したのは、八重山に伝わるマユンガナシやアカマタ・クロマタという神事なのですが、厳密に見ていくといずれも該当しないのです。マユンガナシは川平《かびら》というところで九月にやるんです。村の若者がクバ笠を被って蓑を着、神に扮して家々を一軒ずつ訪れていくわけですけどね。そのしゃべる言葉というのが農事指導員のような内容なんですよ。「何月何日に種を蒔いて」とかね。つまり神様の言葉ではないんです。それから石垣島のアカマタ・クロマタっていう仮面の神は、一言も言葉を発しないんです。そして氏子が神を賛美したり願掛けしたりするニガイフチ（願い口）を唱えるだけなんです。これも神の言葉ではない。

そういうことから、「まれびと」的な振る舞いというのは沖縄で確認できないというのが私の考え方。折口の「まれびと論」は、実証的な裏付けを取ることが不可能である、ということです。

挽歌の原型

大江　『南島文学発生論』で画期的なのは万葉集の挽歌に関する記述です。挽歌の常套句の本来の意味が、沖縄の呪詞との比較によって初めて明らかにされました。

谷川　万葉集の挽歌はほとんど事故死ばかり歌っています。自殺とか他殺、水死とか行路病死。そうした事故死が多いんですよね。万葉集の歌では、人麻呂自身も事故死となっています。

万葉の挽歌には、「いかさまに思ほしめせか（どうしたお考えで）」、「何しかも（どうして）」というような常套句があるわけですね。これは山本健吉さんなんかが研究している。宮古の池間島に前泊徳正という人がいまして、「池間島にも同じようなことがある」と教えてくれたんです。それで私もびっくりしました。

「どうして早く死んだのか」とか「どうして溺れ死んだのか」というふうに、宮古の方言で死者をなじるんです。前泊さんはその例をいくつも私に書いて送ってくれたんですね。若くして死んだり事故で死んだりした人の魂というのは認めないんです。むしろ非難するような言い方なんですね。

それはある意味では挽歌には似つかわしくないわけだ、鎮魂ということから言いますとね。しかし私は池間島の話を聞いて、「ああ、これが挽歌の原型か」と感じたわけです。

縄文時代の屈葬は、死者が再生しないように、というまじないなんですね。沖縄では火傷で死んだお婆さんを、穴を掘って逆さまに葬る。化けて出ないようにね。再生への恐怖というのがあるんですね。御霊信仰は奈良時代の後期から始まると言われていますが、私は既に縄文時代あたりからあったと考えております。

死者の魂を鎮めるというのが鎮魂です。万葉集もそうですよ。死者の鎮魂歌を歌うと、死者の魂はそれによって気持ちが和《なご》んでね、それで静かなあの世にいく。

それが、沖縄では鎮めるんじゃなくて死者を罵るんです。これは鎮魂どころの騒ぎじゃない。「もう来るな」とか、「おまえはもう早く往生しなさい」などと、異常死者と生者の距離をできるだけ離そうとする。だから、事故死をした死者は、一応儀礼を通さないと鎮魂の段階に行くことができない。
戦争末期、宮古島出身の女性がサイパン島のスーサイドクリフで身投げした。戦争で死んだのもキガズン（怪我死）ですよね。だから、宮古島の張水《はりみず》港の埠頭に行ってね、サイパン島からぷかぷか流れてきた魂を、魚釣り竿で釣るんです。魂は見えないですよ、だけど釣る格好をするわけです。魂を釣り上げてハンカチに包んで、それも目に見えないから包んだ格好をして、家に持って来て神棚に上げてお祈りをする。一応その儀礼が必要なんです。

大江　挽歌の原初の姿が沖縄に残っていた、という先生の発見への世の中の評価はどうだったでしょうか？

谷川　沖縄にこういう実例があることが非常に重要だよ、ということを私は言った。今までそれを言った人はいなかったと思います。山本健吉さんは、万葉集の挽歌の常套句は哭女《なきめ》のくどき文句から出発している、と言っていますが、沖縄のキガズンに関する常套句は研究していない。

沖縄での常套句の性格ははっきりしているんですね。要するに不完全な死に方に対してだけ使う。そういうことについての評価があって欲しいと思うんですが。独創的であればあるほど、書斎派の学者はなかなか評価してくれない（笑）。

大江　この全集が出ることによって、『南島文学発生論』がまた違った人たちの目に触れることになります。今回の全集の意義というのはそこにあるのかなと思うんです。

谷川　そうあってほしいですね。

六　沖縄・辺境の時間と空間

沖縄の根

大江　『沖縄・辺境の時間と空間』は一九七〇年に刊行されました。これは『魔の系譜』同様処女作と言ってもいい著作だと思うのですが、その頃沖縄はアメリカの統治下にあったわけですよね。

谷川　沖縄返還の二年くらい前のことです。今ではちょっと考えられないのですが、沖縄では挙《こぞ》って日の丸を掲げて、日本は母の国であるからそこに還りたい、と熱望していた時代です。私が泊まった宿屋の女将さんなんかも、そういうことを言うと涙ぐむくらいの高揚した気持ちを持っておりましたね。基地の労働者たちも祖国復帰を切に望んでストライキをやったという時代だったんです。

その時私は考えました。一時的にそういう政治的な機運が盛り上がったとしても決して長続きせず、すぐに元に返るに違いない。沖縄でいちばん根本的なものは何かということを今考えておかないと、時代とともに沖縄は何処かへ流されてしまうんじゃないか。そこから「沖縄の根」というのを考えたんです。

それを見失った時、沖縄は日本本土から来る衝撃に耐えられず、単なる小さな南の島々の連なりというだけになるに違いない。

日本本土と沖縄は、母が同じで父が違う兄弟である、というのが私の基本的な認識です。母は民俗や言語など基層文化であり、父は歴史なんです。だから、母が同じであるために沖縄は本土に限りない親近感を覚えますが、父が違うものですから違和感も残る。そのため同化も異化もできない。それを超えた道を模索するしかない、というのが私の考えですね。

沖縄の友人が、「私たちは奈良のお寺を見ると違和感を覚える」と言うんです。我々は奈良を日本人の故郷のように思っておりましたので、それを聞いてびっくりしたことがありました。それは父が違うということだと思うんです。

大江　先生は、沖縄の歴史社会というのは多面体の結晶のようにさまざまな角度に光を反射していて、全体で捉えるしかないんだ、ということをおっしゃっておられます。

谷川　それは沖縄という世界の生き方と言ってもいいかもしれませんね。

たとえば御嶽《うたき》の信仰は、日本の神道のような系統立ったものじゃありません。何か草むらでお祈りをするだけです。宮古島では神に仕える女性たちがお祭りで歌ったり踊ったりしていると、大の男たちが、自分の妻であり母であり妹である神女たちを、頭を地に擦り付けながら拝んですよ。

大江　先生は「沖縄の根」にある、沖縄固有の神の存在という、きわめて本質的な問題に踏み込まれました。

谷川　その沖縄固有の神を遡ってみますと、どうも日本本土と通じるものがある。神社も鳥居もなく、ただ草むらに石が置いてある、そういう聖地なんです。でも、日本本土でも、かつてそのような時代があったんじゃないか。逆に言えば沖縄のそれは古代以前の日本社会を表現しているのではないか。

琉球弧を横切る断層

大江　ところで我々は沖縄全体を一括りにして論じがちです。

谷川　そうなんです。でもそこには目には見えない断層があると思っております。たとえば最近首里城が復元されましたね。首里の士族の子孫なんかは涙を流さんばかりに喜んだ。ところが宮古八重山の人たちは首里城に全然親しみを感じないというんですよ。むしろ沖縄本島から収奪された思い出のほうが強いんです。

大江　人頭税ですね。

谷川　そうです。人頭税は寛永十四年から明治三十六年まで二六六年間、宮古八重山だけに課税された税金なんです。頭割りで課税していく。そういう不合理な税の存在も、先島と沖縄本島の間に横たわる非常に大きな断層だと思っているわけです。

一九六九年に宮古八重山に行って人頭税の話を聞き、これは大きな問題だと思いまして、それを雑誌「中央公論」に書きました。それが世間の注目を浴びた。それまで人頭税に触れた論文は皆無と言ってもいい状態だったんです。

大江　先生は、明治時代、何人かの本土の人たちが先島の住民たちの惨状に深く同情し、その非合理を世に問うたことに着目されました。

谷川　まず第一に挙げたいのは中村十作《なかむらじゅうさく》です。明治二十六年、真珠の養殖をしようと南の島に渡った青年が人頭税に苦しむ島民たちを目の当たりにし、農民とともに人頭税廃止運動の先頭に立ったのです。彼は翌明治二十七年、人頭税の過酷さを訴えるべく帝国議会に請願書を提出しました。

それから笹森儀助《ささもりぎすけ》の功績も忘れるわけにはいきません。彼は明治二十六年に先島を旅行しました。特に八重山を回って、マラリアと人頭税に苦しむ島民の実態をつぶさに見て歩き、『南島探験』という記録にまとめました。

この書物は先島の実情を天下に広く知らしめる役割を果たし、中村十作の運動に大きく貢献をしたんです。私はそういう人たちに注目し、研究しようと考えました。

大江　逆に当時の沖縄本島の人たちは先島の住人たちの痛みが解からない。

谷川　ええ。むしろ当時の東京の政治家とかジャーナリストがね、これは非常に不合理な税である、ということを感じていたわけです。

笹森儀助が先島を遍歴したのは日清戦争の前の年でもあり、国防の見地からも、沖縄に捨てられた民がいるというのは日本の国のために良くない、というのが彼らの持っていた考えですね。中村十作は新潟の人で、笹森儀助は弘前の人です。その他、仙台出身の岩崎卓爾《いわさきたくじ》は、明治三十一年石垣島測候所の所長に着任以来晩年までの四〇年間、八重山の文化や自然を本土に紹介するなどしました。また、沖縄県の第二代の名知事だった上杉茂憲《うえすぎもちのり》も米沢の上杉鷹山《うえすぎようざん》の子孫です。そういうことで沖縄、先島には北国の人たちが関与しているんですね。

考えてみると明治の戊辰の役で同盟して官軍に手向かった諸藩の出身ですよね。これは、虐げられた東北の人たちが、見捨てられた沖縄の人々に共感を覚えた、と言えるんじゃないでしょうか。

ヤポネシア

大江　人頭税とともに、『沖縄・辺境の時間と空間』のもう一つの柱として「ヤポネシア」の概念がありますね。

谷川　ヤポネシアという言葉自体は、奄美にいた島尾敏雄《しまおとしお》さんの造語です。日本本土の特質をネシア（島）として捉える。

日本にはネシアの語尾を持つ太平洋の島々と同様に、海に開かれた気候風土の持つ優しさや柔軟性が見られる。その特性は日本全域にわたっているが、特に南島や東北地方に顕著である。それらの地は日本の辺境として疎外されてきたが、逆にそこにこそ猛々しさや硬直さを免れたヤポネシアとしての可能性を見出すことができる、という説なんです。

私は一九七〇年、「日本読書新聞」の一月一日号に小文を書きました。その年の一一月三島由紀夫が市ケ谷の自衛隊で自刃した。その三島由紀夫と村上一郎が同じ元日号で対談しているんです。

二人は権力奪取のための蜂起をめぐってそうとう物騒な論議をしている。一方私はヤポネシアに無権力社会を夢見る、「〈ヤポネシア〉とは何か」という文章を書いた。それは三島とは違う次元の文章であり、それがたいへん評判になりまして、それで私もヤポネシアの片棒を担いだような状況になったんです。

そういうことが『沖縄・辺境の時間と空間』のもうひとつの柱になりますかね。

ただこの時は私も息せき切って沖縄に行って、早速本に仕立てたわけですから、気持ちのほうが走っている本だと思いますが、最初の本としてはある意味では当然かもしれませんね。

大江　先生のお説によれば、沖縄の論理は日本の論理とは異なる。日本の論理でいくと「あれかこれか」というところなんだけれども、沖縄は、「あれもこれも」あるいは「あれでもないこれでもない」と。

谷川　それは『孤島文化論』の中に入っている「火にかけた鍋」という文章です。

沖縄というのが鍋の水みたいなものでね、そこにいろんな材料が中国や日本から投げ入れられ、とろ火で炊かれた。それで非常に複雑な味になっている、という趣旨でした。

それを「情況」という雑誌にほんとうに一日くらいで書いた。これは皆さん注目してくれました。

大江　本土人の思考と行動の様式は直線的であり、沖縄人のそれは旋回的である、ともおしゃっておられますね。

谷川　それはほんとうに現代においても言える話です。だから沖縄をどうしたらよいかというのはなかなか難しい問題ですよ。沖縄が日本志向を強めれば日本に吸収されるし、沖縄が独立すればやはりいろんな問題が、たとえば安全保障の問題が出てくる。

共同社会が生きている琉球世界

大江　「与那国・石垣・宮古の旅」という文章の中にあるのですが、まさに谷川民俗学の中核部分に属する話だなと思ったのが、与那国島で先生が冬祭を御覧になった話です。

ガジュマルの木の下に九十歳くらいのおばあさんが座って、玉を額や首や手に着けて、静かに揺らす。子供や孫、ひ孫たちが大勢そこに集まっている。完結した世界がそこに存在している。日本の古代の精神世界の原形とも思えるものが存続していた、というのは非常に印象深いお話です。

谷川　その一族の祭りの光景を見て、ほんとうに羨ましかったですね。実に幸せな光景なんですよ。核家族の幸せじゃないんですね。氏族社会を思わせる一族の集まりですから。古代的な風景というんでしょうかね。

石垣島の白保で、小学生や中学生が八重山の歌を歌ったり踊ったりするのを見ました。ほんとうに元気なんですよ。健康で、暗さが全然ないんです。

ああここには日本がまだ生きていたな、日本のしっぽみたいなところで日本はまだまだ健在だな、と感じたことがあります。

七　甦る海上の道・日本と琉球　渚の思想

甦る海上の道・日本と琉球

新発見による奄美の再評価

大江　『甦る海上の道・日本と琉球』は平成十九年三月に文春新書として出版されました。柳田国男が『海上の道』で南から北へ向かう海上の道を想定したのに対し、谷川先生は北から南へという逆の流れを取り上げておられます。

谷川　柳田さんは、海の中の川というべき黒潮の流れに沿って、いろいろな人間や文物が南から北へ流れてきた、という説なんです。私はそれを否定しません。私は柳田さんの説を大前提として、逆に北から南へ流れる海上の道もあったのではないか、と思うわけです。

その思いを強くしましたのは、ここ十数年の間にさまざまな発見が琉球、特に奄美大島、喜界《きかい》島、徳之島という奄美の三島で相次いだためです。

たとえば奄美大島の場合はヤコウガイです。ヤコウガイの貝殻が同島の笠利《かさり》で大量に発見されました。宇治の平等院鳳凰堂や平泉の中尊寺金色堂はヤコウガイの螺鈿《らでん》を大量に使っています。本土にとってヤコウガイは貴重品でした。

それから徳之島では、カムィヤキという須恵器に近い土器を大量生産する大規模な窯跡群が発見されています。ここで生産された土器は、与那国島や波照間《はてるま》島など琉球弧の南端まで広く分布しています。

それから喜界島の城久《ぐすく》遺跡では、大型の建物跡と推定される遺構が発見されました。そこから中国産の青磁や白磁などの壺や皿のほか、日本本土からもたらされた石鍋の破片が数十点出ているのです。ここは太宰府や薩摩の豪族による南島経営の最前線、ないしは博多商人や宋商人の貿易拠点であったと推測されます。

このように、奄美大島、喜界島、徳之島で発見されたものが、南の島々、特に沖縄本島を主とする琉球弧の島々との交易に使われたと推定できるわけです。その奄美諸島を中間点として、日本本土から琉球弧にさまざまな文物が運ばれていったのではないか。

時代は一一世紀と一二世紀に限られるわけですが、その時代に本土と南島との交易が行われたということが非常に重要だと思うのです。一一～一二世紀以前は沖縄本島や宮古島は新石器時代、それから八重山諸島は無土器時代が一〇〇〇年くらい続いていました。そして奄美諸島は琉球王国の周辺部分とみなす考え方が一般的でした。

ところが近年の発掘で、奄美諸島が独自の文化を形成する基盤をもっていたことがわかった。

奄美のほうが先進地帯だということが言えるわけです。その奄美を中間点として日本本土からの品物がどんどん流れ込むと、琉球弧はその刺激を受けて「原琉球時代」という未開の琉球から、「古琉球時代」へと進化していくわけです。

古琉球時代を、沖縄では別名「グスク時代」とも言います。一一世紀頃から一五世紀末頃までがグスク時代にあたります。グスクというのは日本の城に近い感じの城塞でして、城を築きそこで生活が営まれるわけですから、文明的な社会に入ります。

一一世紀、一二世紀に北からの文化の衝撃が琉球弧に加えられ、新しい展開を見たわけですが、そういう時代のきっかけを作ったのが、先ほど申しました奄美のカムィヤキ、ヤコウガイ、あるいは石鍋なのです。その意味で、北から南への海上の道があったんだ、ということを私は特に強調したのです。

大江　谷川先生の想定される海上の道は人間の意思による道ですね。

谷川　そうです。北から南への海上の道というのは人為的な道です。ですが自然をある程度利用してもいます。黒潮の大きな道筋は南から北なのですが、脇道では北から南へ反転する。船人がそれを利用しています。

触発される文化

大江　縄文時代前期から、朝鮮南部、九州西海岸、南島がひと続きの文化に属していた、ということが考古学的にも実証されるようになりました。

谷川　たとえば曾畑式土器《そばたしき》ですが、熊本県の宇土市曾畑貝塚で出土し名付けられたもので、縄文前期に属するものです。その曾畑式土器が、韓国の釜山の近郊や沖縄本島の読谷村《よみたん》からも出るんですね。沖縄では、それまで縄文後期の土器が最古のものとされていたので、土器の時代が一気に縄文前期にまで遡ることになり、みんな驚きました。

そういうわけで縄文時代以来、沖縄から九州西海岸、朝鮮半島南部につらなる交易の道があったことが分かりました。

大江　御著書で「琉球社会を千年の眠りからゆり覚ましたのは九州産の石鍋がきっかけであるといっても過言ではない」とあるのはとてもおもしろいお話です。

谷川　長崎県の西彼杵《にしそのき》半島の大瀬戸で、滑石という、わりと軟らかな石を産する。その滑石から石鍋を製するわけです。ほかに福岡県の大牟田とか山口県の宇部あたりで滑石が出ますけれど、非常に少ない。石鍋の生産地は限定されているんです。

それから、本土でさえ「石鍋四個に牛一頭」と言われるくらい、石鍋は値段が高いのです。この石鍋はまず太宰府とか博多に移送され、そこから運んだふしがあります。八重山の南の果ての波照間島からも出るくらい、琉球弧の隅々に出土地がある。しかも非常に高価で手に入れにくいものですから、それを真似した土器を作るんですね。石鍋模倣土器といいまして、宮古・八重山だけでなく沖縄本島でも作られる。

初期の石鍋には「こぶ」状のつまみがありました。この把手付石鍋が琉球弧で模倣される。外耳土器ともいうのですが、それが非常に珍重されているんですね。それまで宮古、八重山と沖縄本島は別々の歴史的な歩みをもっていた社会なのです。ところが石鍋模倣土器という共通の土器が生まれたことで、琉球弧全体でひとつの社会が生まれた。そしていよいよグスク時代に入っていく。

石鍋の渡来というのは、象徴的な意味でも大きな事件だったと思います。私は、石鍋には、煮炊きという実用性以上に、呪器としての要素があったと考えています。沖縄本島の出土地を見るとみな古いグスクから出ている。

活躍する貿易商たち

谷川　その把手付石鍋は九州でも太宰府と博多くらいにしか出ないんですよね。だから太宰府の外港である博多の連中が、それを沖縄のほうに運んでいったと推定される。南島貿易の起点は博多でして、終点はどこかというと、八重山のいちばん果ての波照間島です。それで博多から八重山の果ての波照間まで、交易のラインが引かれるわけですね。これは壮大な海上の道なのです。

博多がなぜ起点かというと、博多商人がその時活発に動いている。と同時に南宋の商人たちが博多に陶器や磁器をもたらす。それから日本からいろいろな品々を買い付けて、中国に持っていく。

それが一一世紀から一二世紀。彼らの居留地は今でも唐房《とうぼう》という名前で残っています。博多の東の遠賀川のところに唐房という地名があり、そこからも陶磁器が出るんです。それから南九州の薩摩半島の加世田市と金峰町、今は両方南さつま市になっていますが、その間に万之瀬《まのせ》川が流れていましてね。そこの持躰松《もったいまつ》遺跡からも多数の白磁、青磁が出るのですが、そこに当房という地名があります。

唐房（当房）という地名のところには宋商人がいた。唐というのは中国という意味です。それから奄美本島の焼内湾内の海底から白磁、青磁などの陶磁器が何千点と出たのです。それは、陶磁器を載せて南宋の港を出港した船が、南から沖縄本島伝いに奄美まで来た時に沈没したか座礁したということなんですね。その船が目指した最終目的地は博多と思われます。

大江　奄美は、単に鹿児島と沖縄の間にある島というのではなく、貿易商が大きなスケールで行動するためのひとつの拠点であったと。

谷川　だから、宋商人や博多商人は、海上の道で非常に重要な役割を果たしていたわけです。

南北朝の動乱と琉球王朝の成立

谷川　海上の道を考える上でもうひとつ重要な要素があります。一四世紀頃に南北朝の動乱で日本中が南朝方と北朝方に分かれて争うのですが、結局北朝方の勝利に終わり、南朝は北朝に吸収されます。それが足利義満の頃です。

九州の肥後国八代《やつしろ》に名和《なわ》氏がいました。名和氏は元々伯耆《ほうき》の豪族でしたが、隠岐に幽閉された後醍醐天皇を救い出したという功績があり、肥後の国に領地をもらうんですね。その後、後醍醐天皇の皇子の懐良《かねなが》親王が征西将軍の宮として九州に下向し、名和氏は懐良親王を助けて南朝のために大いに戦う。

しかし、中央で南朝方が敗れ、北朝方に吸収されてしまうと、名和氏もその存在理由がなくなりました。それで、南朝方の残党となった名和氏の武士たちが、倭寇、あるいは落ち武者のようなかたちで南を目指す。彼らは沖縄本島の東南海岸に辿り着いて、佐敷《さしき》に拠点を築き、沖縄に統一王朝を初めて開いた。これが折口信夫の説なんです。それは大いにあり得ることで、私はそれも北から南への海上の道をたどった連中の中に加えているわけです。

大江　琉球国は独自に発展してきた、というような歴史観がありますね。

谷川　ええ、そうなんです。だから第一尚氏が統一王朝を最初に開いたという場合でも、沖縄の歴史家は、内発的な発展が沖縄の社会を統一させた、と解釈している。でも、私はそうではないと思う。やはり外部からの衝撃ですね。日本本土の落ち武者たちが沖縄本島に上陸して、そこで第一尚氏の王朝を開いたと考えるほうが自然ではないか。日本も外国からの干渉や衝撃によって、江戸時代から明治時代へと変わりますよね。それから昭和二十年の敗戦の場合もそうです。

日本社会が変わるきっかけは、みんな外側からの衝撃なのです。それと同じようなことが沖縄でも起きたのではないか。つまり、日本本土からの刺激によって沖縄社会は変貌していった、と考えるわけですね。それは文化的な意味でも、政治的な意味でもそうだと。沖縄に統一王朝を作ったのは肥後八代の名和氏の残党である、という折口信夫の説は、否定できないと思います。たとえそうでなくとも、平和な時は交流をし、戦争の時は戦うという和戦両様の構えの倭寇と称する連中が、南島に行って政治的な権力を手に入れたんじゃないか、と考えるわけです。

沖縄の連中は、どうしても琉球王国論を唱えます。琉球王国というのは第一尚氏、第二尚氏の時代でして、沖縄が独立していた時代です。沖縄が中国の冊封政策を受け入れ、朝貢貿易を行う一方、中継貿易で東南アジアや朝鮮とも交流する。当時の那覇はまさに国際貿易港でした。その頃の琉球は非常に発展した時代だったのです。沖縄の歴史家はそこに力点を置くものですから、沖縄は琉球王国を自前で作ったと見なしがちなんですね。それが通説のようになっています。

しかし一一世紀から一三世紀くらいの間に日本本土からの文化の流入があり、それが呼び水になって、初めて沖縄の社会が変貌を遂げ始めたのです。そして政治的な権力も日本本土からの連中によって生じた。それが私の考え方です。

沖縄の人たちは、私が本土のほうに力点を置き過ぎる、と思うかもしれない。しかし、私は日本国と琉球国の関係を言っているのではないのです。本土から小さい船に乗って、落ち武者のような無法者がどんどん沖縄のほうに出稼ぎに行く。沖縄には武器もない。そこに武器を持つ人間が行くのですから、征服し易いんですよね。その一旗組の連中が勢力を持った、と考えるほうが納得がいく。

日本と琉球の親和力

大江　坊津《ぼうのつ》が鍛冶技術や鉄製品を南の島々に向けて送り出す拠点であった、というのも沖縄と本土の親和力を実感できる事例ですよね？

谷川　南さつま市に坊津と秋目《あきめ》という隣り合った地区があります。秋目鍛冶といいましてね、そこは狭い谷間の集落なのですけれど、非常に鍛冶屋が多くて、昭和の時代でも出稼ぎで奄美なんかに行っている。奄美の鍛冶はだいたい秋目鍛冶です。それからまた八重山の伝承にも坊津まで鉄を買いに行く話があります。そういうことで、坊津や秋目が日本の鉄を南島に持っていく最先端であったと考えられます。

大江　先生が御本の最後に「ここにして思うのは、幾千年このかたの「海上の道」をかけ橋としてつづいてきた日本本土と琉球の縁のふかさ、血の濃さである」と書いておられます。

谷川　自分は以前「日本と沖縄は母を同じくし、父を異にする同母異父の兄弟である」と述べたことがあります。母というのは言語や民俗などの基層文化であり、父は歴史を意味します。でも、異なった歴史を歩んできたとは言い切れないことに気が付いたのです。つまり琉球の歴史の転換点で、日本と琉球は強い牽引力と親和力によって接近しあっているという事実がある。

縄文の土器が沖縄本島でも出土していることは前からわかっていました。でも、一一、一二世紀から一三世紀という時代に、本土の文物が沖縄本島および先島にそんなに多く流れていったとは想像できなかった。この十数年の間の発掘、発見が非常に大きいんですよ。

柳田が『海上の道』を書いてからもう四十数年になります。その後最近の十数年間に、遺物、遺跡の発見が相次ぎました。それもあり、最新の情報を活用しないと、日本本土と沖縄のほんとうの関係がわからないんじゃないか、と思い直しているわけです。

ただ何度も繰り返しますように、国家間の侵略とかではなくて、ほんとうに庶民が、道の島といわれる奄美の島々を辿って沖縄本島まで、あるいは先島まで行って交易した。決して政治的な権力を背負って行っているわけじゃない。商人として行っているのです。

先島には石器時代に貝斧《かいふ》というのがありましてね、シャコガイの蝶つがいのところを切って斧にしているんです。これは南太平洋諸島やフィリピンなど南方から伝播したと言われております。ところが、沖縄本島には貝斧が全然出ない。つまり沖縄本島と宮古の間の三〇〇キロの海というのは、交流の道を遮断する海だった。それが日本本土からそういう文物が行くことによって初めてつながっていく。日本からの文物や人は琉球弧にたいへん大きな影響をもたらしたと思うわけです。

大江　本土と琉球との関係という中で『椿説弓張月《ちんせつゆみはりづき》』の話を谷川先生は書いておられます。

谷川　今振り返りますとね、私の沖縄に対する興味というのは、私の生まれ故郷の水俣の氏神である浜八幡、その参道のそばの為朝《ためとも》を祀る祠から始まるんです。

『椿説弓張月』や『肥後国誌』にあるように、為朝が水俣の海岸から琉球に向かって船出をする。その時村民が名残を惜しんだため、為朝は袖をそこに置いていった。その袖を祀ってあるという伝承がありましてね。その伝承が、後になって私が沖縄を志向する原動力になった。私の沖縄に対する関心は小さい時にすでに芽生えていたんです。

渚の思想

現世と他界の中心線

大江　『渚の思想』は二〇〇四年に晶文社より出版されました。この本に取り上げられた文章は、先生が民俗学者として執筆を始められた一九七〇年以降に発表されたものに、書き下ろしを加えて再構成したものです。また、全集収録にあたっても一部加筆し、構成しなおしてあります。日本は世界有数の長い海岸線をもっていますが、その渚は先生の民俗学の根幹にかかわる場所ですね。

谷川　古代の世界観は、現世と他界のふたつによって構成されていたと思うんです。現世で生を終えた人間はやがて他界に行き、他界での生を終えると現世にまた戻ってくる。そういう循環の中で、現世と他界の境目が渚だったと私は理解しているわけです。

たとえば産小屋もお墓もみな、渚に近いところに設けられていた。これも渚がいちばん他界に近いと考えられていたからに違いありません。

他界の姿がいちばん見えやすいところが渚で、とくに沖縄の場合はサンゴ礁、それを沖縄では干瀬《ひし》といいますが、その干瀬が島をぐるりと取り巻いております。干瀬の内側は鮮やかな碧玉色の浅い海、干瀬の彼方は青黒い波がうねる外洋であり、そこはもはや他界に属する世界だったのです。そういうこともあり、渚には非常に魅力を感じております。

大江　先生は渚を現世と他界の中心線とおっしゃいました。

谷川　ええ、そうです。渚は現世と他界のいわばボーダーラインで、これは人間だけ、あるいは神だけの世界でなく、神、人間共有の領域であると考えているわけですね。日本は面積は小さいけれども、海岸線の長さは世界で六位なんです。そんなに長い海岸線をもっていますから、渚が無視できない存在なのは当然です。

渡り鳥は渚にいつも立ち寄る。それからまた寄物《よりもの》、寄木《よりき》など、生活の足しになるものも渚で満たすことができる。渚というのは生活に必要なものをもたらす場所であったと同時に、季節の移ろいとか、昼と夜、潮の満ち干という情緒的な側面も味わうことが可能です。それで日本人は渚に憧れをもってきたのです。

このように、渚は人間と関係があるけれども、たとえば島を取り巻く干瀬は人間と関係なく存在しているわけです。そしてそれが百年も千年も同じようにあり続け、人間の命の儚《はかな》さなどとは無関係に、干瀬に朝晩白い波が打ち寄せる。それは悠久の時間を思わせます。

大江　この渚は、細長い日本列島の場所ごとに様相を異にしていますよね。

谷川　ええ。日本列島というのは非常に上手くできていましてね、ユーラシア大陸の東にちょうど袈裟《けさ》懸けに連なっています。もしも東西に横たわっているとすれば、どこの場所でも同じ気候なんですよ。これが南北方向だと、緯度により非常にはっきり気候が違うことになる。ところが日本の場合は斜めに連なっているので季節の移ろいの陰影が感じられるのです。それも地域によって微妙に異なる。

生活や考え方の違いも生まれてきます。また、大陸からあまり離れ過ぎると、大洋州とかグアムとかサイパンのように、島嶼的な性格が非常にはっきりしますよね。その点、日本は大陸的な要素もないわけじゃない。といってあまり大陸に近づいていないので、大陸から侵略されにくい。たとえば高句麗《こうくり》はいつも中国から国境を越えて攻められている。一方、幸いなことに玄界灘はドーバー海峡のように狭くはないですから、直接的な侵略がないわけです。

黒潮と「待ちの文化」

大江　日本列島が黒潮に洗われている、というのも民俗学的に重要な要素ですよね。

谷川　ええ、それは非常に大きい。ああいう大きな流れが日本列島の太平洋側、日本海側の両岸を洗っている。これは海の大動脈です。その黒潮はフィリピン付近から流れていますから、少なくともフィリピンあたりの文化は日本とつながっている。第二次世界大戦で南方に派遣された石垣島の兵士が、ベトナムの村の佇《たたず》まいや生活、習慣が石垣島のそれとそっくりな場所を偶然目にし、たいへん驚いたという話もあります。

そういうわけで日本の文化のもつ南方性は黒潮によって担保されていると言えますね。だから藤村の詩の「遠き島より流れ寄る椰子《やし》の実一つ」という、遠き島との関係が成立するわけですよ。人も動物も植物も黒潮が運んでくる。

ところで、黒潮の進路は、海岸に近くなったり離れたり、毎年多少ずれるんですね。それと、最初ゆったりと流れていた黒潮が、だんだん速度を速め、伊豆七島あたりではものすごいスピードになる。黒潮というのは汽船が出現するまでは、人力を超えた強大な自然の力だったんです。

逆に言えば、それが日本人が海を征服できない理由でした。これは江戸時代の漂流船の例を見れば判ります。頻繁に漂流している。ところがヨーロッパでは地中海という内海の中で計画的に交易ができる。日本では黒潮の流れを克服できないから、そういう計画性が成り立たないわけです。

すると、絶えず待つしかないわけだ。もう海に乗り出すことができなくてね。それだからこそ、渚に立って向こうから流れ寄る物を絶えず待つ、という「待ちの文化」が形成されていく。

また、向こうからやってくるのは自分に幸いをもたらしてくれるマレビトである、という感情が生じるんですね。遠くからやってくるマレビトを非常に珍重するという、受け身の「待ちの文化」が、日本では近世まで支配的だったと思いますね。

大江　たとえば日本の外交は受身の要素が強いですね。

谷川　ええ、海を征服するというような発想が、日本では生まれないわけですから。

マレビト願望

大江　渚は海の向こうからやってくる何者かに対する人間の期待と怖れが表現されている場所、と先生はお書きになっておられます。

谷川　悪疫は海の向こうからやってくると思われていますからね。鹿児島県のトカラ列島でも、島でいちばん怖いのは疫病です。免疫がないから、瞬く間に島は全滅するんですよ。それも一種の悪霊の仕業というふうに考えます。

けれども一方では、流木がないと家が建たないんですね。トカラ列島では、流木で家を建てている。島に木がないので、海の向こうからの寄木に頼らざるを得ない。

そういう海の向こうに依存する気持ちと、海の向こうからやってくる得体の知れないものへの警戒心、その両方が働くと思うのです。悪疫だけじゃなくて、ネズミがやってきて、大量に発生して島中の食べ物を食いつくす。それから風来坊みたいな奴がやってきて、島をかき回すとかね。

異人を怖がる気持ちと歓待する気持ち、これが日本には非常に強い。スサノオノミコトも異人ですよ。それから島の住人としても、いつも同じ血が続いていると島の活力が弱くなるから、新しい血を入れたいという気持ちもあるわけですね。

大江　自分と似ていないものを尊重する。

谷川　ええ、似ていないものがマレビトですからね。

何かの本で読んだのですが、アルゼンチンの女性が、「自分は日本ではあまり評価されない」と書いています。髪の毛が黒いからだそうです。日本人は金髪がいいんですよ、似ていないから。目が青く肌が白いのが尊重される。

大江　日本のテレビのコマーシャルでも、昔から金髪の白人が非常に尊重される傾向がありますよね。

谷川　そうです。それと同時に、異人は「何かちょっと不気味な存在」というイメージもあわせ持っています。たとえば童謡の「赤い靴」がそうです。「異人さんにつれられて行っちゃった」と、人攫《ひとさら》いみたいな感じも入っていますよね。

小説家の金達寿と対談した時にね、「朝鮮人は日本にしょっちゅう来ているのに評価されない」と彼が言うので、「しょっちゅう来るから駄目なんだ（笑）。たまに来ればいいのに」と言いました。まれにしか来ないからマレビトなわけです。また、近くから来たって駄目なんです。自分と同一性が強すぎるんですよね。同一のものに対しては評価しない。

だから宮古島で「沖縄本島から来た」と言ってもぜんぜん評価されない。「ヤマトから来た」と言うと評価するんです。沖縄が本土復帰した後、宮古の平良《ひらら》のあるホテルが最上階にバーを開いたんです。神戸からホステスを二人呼んだ。そうしたら宮古島の市長さんや会社の社長さんなどお偉いさんが押しかけるんだ。本土から来たというので。宮古や沖縄本島出身のホステスじゃ駄目。ホステス自体がどうあれ、本土の、それも神戸というだけで何か文化のにおいがしてくるんだね。そういうものなんだ。日本だって、舶来品をありがたがる。外国の思想でもそうです。要するにブランド信仰だな。

渚と神

大江　『渚の思想』のあとがきのところに、徳之島に生まれ育った松山光秀さんの幼い頃の思い出が書いてありますね。

谷川　夜、祖父が幼い孫たちを連れて漁に行くのですが、その際、砂浜に四メートル四方の線を引き、何か唱えごとをする。そして孫たちにその中でおとなしくしているように言って漁に出るんです。

祖父が亡くなったあと、父親に、「あの時おじいさんは何を祈っていたのか」と聞くと、「この渚のこの一角を貸してくれ」と神様に頼んだに違いない、と言うんですね。

要するに、その一角に孫たちを置いておけば神様が守ってくれる、ということだったわけです。それは、渚というものに対する日本人の観念のある一面を、象徴的に表現していると思いますね。

八　海の群星　神に追われて

海の群星

沖縄冷遇への義憤

大江　『海の群星《むりぶし》』は「すばる」の一九八一年四月号に掲載されました。この小説は先生が東京にお住まいの頃、近くに住んでいた沖縄の青年が話してくれた実話に基づくのだそうですね？

谷川　私は一時、小田急線の喜多見というところに住んでいました。その喜多見の駅の近くに南灯寮という沖縄の学生たちの寮があったんです。それはちょうど私が平凡社から『風土記日本』のシリーズを出した頃、ですから戦後一〇年くらい経った一九五〇年代の後半です。

そこに沖縄から来た学生たちがおりました。その頃の南灯寮はバラック建てで、しかも暗くてじめじめした部屋に、二、三人ずつ学生が詰め込まれて暮らしていました。私の知り合いの青年なんかは、ものすごく大きな穴が開いたシャツを冬も着ていました。

大戦の時には沖縄に犠牲を強いながら、戦後は沖縄を全然省みないでいる。私は、沖縄の人たちをこんな目に遭わせていいのか、と義憤に駆られましてね。そこで私の家で何か手間仕事があれば、沖縄の学生を呼んでは草をむしってもらうなど、手伝ってもらっていたんです。

そうしたらある時、学生が問わず語りに「私は糸満《いとまん》に売られたことがあります」と言い出したんですね。戦後すぐ、八重山の糸満漁夫に買われたことがあると言うんですよ。「じゃあその話をゆっくり聞きましょう」と言って我が家に呼んで聞いたんです。

当時はまだテープレコーダーがなかった頃です。ボールペンも粗悪な物しかなくて、書いているとインクが滲んで裏写りをするようなものでした。それでも一生懸命聞いてメモしたんです。それはたいへん面白い話で、私もそれに引き込まれるように聞いたわけです。

それからずいぶん時が経ち、私は平凡社を一九六〇年代後半に辞めましてね、彼のことを書こうと思った。その学生はしばらく南灯寮におりましたので、私と一緒に上野動物園に行って熱帯魚を観たりしました。「この魚は沖縄ではなんというのか」とか。彼はそれを教えてくれるんです。

だけどやっぱり図鑑の写真と同じなんですよ、生きた感じがしない。書こうと思ったら書けない。だからこれは何としてでも現地に行かないと、と思いました。その後、沖縄の旅を始め、八重山に行って調査しましたが、まだ十分じゃないんです。

子供たちを買った糸満の漁夫が人身売買の罪で裁判にかけられる、という事件が一九四八年に八重山で起こっているんです。戦後三年くらいしてからの話なんですが、私はその裁判の経緯を知りたいと思いました。

ところがその時の裁判記録が焼却されており、手掛かりがない。それでがっかりしておったら、牧野清という八重山の郷土史家が、「実は私がその時証人に立ったんだ」と言うんですね。漁夫に味方して証人に立った。その時の彼の草稿が残っていたんです。ああこれで作品が書けると思いました。

それであらためて八重山の糸満漁夫に売られた人たちの話を聞き始めました。何人もの話を聞いたわけです。そして裁判が終わるまでの話を書いたのが『海の群星』というノンフィクションです。

南島研究のエッセンス

大江　『海の群星』関係の取材以外にも先生は足繁く南島に通われ、民俗学的な調査をずいぶんされておられます。本書はそういう南島研究のエッセンスがぎっしり詰まった民俗学の書でもありますね。
谷川　ええ、たとえば「毛遊び《もうあしゅ》」ですが、月のきれいな晩に、海岸で若い男女が三線《さんしん》を弾きながら歌ったり踊ったりする、そういう風習が沖縄本島にはあるんです。それが八重山のほうに持ち込まれたんですね。八重山でも、糸満に売られた人たちが住んでいるところでやるようになった。毛遊びで歌う歌がありましてね、その歌も青年が知っていたんですよ。

これは恐ろしく記憶のいい男でね、毛遊びの歌はそれまで誰も収録したことがないんです。それで沖縄の学者の外間守善氏からも、「谷川さん、それを私にも利用させてください」と言われたことがあります。

沖縄で、妹が兄の守護神になる「おなり神」の思想がありますが、そういうものも、糸満に買われた少年と少女の間で成り立っていると設定しました。これらも含め、非常に貴重な沖縄の民俗の記録があの中に入っています。

大江　おなり神というのはよく聞きますが、ほんとうにどういう感情でつながっているのか、その内面的なものが、小説というスタイルをとることによって実によく読者にわかる、という気がしました。

谷川　おなり神と似ているのに「媽祖《まそ》信仰」というのが中国にありましてね。媽祖は海の女神なのですが、その中におなり神信仰と共通するような話があるんです。兄の乗った船が難破するんですが、その兄を妹が助けるという話なんですよ。それを小説に利用しました。夢の中で妹が助けようとした途端に、揺り起こされて夢から醒め、助けそこなってその少年はフカに食われた、という話にしました。

ですからこのエピソードは、実際は沖縄の青年から聞いた話ではないのですが、フカが恐怖の対象であったことは聞きました。フカに食われた子の足がフカの腹から出てきた、という話も聞いたことがあります。

大江　それから海底地名が糸満の漁師にとっていかに重要か、というのが如実にわかります。

谷川　糸満だけではありません。たとえば宮古の池間島の漁師もそうです。八重干瀬《やえびし》という、日頃は海の底に沈んでいて、夏の大潮の時に浮き上がってくる暗礁があります。その暗礁に関する地名を一〇〇以上も知っているんですね。海上からは見えない海底の暗礁に地名がついている。ですから、海の生活というのは我々が表面から見るような単純なものじゃない、ということがわかります。

大江　なぜ海の底に地名を付けるのでしょう。

谷川　船で行く時に、ちょっと誤れば船は暗礁に乗り上げて木っ端微塵《こっぱみじん》に打ち砕かれるわけです。ですから、暗礁と暗礁の間の水路を行かなきゃならない。それで地名はどうしても必要なんですね。やっぱりちゃんと名前を付けておかなければ駄目なんです。

大江　生活に必要だから地名が付けられるんですね。

谷川　そうです。それから魚を採るところ、貝を採るところなど、ちゃんと場所が決まっていますから、地名を付けておかなければいけません。

ささやかな幸せと海の掟

大江　さっきの毛遊びの場面などで、どんなに貧しくても人には幸せがある、ということを先生は書かれておられます。

谷川　これは実話なんですが、糸満に買われた少年は毎日海に潜らせられるでしょう。同じく少女はカマボコ屋で働かされる。過酷な労働がありながら、少年と少女が親しくなってくる場合があるんです。その夜労働から解放されて、海岸で会う時「明日はこの月が水平線から四寸上がったところで会おう」と約束をするんですね。

　すごく貧しいから時計も何もないわけです。その時には月の位置などで時を計りながら会う、という話を聞いたことがあります。やっぱりそれも幸せを願う情景のひとつだと思うんですよ。

　彼らは戦前であれば徴兵検査のある二十歳で解放されるんですね。満期は二十歳なんです。足を洗ったら何をしたいかと少年に聞くとね、まず腕時計を買いたいと言う。また、硬い地面の上を自転車で走りたい、それから柳屋のポマードを買いたい、と言う。あのこってりしたポマード。彼らは毎日毎日潮風に髪をなぶられてね、白茶けてくるんですよ。白茶けてきてどうにもならないからポマードを付けたい。そういう切なる願望なんです。それもやっぱり私は幸福への憧れだと思うんですよね。ポマードが幸福のシンボルになるわけです。

大江　それから、小説に出てくる「雇《やと》いん子《ぐわ》」というのは現代から見れば実に非人間的な制度ですけれど、この小説は、そのような過酷な体験を通して少年が一人前の漁師に育っていく、という人間形成の物語ですよね。

谷川　海の過酷な労働というのが、ずっと何十代も前から続くのが海の掟なんですね。道徳の世界ではなくて慣習の世界なんですよ。ですから少年を過酷な労働に追いやる親方も、少年時代はそうさせられて一人前になっていったわけで、またその親方の親方もそうだったという海の掟みたいなもの、昔からの伝統があったわけです。それを見ないで「これは人権蹂躙だ」とか言ってしまっても、どうにも説得力がない一面もあるんですね。

大江　小説の中の裁判記録を読むと、時代に取り残されていく親方の悲しみも伝わってきますね。

谷川　海の掟であっても、やっぱり時代からは見放されていくんですね。また船自体が変わっていきます。今まで櫂《かい》で漕いでいたのがモーター付きになると漁法も変わってくる。それから貝ボタンが売れなくなる。買われた子たちは高瀬貝とか広瀬貝など貝ボタンの材料を採っていたんです。そのボタン自体が化学素材に変わってくるから、全然需要がなくなり、廃れていくんですね。

大江　漁師として長年やってきた親方の「俺のどこが間違っていたんだろう、どうしても自分は理解できない」という、如何ともし難い悶々とした気持ちがわかるような気がします。昭和二十年代にそういうことがあった、という貴重な記録でもありますね。

谷川　そうですね。沖縄本島では戦後すぐからＧＨＱがいたから、人権蹂躙の事実があれば厳しく取り締まられたんですよ。ところが八重山にはまだ威令が達していないんですよね。だから人身売買といわれるような、糸満の漁師が子供を買う行為が二、三年は続いたわけです。

　黒島の糸満漁夫に売られた子供が、あまりに過酷な労働だというので逃げ出した。そして警察署に助けを求めてからジャーナリズムが大きく報道し、それが沖縄本島の占領軍の耳に入って裁判沙汰になっていく。

小説のモデル

大江　先生が南灯寮で実際にいろいろ話を聞かれた青年というのは、小説では奄美の青年になっていますが…。

谷川　小説では奄美ですが、本人は奄美じゃありません。沖縄の首里の氏族でした。首里の赤平《あかひら》町です。

お父さんは琉球漆器作りの名人でして、私もそのお父さんが作ってくれたたいそう立派なものを貰いました。螺鈿の入った見事な黒漆塗りでね。私も家宝というつもりで持っています。家のどこかにあるはずです。しかも、沖縄の工芸学校の教授までしていたらしい。ところが台湾に行って帰ってきたら職がなくなって、自分の子供を手放した。

大江　これはまた何か不思議な人生ですよね。

谷川　そうなんですよ。青年はその後、沖縄の電力会社か何かの組合の委員長をやっていました。彼は自分が売られたことは妻に一言も言っていなかったんですよ。だから私も彼のためになるべくそれは隠そうと思いました。

でも、もう今は大丈夫です。この話がドラマになって、テレビにも出ましたから。ひょっとして彼も、家族に対して自慢したくなっているかもしれません。

神に追われて

神ダーリとは何か

大江　『神に追われて』は「新潮」の一九九四年一月号および一二月号、それから九七年の五月号、九九年の一月号と、四回にわたり発表されたものがもとになっていますが、これは小説の形をとったルポルタージュですね。

谷川　その通りです。「新潮」に最初に発表した九四年から最後の九九年まで五年かかっていますが、その前にだいたい二〇年くらい取材したんです。最初は奄美で何十人ものユタを取材しました。毎晩島歌を聞きながら泡盛を飲み、昼は取材ということをくりかえした。でもどうしても腑に落ちない。テープもずいぶん録ったんですがストーリーが短いんですね。それで結局諦めちゃったんです。

その後、宮古島で根間《ねま》ツル子と根間忠彦に出会いました。小説の中では根間カナと鷹彦という名前にしております。それまでは根間姉弟と私とはちょっと距離がありまして、あまり付き合わなかったんです。というのは二人をコントロールしている男性がいましてね、その人がカンカカリヤの組合みたいなのを作ってそのトップにいました。わたしはその男を俗物だと思ったものだから、全然付き合いたくなかった。だけどその人が亡くなったあと、根間ツル子から話を聞いた。すると、はっとするような話ばかりするわけです。

この本の中でほんとうにいちばん面白いのは神ダーリなんですよ。南島でカンカカリヤになる時には、神ダーリが必ずあるんですね。神ダーリというのは巫病、つまり巫女になる直前の病気です。

夜眠れない、食欲がない、寝汗が出る、ものを言いたくないなど、ちょっと精神異常のような兆候が現れる。それで夜中に出歩くわけです。ダーリというのは「だるい」というような意味ではないかと思います。あるいは神が現前に現れるということかもしれないですね。

そういう兆候は本土の巫女たちにはないんです。たとえば青森のイタコの場合は、弟子入りして師匠のところに住み込んで修行するわけです。

神ダーリは非常に危険な状態で、まかり間違えれば首を括《くく》って死ぬような袋小路に入っていきます。一家が不和になる、家業はうまくいかない、健康を害する。神があらゆる現世的な幸せを次から次へと剝奪していく。だから旧約聖書のヨブ記と同じですよね。この世の幸せを神に全部奪われる。そうすると最終的に神に直面せざるを得なくなるんですね。そうやって一人前のカンカカリヤになる。これがいわば定式なんです。

私はそのことに非常に興味を持った。その思想をどういうふうに現実に展開していくか、という時に登場するのが根間ツル子です。その彼女に、根間忠彦、奄美から来たルチア、それから池間島の仲間小夜子、みなひとつの世界の中に入るわけです。そういうことであれが書けたんですね。

大江 私は根間ツル子さんと忠彦さんに宮古島でお目にかかりましたが、話してみると普通の方なんですね。

谷川 ツル子は若い時は女狼みたいに痩せていました。すごく痩せてシャープでね、彼女の話を聞くと、文学的にはっとするような時があるんですよ。

たとえば根間忠彦が、自分の奥さんとうまくいかなくて薬を飲んで自殺を図る。姉のツル子は一晩中看病するんだけど、彼女の話によると、静かな夜更けなのに、そこに立ててある線香の煙がぐるぐる回り出す。灰が「がちゃん、がちゃん」と大きな音を立てて落ちていく、と表現する。音もなく落ちるのが灰でしょう? 「がちゃん」なんて音はしませんよね。その時、これはすごいことを言う女だな、と思いましたよ。

根間忠彦が洞窟の女神に恋をするのも、驚くべき話ですよね。目に見えないはずの女神が、彼の場合はほんとうに肉体を持って現れるわけですよ。小説でも比喩的に書けないことはないと思う。だけれど現実にそれを本人から聞くと、洞窟の女神が現れるところなんかは、やっぱり衝撃を受けますよ。

著者の感受性

大江 谷川先生は、お小さい頃の異常なキリスト体験のように強烈な感受性をお持ちです。それで、相手が乗り移ったように、どんどん筆が進んだんじゃないかなと思うのですが。

谷川　それはあるかもしれません。私みたいに面白がる人間は少なかったでしょうね。私のは精神科医や心理学者が学問的な視点から冷静に観察するような見方じゃなく、その世界に入り込んで彼らの話を肯定的に聞いていく。

理性で解釈すべき世界じゃないと思っていますから。私はそういう世界を信じている面があるんです。全部信じているかどうかはまた疑問ですが。私もちょっと醒めてますからね。だけど半分は信じている。

根間ツル子が宮古空港で沖縄本島行きの飛行機に乗り込もうとする時に、ボーディングブリッジの手前に自分自身の幽体が立っているのを見つける。「あれ、あんた、どうしてこんなところに立っているの」と自分の幽体に話をする。私はそういうのはあると思っているものだから、別に不思議でもなんでもなく、素直に聞けるんですよね。

大江　この御本から感じたのは、先生がおっしゃるように、「善良な人間を無慈悲に試す神とは何か」という根本的な問題です。

谷川　そうです。イエスだって神に憑かれた男ですからね。イエスがいろんな手法をやって、病人を治すでしょう?　あれはツル子が治すのと同じですよ。病人に暗示を与える。

イエスも神に憑かれている人間だから、イエスの親戚は「イエスを捕らえろ」と言う。普通の人間じゃない、とイエスは見られているんです。神に憑かれれば、一般的な常識というのは消えるんですよね。

果たして小説で取り扱うのがよかったか悪かったか、それはわかりませんが、この本は一種のメモのようなものでもあるんです。

この世の幸せとは二律背反

谷川　イギリスにフランシス・トムスンという、後にカトリックになった詩人がおりましてね、「天の猟犬」という有名な長い詩があるんです。

天の猟犬が追ってくる。「天の猟犬」というのは、神様のことです。追ってくる猟犬から逃げるわけですが、追い詰められる。その詩を本の最初に置きました。

人間はこの世の幸せと神の幸せの両方を持つことはできないんじゃないか。神の幸せを得るためにはこの世の幸せを断念しなきゃいかんだろう、という漠然とした気持ちが私にはあるんです。ただ、この世の幸せといっても有頂天になるほどのものでもない。といって、人はささやかなこの世の幸せを完全に捨て切るほどの勇気もなければ能力もない。

だから難しいわけだけど、逆にそういうテーマに惹かれるわけです。「この世の幸せを捨てなきゃ神の幸せは得られない」という神の警告が神ダーリです。その試練を乗り越えていくためには、相当強いエネルギーを持たなきゃなりません。

大本教の開祖出口なおとか天理教の中山みきのような人は、すごいエネルギーを持っていました。出口なおは、舞鶴湾の北にある常世島の洞窟に籠ったりしています。波が高い、海鳥が飛んでくるだけの無人島にひと月間、これはすごいですよ。
それから中山みき。それまでずっと夫に従っていた女がある日突然神懸りになる。それで亭主に「我は天の将軍なり。この屋敷親子諸共「神の社」に貰い受けたい。返答せよ」と言い放つ。だからもう主人は面食らっちゃうわけだ、びっくりしてね。でも権威ある神の言葉として従うしかない。
やっぱりボルテージが高くないとできない。微弱な精神じゃしょうがないんです。それは憧れではありますよね、私にとっては。憧れと同時に、恐れでもあるんです、この世の一切を捨てなきゃならないということ自体がね。神との幸せというのは一種の法悦です。それができれば、それ以上の幸せはないですよ。

大江　日本書紀に、天照大神が倭姫に乗り移るという話がありますね。

谷川　垂仁天皇の皇女である倭姫が、天照大神の御杖《みつえ》、つまり依代《よりしろ》となり大和国から伊賀、近江、美濃、尾張の諸国を巡り歩くんです。伊勢の国に入った時に、「自分はここに留まりたい」と天照大神の神託があって、伊勢神宮を建立するんです。だから一種の歩き巫女です。
柳田さんが書いていますが、東北の主婦が「おしんめいさま」という神様を背負って歩くんです。それで「おしんめいさま」が「ここに留まりたい」と言わない限り歩かなきゃいけない。家に帰るわけにはいかない。神の指示に従って主婦が歩く時には、家庭というようなものは遠ざかっていくわけです。

そういう世界があるはずなんです。だけど今ではそういう世界はなかなか受け入れられません。

大江　私にとって『神に追われて』というのは非常に強烈な本です。でも理解する人は少ないでしょうね。

谷川　そうかもしれない。でもいつかは再発見されるでしょう。

九　青銅の神の足跡　鍛冶屋の母

青銅の神の足跡

鉄の呪力

大江　『青銅の神の足跡』は、雑誌「すばる」に一九七六年から七七年にかけて連載されたものを中心に、一九七九年に集英社から刊行されました。先生はそれまで考古学の分野とされていた古代の鉄や銅の領域に、民俗学的な手法で切り込まれました。

谷川　民俗学で妖怪のことを調べておりますと、妖怪も侵すことのできない領域があるということがわかったんです。たとえば奄美には「けんもん」という妖怪がおりまして、奄美の人はそれを非常に恐れるんですね。それはふつうガジュマルの樹に巣くっているといわれているんですけれども、その樹の幹に鉄の釘を打ちますと「けんもん」はもうそこに住まなくなる。「けんもん」は非常に鉄を嫌うのです。

同じく奄美の話なんですけれども、大山麟五《おおやまりんご》郎《ろう》という亡くなった私の友人が小学生の時、親から「鍛冶屋の息子と喧嘩をすると後で祟られるから喧嘩をしてはいけない」と言われたそうです。八丈島の住吉では、物がなくなりますと地区の有力者が人を集めて「明日は金山彦様にお願いをして犯人を探す」ということを申し渡す。すると、その晩に失せ物が出てくる。金山彦を恐れているんですね。そうした一連の話から鉄の呪力に絶対的なものがあると感じたわけです。単に考古学の分野で銅や鉄を研究するだけでは不十分なんです。

精神生活に歴史の断絶はない

大江　谷川先生は、弥生時代から古墳時代前期にかけて金属文化と稲作文化のふたつが大きな柱として存在した、ということを『青銅の神の足跡』で実証されておられます。

谷川　私は弥生時代の中期、後期には古墳時代とつながる精神生活があったと思うんです。一例を挙げれば、和名抄に伊福郷という郷名が六ヵ所あるんですけれども、そこは古代の氏族である伊福部《いふくべ》氏と関係があり、そのうち四ヵ所から弥生時代の銅鐸《どうたく》が出ているわけです。またそこに伊福部神社もあります。

私はこう考えました。伊福部という氏族名、あるいは伊福という地名の源流をたどると「吹く」という動詞に行き着きます。それは銅や鉄を精錬することを意味します。そしてそこに銅鐸が出ている。その銅鐸を作る人を古代には伊福部といい、伊福という地名も残ったのではないか。そう考えると古代氏族の伊福部氏の存在は弥生時代まで遡れるわけです。もちろん伊福部という名前ではありませんが。

伊福部に限らず、平安時代の延喜式に載っている古い神社、新撰姓氏録にある古い氏族、和名抄の郡名・郷名などの地名、日本書紀や古事記、風土記などのそれらにまつわる伝承などは大切な手がかりになる。この神社、氏族、地名、古伝承を構造的に組み合わせて古代まで遡り、さらに古墳時代より前の弥生時代までたどっていくことが可能と考えたのです。

私たちは戦前、小学校の日本史の授業で年表を色分けさせられたことがありました。大和時代は黄色、平安時代は青などと塗り分けてね。そうするとそれぞれの時代はその境目で前の時代と断絶したように思ってしまいます。多くの人達はそのようなことから、前の時代の精神的な遺産が後の時代に伝わらないように思い過ぎているんですね。しかし、古墳前期にあったことは弥生時代にもかなりあったんじゃないか、と考えたほうが自然だと思うわけです。

目一つの神とはなにか

谷川　弥生時代の文化が朝鮮半島から日本に運ばれてきた時、北九州がその受け入れの最前線だったと思うんですが、福岡空港の近くの板付《いたづけ》地方では、金属器を使って田を耕しているんですね。弥生前期に稲作と同時に鉄器がもう入っている。

鉄や銅などの金属器は専門家でないと作れません。その技術を持った渡来人は非常に尊敬されたと思います。原料を精錬してそれを具体的な形にしていく。その金属器を作る人を私は「青銅の神」と呼んでいるんです。記紀にも、金属器を作る人のことが、目が一つしかない天目一箇神《あめのまひとつのかみ》と記されています。

どうして目が一つしかないのか。私の考えでは金属を精錬する時に長い間、炉の炎を見つめて片目を傷つけたんじゃないかと。それも常人の及ばない技術を持っている神に等しいような人ですから、目一つの神、天目一箇神と呼んだと思うわけですね。ところがだんだん稲作が発達して八世紀頃になると、今度は逆に金属器を作っていた人間たちが社会から疎外されるようになる。

大江　私は『青銅の神の足跡』を初めて読んだ時、柳田民俗学をひっくり返すような説でしたのでたいへん驚きました。

谷川　柳田には心から敬意を払っているんですが、ただ柳田の仮説でどうしても納得いかないものもある。天目一箇神についての柳田の考えは、大昔、祭りの生贄《いけにえ》にする人の片目を潰し、常人と区別したことの反映だというものです。柳田の説は祭りの生贄ということに終始しています。気宇壮大《きうそうだい》でロマンティックなんですけれども。

古代共同体の信仰

大江　谷川先生は『青銅の神の足跡』の終わりのところで「弥生期から古墳期にかけて日本の信仰の歴史に断絶はなかった」、そして「祖霊を祀る以前に共同体と結びついた土地の霊を祀る祭祀があった」ということをおっしゃった。柳田先生の中心は祖霊信仰であり、これも柳田先生と谷川先生とお考えが大きく違うところですよね。

谷川　柳田は稲を非常に重視しておりましてね。稲は同じ場所に毎年植えても連作障害がほとんどないんですよ。そういう稲の永続性の中に祖先と子孫との関係が反映されている、というのが柳田の説です。ですから祖先崇拝を稲作社会のシンボルとして考えているわけです。

でも私は銅鐸を手がかりに、祖霊信仰以前の祭祀があったと考える。銅鐸の出るところは村境の山の斜面なんです。それも銅鐸のひれを上にして三尺くらいの深さのところに埋めていく。ということは何かそこに共同の黙契のようなものがあったに違いない。弥生時代の首長は単なる権力者ではなくて共同体を反映したがゆえの首長なんですね。当時は血縁、非血縁にかかわらず、皆が一種の共同生活を営んでいました。そういう意味で私は、弥生時代には祖霊信仰に限定されない共同社会のシンボルとして銅鐸があったんじゃないか、と思うわけです。

耳と目の結婚

大江　それから『青銅の神の足跡』の序説で「耳と目の結婚」という非常に象徴的な話があります。先生は皇室の系図から、北方的な氏族と海人族のような南方的氏族が融合して、日本民族が形成されていった過程を推測されました。

谷川　金属器は朝鮮半島を経由して大陸から伝来したと思いますね。一方稲作は南から来たということも十分考えられる。また海の生活は朝鮮半島にも大陸にもありませんので、やっぱり南を経由して日本列島に来たと。その南というのはたとえば揚子江の河口付近や海南島、台湾、沖縄などですね。南の文化は、どちらかといえばノンチャイニーズです。海南島にはハー族という少数民族がいて、いつも大きな耳輪をぶら下げていました。そして有力者ほど耳輪が大きいというんです。

皇室の系図で耳という名前が付くのを調べてみますと、ニニギノミコトが海人族と結婚して生まれたのがヒコホホデミ、「ミ」も「ミミ」のことです。それから神武天皇の子供たちも「タギシミミ」「キスミミ」「カムヤイミミ」「カムヌナカワミミ」というように「ミ」や「ミミ」が付くんですね。海人族と結婚して生まれた子の名前に「ミミ」が付く。「ミミ」というのは耳輪をシンボリックにしたもの。このことから、北方の民族が海人族と結婚して南方の母系社会に一歩一歩引き寄せられていったことが非常によく判るんです。

それから目というのは「一つ目」であり、それは金属文化につながる。それらが融合したのが日本民族だといえるのではないかと思います。

考古学と民俗学の違い

大江　先生が古代の世界は黙示に満ちているとおっしゃいました。象徴的なものを解読するには独特の方法が必要であると。

谷川　「もの」といえば考古学は物体を考えます。ところが「もの」は民俗学では物体だけじゃなくて魂をいう場合もあるんです。「もののけ」とかね。物質と非物質と両方を兼ね備えたのが「もの」ですね。その「もの」をコントロールする技術を持っているのがあの物部氏だと思うんです。

物部氏というのは、非常に複雑なキャラクターを持っているんです。死んだ者を生き返らせる呪力があるようにも言われておりました。東大阪市に物部氏の祖神である饒速日《にぎはやひ》と宇摩志麻治《うましまじ》の二柱を祀っている石切剣箭《いしきりつるぎや》神社があります。そこに行きますと百度石というのがあって、その周りを信者が何百人と回っている。お参りするのは癌になった人の身内や友人が多いらしいんですね。何とか命を助けてほしいとお祈りする。

物部は白鳥を祖先にした氏族だと思うんです。近江国風土記にあるんですが、伊香郡余呉の里の小江《こうみ》で、天女が白鳥に姿を変え水遊びをしている。伊香刀美《いかとみ》という男が羽衣を盗み、その天女と結婚して子供が生まれる。それが物部氏の先祖なんです。白鳥は人間の魂の象徴でしょ。

大江　それは決して考古学的な手法では見えてこないものだと。

谷川　ええ。考古学は「もの」から観念や精神を類推するんです。ところが民俗学は、精神なり観念が最初にあって、それが「もの」の性格を理解する。そのいちばん端的な例が玉です。玉というのは民俗学でいえば真ん丸く、密封されていて中空なものをいう。それは魂を象徴しているんです。その具体例が勾玉とか管玉などの首飾りの玉。最初に首飾りの玉があったからそう考えたのではない。

ところが考古学の場合は首飾りの玉が最初にあって、それから魂というものが演繹《えんえき》される。それは民俗学と考古学の決定的な違いだと思うんです。八重山の例なんですが、私が聞いた話は、たとえば七歳の子供がぐったりした時に、お婆さんが麻紐に七つ結び目を作り、それを輪にして魚を中に追い込むような手つきをする。そして紐の輪を子供の首に掛けてやる。そうすると、外に出ていた魂がまた体の中に収まるというんですね。

大江　麻紐には何か特別な意味があるのですか。

谷川　私の考えでは臍の緒《へそお》に関係がある。臍の緒を縛るのは麻紐なんです。麻の紐をぐるぐると環状に巻いたのを「へそお」といいます。「崇神記」の三輪山説話に、夜毎に通ってくる男の衣の裾に「巻子紡麻《へそお》」を針に貫いて刺せ、と出てくる。これは麻の糸で赤ん坊の臍を縛ったことと関係がある。人間の体のどこから魂が出入りするかというと、つむじと臍なんですね。つむじ曲がりと臍曲がりはそこから来た。つむじや臍が曲がっていると魂がすんなり出入りしない。

式子内親王《しきしないしんのう》の「玉の緒よ絶えなば絶えねながらへば忍ぶることの弱りもぞする」という歌、あの玉というのは勾玉なんですね。「玉の緒よ絶えなば絶えね」の「緒」は、単に観念的なものじゃなくて、玉を貫いて、首に巻いた麻紐のことをいっているんですね。首飾りの麻紐は命のシンボルなのです。

青銅の神の異議申し立て

大江　この御本には金属文化を担った人達への先生の深い思い入れを感じます。

谷川　そうですね。金属器製作に従事した人たちが、最初は神として崇められたにもかかわらず、稲作文化の進展とともに次第に疎外され、一つ目小僧と嘲られるようになった。『青銅の神の足跡』は、その彼らによる異議申し立てであり、また彼らへの挽歌でもあるんです。この本にはヤマトタケルが水銀中毒で足が立たなくなったことを論証した章もあります。ミナマタ病と同じように、古代の鉱山労働者が水銀の毒に侵されて悲惨な末路をたどったという社会的事実が、ヤマトタケルという英雄の最後に反映していることを述べたものです。そうしたこともあって、この本は大きな反響を呼びました。

鍛冶屋の母

普遍的な鉄人伝承

大江　『鍛冶屋の母』は、『青銅の神の足跡』を出版されたのと同じ一九七九年、雑誌「流動」に連載したものを中心に同じ年に出版されましたが、これは中世が対象ですね。

谷川　「鍛冶屋の母」というのは、鍛冶屋の妻や母が呪術的な形でお産を助けたり、鍛冶屋の仕事を助けるということをいっているわけです。

この『鍛冶屋の母』の中で私が特に言いたかったのは、世界各地に共通して見られる鉄人伝承なんです。ギリシャ神話ではキクロペとかヘファイストスなどで、キクロペは一眼の巨人、ヘファイストスは鍛冶屋の神です。鉄人は不死身なんだがどこか一ヵ所弱いところがある。そこを突かれて死ぬのが鉄人の運命なんですね。たとえばジークフリートは悪竜退治の時返り血を浴びて不死身となりますが、その時背中に張り付いていた一枚の木の葉の部分が肉身として残ったために、そこを突かれて死ぬわけです。

鉄人といえども不死身ではなく、死を免れないという、人間の悲しみのようなものがこの鉄人伝承にあるんですね。

大江　それが日本にもある。

谷川　私はそれを中世の日本の説話の中から何人か選び出して論じてみたわけです。いちばん端的な例は武蔵坊弁慶です。弁慶の母は熊野の新宮の鍛冶屋の娘だといいます。その娘が出雲に行き結婚するんです。お腹に子供ができて、その時鉄の鍬を食べる。鍬を十丁食べれば完全な鉄人が生まれたのに、九丁半食べたところで産気づき弁慶が生まれた。だから弁慶にはどこか弱いところがあるんです。弁慶の泣き所という言葉については、国語辞書を引いてもどこかはっきり書いていていない。私は弁慶の身に一ヵ所だけ鉄で覆われていないところがあって、そこを意味するのではないかと思っています。

平将門も鉄人です。平将門には七人の影武者がおりどれが将門かわからない。そこである人が俵藤太秀郷に「こめかみが動いている者に矢を射掛けよ」と助言し、そのとおりこめかみを射て、将門は死ぬわけです。

伊吹山には伊吹の弥三郎という乱暴者がいて、これがやっぱり鉄人なんですね。ある武家が一計を案じて自分の娘を嫁がせ、弥三郎の脇下が弱いことを知る。それでそこを槍で刺して弥三郎を倒す。伊吹山には大江山の酒呑童子《しゆてんどうじ》もしばらくいたことがある。酒呑童子はもともと新潟生まれで幼名を外道丸といい、若い時弥彦《やひこ》神社と関わりの深い国上寺《こくじようじ》の稚児として仏道や学問の修行をしていた。この弥彦神社の神は、私はさまざまな理由から鍛冶神であると推測しています。そして弥彦神社にゆかりの深い伝説が鍛冶屋の母である弥三郎婆の話です。

ところで弥彦の神はタタラで目を突いて目一つの神になっているんです。だから鍛冶屋の神だとわかるわけですが、そういう話から始めて後半では鉄人の運命を取り上げた。沖縄にも日本本土の鉄人伝承があるんです。沖縄の鉄人伝承では、鍛冶神が日本から宮古島、多良間島、竹富島と渡って最後は与那国島に行くんですね。その神は全身がくろがねで覆われ凶暴で皆が恐れるのだけれど、その奥さんが鍛冶神の首の一部が肉身だということを知り、そこを刺して死なせる。

鉄人伝承の根底にあるもの

大江　鉄人伝承の研究は谷川先生以前にも？

谷川　大林太良《おおばやしたりょう》が「本朝鉄人伝奇」という論文で書いています。南島の話はありませんけれど、大林の説がヒントの一つになったことは確かですね。それから弁慶については紀州田辺の中瀬喜《なかせひさ》陽《はる》の研究を参考にしました。それまで中世の英雄譚は個々ばらばらに論じられてきました。類話はたくさんありますけれど、私はそれらを「鉄人とは何か」という共通した枠組みで原型を捉え直したんです。それは私がはじめてです。人間離れしているように見えながらそうじゃないという、何か鉄人の悲哀のようなもの、最後はみな殺されるんですからね、それに惹かれた。

　この鉄人の英雄譚は、鋳掛屋、鋳物屋、鍛冶屋などが諸国を放浪しながら伝えていった物語だと思われるんです。戸隠《とがくし》や伊吹《いぶき》山、大江山の話は修験者が伝えたという可能性もありますが。しかし沖縄の場合は明らかに本土の鍛冶屋が伝えたと思われます。

大江　『鍛冶屋の母』に出てくる酒呑童子の話も俵藤太の百足《むかで》退治の話も皆が知っている話ですが、原型が同じだというのが実に面白いですね。

谷川　弥生時代から金属器を作ってきた大鍛冶小鍛冶の連中の伝承なので、金属神とつながって行く。

　柳田は『海南小記』に、沖縄の文化史の時代区画としては、鋤鍬の輸入は薩摩甘藷の到来よりももっと重要な事件であった、と書いています。一行しか書いていませんけれど、その一行は重いですよ。柳田の慧眼にはほんとうに敬服しますね。

十　女の風土記

歴史の薄明かりに消えた女たち

大江　『女の風土記』は「中日新聞」に一九七二年七月から七三年の一〇月までの毎週日曜日、「紅《くれない》の構図」の原題で連載されました。先生がこの女性史を書こうと考えられたきっかけについてお話し願います。

谷川　私は以前から歴史に埋もれた女性たちを取り上げてみたいと思っていました。これまで女性史といえば、女性の権利を華々しく主張した人たちが特別に取り上げられておりました。そういう女性たちというのはみな知識人なのですね。その人たちは女性のために気炎を吐いた。

　でもそれ以外の女性のほとんどは歴史の中に消えていきました。では歴史の薄明かりの中に消えていった、ごくありふれた女たちが取るに足りない女性であるか、といえば決してそうではない。彼女たちは与えられた運命に従いながらも、そこに喜びと悲しみを味わっていた。

　その気持ちを一言で言えば「もののあはれ」ではないか。それは源氏物語に象徴される宮仕えの女房たちだけの感情ではなく、普通の女性の中にも脈々としてあったに違いない。

炊事や洗濯のために井戸水を釣瓶で釣り上げようとした女が、ふとその手を止める時がある。そして今までの自分と違う道を新たに切り開くべく、歩み出した女性もいたのではないか。それを辿ってみたいと思ったわけです。

たとえば昔の食器は木器でした。特に白木の椀はすぐゆがみ、汚れてくる。洗ってもしみが取れない木器、それを台所の洗い場で黙々と洗っている女たちの後ろ姿を想像してみると、そこに、与えられた女の運命を感じるし、女の悲しみが伝わってくる。

その木椀に代わり、白い光沢のある瀬戸物が入ってきた。そしてかちりと前歯に当たる陶器の幽かな響きには美しい塗盃の歓びも忘れしむるものがあった。そういうことを柳田国男が書いています。

その時に女たちは、もう汚れの落ちない洗い物をしないでも済む、という喜びが湧き上がってきただろうと思います。そういう衣食住の面でも女性が味わった喜びや悲しみがあるはずだ。「紅の構図」という原題は、紅を差すという女に特有の化粧と、紅い染め物の意味も込めました。

生命の連続体の自覚

大江　先生は不幸な身の上の女性を数多く取り上げられました。「底辺の女たちは、自分たちの不幸の根拠にどうかして理由を与えようとして、そこに高貴な血をもち、女でしかも薄幸の運命をたどった女たちを創造し、それを自分たちの祖先とみなしてきた」と書いておられます。

谷川　それは内に秘められた女の誇りだと思うのです。かつて私は「女にとっては最高の意味をもつ恋愛も、男の中では女ほど大きい比重を占めることはできない」と述べました。これは非常に誤解されやすい言葉かもしれません。ただ女性にとって、愛に生きるというのは至上の命題のように私は思うのです。

男性というのは狩猟でも何でも、自分で戦っていかなければいけない。だから、頼れるのは自分しかないという緊張感の中で過ごしている。逆に女性は、どんなエリートの女性であっても何がしかの他人への期待というのが根底にあるのではないか。そこが男と女の決定的な差だと思います。

男は子供を産まないので、生命の連続体という自覚が薄い。ですから虚無の意識が強いように思います。一方女は、まさに生命の連続体です。母から子へ、子から孫へと、自分の身からもう一人の生命体が分かれていく。女は子供にその自分の延長を見るわけですから、そこに虚無を差し挟まない。

聖書に「一粒の麦、地に落ちて死なずば、唯一つにて在らん、もし死なば、多くの果を結ぶべし」という言葉があります。女には、自分が死んでその代わりに多くの実が生まれてくる、という実感があると思うのです。

私の父などもそうでしたが、男の場合、仕事を辞めますと何か虚無感に襲われるんですね。自分の辿ってきた人生はいったい何だったのか、とね。男は政治や経済のような社会的な時間はあっても、生命の伝導体としての時間というのは持ち合わせていないのではないか。

大江　先生は「女の時間」という文章の中で、「文化や伝統は時間の持続と無縁ではない。それは単なる暦の上の時間の長さではなく、人間の中を貫き通る時間の長さを意味する」と言っておられます。

谷川　女は、母の母というふうに上にも遡れますし、下は子供があり孫がありひ孫がある。老いゆくものがあり、血気盛んなものがあり、これから育っていくものがある。それを日常の実感として捉える生活がある。

大江　でも核家族化の進行した現代、親子三代の長い時間を把握しづらくなってきたのではありませんか。

谷川　ええ、それが一時的な現象であってほしいと願います。生者の「思い出す」という行為の中にだけ死者は生きているのです。ですから核家族化というのは生者と死者の関係を永久に途切れさせてしまう危機にほかなりません。また社会がすこし変われば生命の伝導体としての自覚が生まれてくるように思うのですがね。

女は飛躍する

谷川　私ははっきり言って、女がよくわからないのですよ（笑）。不思議な存在ですよ女というのは。男には理解し難いところがある。

大江　先生の御本の中にも、女は「結局理屈じゃない」ということが出てきますよね。最後はもうポンと跳ぶ。

谷川　だから新興宗教の始祖の中山みきや出口なおも跳ぶのですね。中山みきは平凡な一家の主婦であり農婦であるのに、天啓を受けると突然飛躍する。昨日までは「旦那様」と言って亭主に仕えていたのが、その次の日は「おいお前」、と叱りつけるのです。後ろに神様が付いていますからね。

また、沖縄のユタから聞いたのですが、神に憑かれた女は、時には神にさえ挑む。「こんなに自分は苦しんでいるのに、お前はこの苦しみを解決できないのか」とね。宗教というのは非常に面白いけれど危険です。

私は憧れますよ、宗教的生活に。でも、男の場合は論理的に考えるから、跳ぶということが難しい。だから私はとても女には敵わない。向こうは一気にテイクオフできる。

要するに男は駝鳥《だちょう》のようなものです。駝鳥は飛べないでしょう。だからミソサザイのような小さい鳥でも、飛んでいるのを見ると非常に羨ましく思う。それを真似しようものなら地べたに嫌というほど叩きつけられますからね。いくら理論で武装しても駄目なのです。

私の親しい友人で東大の哲学科を出た男がいて、彼は和辻哲郎の弟子なのだが、その彼が奥さんと喧嘩をしているのを目の当たりにした。哲学者だから論理的ですごいんですよ。すると男にやり込められていた奥さんが居直っちゃってね、「男と女はみんな違うんだよ」「男は乳房もなければ月もないでしょ。体からなにから女と男はまったく違うんだから」と言い放つ。その友人はもう黙ってしまい、「うーん」と言ったまま反応できないんですよ。

女の場合、精神と体は密接に関係している。男にはそれがわからないのです。

女性の発展史観に欠けるもの

大江　この御本では神話や伝説の女が取り上げられています。

谷川　神話には、古代の女性の夢や希望や失意というようなものが見てとれます。豊玉姫伝説ひとつとりましてもそうです。私はそこから出発しました。だから、中世や近世だけを見て「女性というのはこうだ」と決めつけても、なにか頭のない魚みたいでね。それでは女性の深層心理を解き明かすことはできません。

女たちの宿命がすべて愛によって決定づけられてきた、その典型が神話の女なのです。でも女の愛と不幸は裏腹です。大来《おおく》皇女などはそうですね。同母弟である大津皇子に対する愛と、皇子の刑死。弟の葬られた二上山を望見して大来皇女は歎き、詠いました。

また、武烈帝が太子の時、影媛を巡って平群鮪《へぐりのしび》という男と争い、鮪が殺される。それで影媛は、死んだ愛人の鮪に供えるため、玉笥《たまけ》に飯を盛り、玉盌《たまもひ》に水を盛って捧げ持ち、泣き濡れて歩いた。その歌が日本書紀に出てきます。

そういう、恐れや願望、希望や絶望という精神の動きが捉まえられないと、女性史をいくらやってもだめなのです。「貧乏からの解放」だとか、「封建的な男性優位の時代からの解放」という視点だけでやるから、さらに一段深い地下水脈のように流れているものが無視され、表層的な説明に終わってしまう。

大江　発展史観に女性史を当てはめようとするから齟齬《そご》が生じる。

谷川　ええ、女の場合、嫉妬だとか生霊、死霊など（笑）、そういう情念の深さのようなものがありますからね。

主婦の絶対的な権威

大江　封建時代というと男尊女卑と思いがちですが、主婦の権威の前には男も従わざるを得なかった、というのはたいへん興味深いお話です。

谷川　今は嫁に行けばすぐ主婦という扱いですけれども、昔はそうではなかった。嫁は一〇年経っても二〇年経っても嫁でしかなかったのですね。主婦権というのは嫁に主婦の権利を譲り渡して初めて発生するものです。杓子渡《しゃくしわた》しといいまして、おしゃもじを渡す。それは「これからはあなたの切り盛りでご飯をつぎなさい」ということです。

たとえば飛騨の白川郷では主婦がみんなご飯をつぐんです。米の飯でなく稗飯《ひえめし》だけれど、いちばん美味しいところは病人と子供と老人、次が一家を支える働き手の男たち、最後が主婦。その時になると稗の皮しか残りません。それでも主婦は甘んじて食べるわけですね、いちばんまずいところを。しかし大の男が「腹が空いたからもう一杯おかわりを」、ということは許されない。もうちゃんと盛り切りで渡されているわけですからね。一家で労働する時も、そこのおばあさんが主婦である場合、おばあさんの指示でみな動く。「朝御飯の前に草を刈ってこい」などと息子に命令するわけです。

子守は共同社会の絆

大江　子守の話も興味深かったですね。

谷川　子守は、戦前はどこの家にもおり、子供が五人いれば五人にそれぞれ一人ずつ付く場合もありました。そういうふうに子守が非常に多かったのは、ひとつは家が貧しいからという場合もありましたが、行儀見習いの場合も随分あったのです。

年齢は背中におんぶしている子供と十やそこらしか差がなくても、子守というのはお乳をやらない乳母のような存在。沖縄では明治時代まで、結婚式の前夜、子守がかつて自分のおんぶした子供のために裏方を取り仕切っていました。花嫁に花婿を引き渡すのも子守の役でした。

そのように子守というのは母親以上に重要な役割がある。子守はまさに古い時代における共同社会の絆だったのです。

大江　先生の自伝「海やまのあいだ」にも子守の話がありました。

谷川　私が三歳の時に、小学校を出たばかりの子守が来ました。私は十二歳の彼女に無理難題ばかり吹っ掛けた。「帆掛け舟をノートに描け」と命じ、一艘描くと「まだ足りない」、と描かせ続ける。それからコップに水を注がせてね、溢れても溢れても注がせる。

それでいながら、私は子供心に彼女を慕っているわけです。二年くらいして、いざ子守が実家に帰る段になったら一週間くらい泣き喚《わめ》いてね。最後の日、帰る彼女の後を追おうとする。さすがに母親も困ってしまい、「あれはシラミトセばい」と。トセという名前でね。虱の集《たか》っているトセなのだからなにも気にしなさんな、という。そうしたら私は「シラミトセ」と叫びながら後を追ったと母親から聞きました。

彼女の家は甘夏みかんで有名な熊本県の田浦です。その田浦から、彼女は八十を過ぎて亡くなるまで、甘夏みかんをずっと毎年送ってきました。ですから九歳年下の私のことを七〇年以上、遠くから見守っていたのですね。

大江　そのお話はとても古代的な感じがします。古代の天皇も乳母の影響が非常に大きいですよね。

谷川　ええ、天皇の子供に、乳母の名前を付けるわけです。

大海人《おおあま》皇子なんかそうですね、「おおあま」というのは乳母のことです。それから三原の皇子というのも、乳母が淡路の三原から来たので三原の皇子と呼ぶのです。

社会勉強としての奉公

大江　子守というのは惨めな境遇と考えるのは実情に合わない。

谷川　そうですね。宮本常一が書いているのですが、山口県の話で、ある娘が庄屋のところに奉公に来たんですね。そこにはいくつも行灯《あんどん》のある部屋があって、庄屋が「これが行灯というものだからよく見ておきなさい」と言ったそうだ。その後、その娘の実家に行ってみたら、ものすごく広い家で行灯もたくさんあった（笑）。

つまり、それは行儀見習いですね。瀬戸内海ではシオフミと言いました。行儀見習いに大阪あたりに行くのです。ですから、五木の子守唄に現れるような惨めなものではないのですね。

大江　森鷗外の小説の『渋江抽斎』に、抽斎の夫人となる五百《いお》が若い頃に女中奉公をしたという話がありますね。

谷川　十一〜十二歳の頃に将軍家に奉公に行ったのを皮切りに、大名屋敷を二〇以上歩いた。それは彼女が至るところで排斥されたのではなく、彼女自身がそこを気に入らなかったのだそうです。最後に十五歳の時伊勢国の城主藤堂家に懇望され、江戸の上屋敷で女二人を使う身分になる。

藤堂家の年給は他の武家より低かったけれど、風儀の良さそうな家を択《えら》んで仕えようとした彼女にとって、給金の多寡など問題ではない。彼女の父は江戸で金物問屋を営み、文人墨客《ぶんじんぼっかく》のパトロンを務めるなどして裕福だったのです。

いいところのお嬢さんが、敢えて外に出て修行をしてくる。昔は多かったと思います。やはり世間を知るということは重要ですからね、一ヵ所だけにいないで。

遊廓と神祀り

大江　沖縄の辻遊廓の話ですが、日本のそれとはまったく異なっています。

谷川　辻遊廓は、アメリカ軍の空襲で一夜にして灰になってしまいましたが、辻というのは沖縄の名士たちの社交場でもあった有名なところでした。

辻には自治組織が二つあって、その組織の長は女性なのです。この自治組織の年中行事はほとんど神祭に終始している。男の役割というのはせいぜい遊廓の用心棒くらいのもので、運営をするのはみな女性という女人政治が行われていました。

面白いのは、遊廓に貧しい家の女が売られてくるが、調べてみると、そこの家はノロ筋といって代々巫女を出す家柄だったことがわかる。すると神高いということで、客を取らせないままに養っていく。養うといってもそんなに立派な部屋は与えられなかったようですけれど、とにかく客を取らないで過ごさせた。

それから遊廓では豚を飼ったり糸車を回したりする自給自足の生活なのです。ですから日本の吉原などのような、年がら年中客を取るという雰囲気とはまったく違う。

これはおそらく、「巫女から巫娼へ」、そして「巫娼から遊女へ」というプロセスをちゃんと残しているのだと私は思います。巫女というのは神の妻ですから、特定の男に従属することはない。

逆に不特定の男子と交わることが許される。巫娼はその延長線上にある。
　巫娼というのは巫女であって売女でもある。そういう中間的な要素があります。中世の白拍子なんかもそうですね。ですから、単に貧しい女を買ってきて客を取らせるというだけではなかった。

大江　沖縄の遊廓はノロ（祝女）の組織と似ていますね。

谷川　そうです。琉球のノロの流れを汲んでいると思います。だから神事が中心なのですよ。二組に分かれて、女が頭になって交代でお祀りする。日本の遊女とは違った雰囲気を持っていたのです。

十一　わたしの民俗学　わたしの「天地始之事」

わたしの民俗学

民俗学とは何か

大江　『わたしの民俗学』は、朝日カルチャーセンターでの講義をもとに加筆し、一九九一年に三一書房から出版されています。なぜ「わたしの」と付くのかその辺からお話し願います。

谷川　この本では、民俗学の意識がまだない私の幼年時代の話から筆を起こしています。熊本県の水俣という漁村での、自分のおぼろげな記憶を手繰り寄せることから始めたのです。それで「わたしの」と付けた。

それから自分の民俗学というのは、「わたし一個の」民俗学、つまり、自分で納得すればもうそれでいいんだ、という民俗学なんですね。自分に問いを発して、答えが多少でも出てくればもうそれで満足する。ですからこの本は民俗学の一般的な概説書ではありません。それが「わたしの」と付けたもうひとつの理由です。

大江　先生は「民俗学はかすかな印象の切り口を通して、自分の体験を普遍化していけば、いろんな問題を発展させることができる学問である」と言っておられます。「わたしの」民俗学というのは、逆に言えば民俗学の根本だと思うのですが。

谷川　柳田国男の民俗学自体が、目で見、耳で聞き、味わい、匂うという、そういう感官を総動員した学問なんです。私は「感官の民俗学」と呼んでいるのですけれど、それは日常生活の中での問題なんですね。

日常生活で我々が見過ごしているものに対し、柳田さんは、「それはなぜか」という問いを発したんです。普通学問の対象じゃないような問題に対してもそれを見過ごさないで、その問題を取り上げた。我々が毎日使う言葉でもいろいろ調べてみると、そこには深い仔細《しさい》があり、謎がある。

ですから民俗学というのは、万人が日々共通して経験したものの研究であり、普通の人の生活から自然に湧き上がってくる疑問に答える学問である、と柳田さんは考えているんですね。別の言い方をすれば、民俗学は庶民に学ぶ学問だということです。柳田さんが登場するまで、文字さえ読めなかった庶民の中にも文化があることを誰も言いませんでした。

そのような中、柳田さんは、有識者階級よりも無学な庶民のほうがもっと深い知識を持っている、ただ文字で書き表さなかっただけだ、と主張したのです。

庶民の生活には高度な精神性が流れており、そのような伝統のもと日本の文化は形成されてきたのだ、ということです。有識者の書き残したものばかりを調べて日本の文化を知ることはできないのです。

大江　ただ、民俗学という学問は、誰にでもできるということではなくて、民俗学的な感覚というか素養のようなものが不可欠ではないでしょうか。たとえば、柳田さんも折口さんも谷川先生も文学的な素養をお持ちであって、単に資料を並べて組み立てているのではありません。

谷川　民俗学は、大道無門《だいどうむもん》のような感じで誰でも入れるけれど、奥を極めるのは非常に難しい学問だと思います。たとえば歴史学者なんか文書には非常に関心がありますけれど、それ以外のものにはあまり好奇心が働かないんですね。そういうタイプの人は民俗学者にはなれません。

好きだから苦にならない

大江　それから柳田、折口、谷川先生に共通するものは霊魂への関心です。先生が神秘的なものに共鳴するというその幼児期の体験は、谷川民俗学の原点という気がします。

谷川　そうですね。日常生活を超えた非合理的な世界、そういうものに対する共感のようなものがありますから。

民俗学は一風変わった学問で、魂の問題をいろいろ考察します。庶民は霊魂をどのように考えていたか、研究するわけです。もちろん学問ですから客観的な調査に基づくわけですが、他の学問分野の学者から見れば、奇妙に思えるかもしれませんね。

私の沖縄への関心の核心部分は霊魂の問題です。私は民俗学に興味を持つようになってから、もう数え切れないくらい沖縄に足を運び、調査を行いました。

沖縄には日本の古代の霊魂観が色濃く残っています。沖縄では仏教は一部の支配者層にしか広がりませんでしたから、庶民は仏教思想の影響をほとんど受けませんでした。そこから、仏教が到来する以前の古代日本人の意識を推測することができるのです。

それに最初に着目したのが柳田であり、折口です。彼らによる沖縄の発見が日本の民俗学の礎となったわけです。

民俗学的な世界に対しては、私はあまり努力感がありません。つまり自然に入っていくんですね。折口や柳田の本を読みますと自然に興味が湧いてきます。

柳田の文章は長ったらしく退屈だ、と言う人もいますよ。鶴見俊輔なんかはそうですね。柳田は好きでも折口は嫌い、という杉浦明平のような人もいます。民俗学に対する関心というのは気《き》質《しつ》が大きく左右します。

大江　お好きだからですよね（笑）。別に先生は頼まれて地名を研究しているわけじゃなくて……。

谷川　荻生《おぎゅう》徂徠《そらい》がね、「学問は歴史に極まる」、それで「煎り豆を食べながら歴史を話すといちばん楽しい」と。私は地名がほんとうに好きですから、一晩中話しても苦痛にならない。

ところが民俗学者でも地名に関心のない人はいっぱいいます。地名というのは事柄でもあり物でもある。地名は土地という物に付けた名前ですから、ある意味抽象性がある。だけれども、大地にくっついているという点では具体性がありますよね。地名はそういう不思議な二重性を持っていますので、私はほんとうに面白いと思うんです。だいたい、弥生時代に使っていた地名を我々は現代においても使っている。たとえば、壱岐《いき》とか対馬《つしま》という地名は三世紀の中国の文献、魏志倭人伝に出てくる。これは驚くべきことで、非常に興味深い事実です。

大江　谷川民俗学は大きな体系ですけれど、御自分の関心の赴くところを徹底的に追求していくうちにそれができあがったわけですね。

谷川　その通りです。魂の問題をやって日本人の他界観とか世界観の問題に行きましたし、日本の古い姿を残している沖縄にも関心がありますしね。そういうわけで、最初から枠組みがあるのではなく、やっているうちに次第にできた。それが「わたしの民俗学」ということになりますかね。

ですから他の人に私の真似をしろと言ったことはありません。また、他の人から「あなた、こういうことをやってないじゃないか」と言われたら、「その通りだ」と答えます。

興味が湧かないものに対して研究はやれませんからね。「ほらやってない」と言われても別に抗議するつもりはありません。自分が重要と思ったことだけをやってきただけです。

大江　本居宣長は「うひ山ぶみ」で、学問には決まった方法はない、と言っています。

谷川　ええ、好きなところからやっていけばいいんですよ。人生は短いですからね。そんなに何もかもやるということは不可能です。

柳田さんは民俗学の創始者でしたから、全体的に目配りをしなきゃいかん、という気持ちがあったかもしれません。折口になるとぐっと狭くなるんです。私なんかさらに狭い。五十歳になりなんとして研究を始めているわけですから。もっとも、それから先はわりと仕事をしたと思いますけれど。

私のは、気の向くままに勝手な絵を描いているみたいなものですね（笑）。だから、一部の方にでも評価していただければ、もって銘すべし、と思うわけですよ。

でも私は、「日本人とは何か」という問題意識の外に出たことはありませんでした。この問いこそは民俗学の中核であり、私のさまざまな関心は、根底で皆そこにつながっています。私の人生というのは、この問いを追求し続けた歴史であると言って過言ではありません。

大江　先生のさまざまな御著書で感じるのは、庶民に対する信頼感です。

谷川　左翼なんか、庶民というのは非常に不幸で悲惨な状況だ、という社会的な面で捉えますけれども、それだけではないような感じがしますね。民俗学の庶民像は、千年も二千年もの長い伝統の持続の果てにいる一個の人間、というものです。そういう面では文学とも違いますね。しかも庶民は、どんな状況でもしたたかに生きていける精神的な強さを持っています。

民俗学の生まれる風土

大江　先生は、小学校の教科書はみんな東京中心だと言っておられます。

谷川　満開の桜の下でお母さんに手を引かれて入学式、というような挿絵が教科書に載っていましたが、九州なら桜はもっと早く咲くし、弘前だったら五月の初めになる。東京中心の感覚で物事を整理していくと、間違ってしまうところがありますよね。

民俗学というのは、いろんな場所をつぶさに比較研究していくものです。その意味で、自分が九州の田舎で育ったということは大きいですね。標準的な世界から幾らかずれていますから。

後に文化人類学者として名を成した山口昌男さんが若い頃、柳田さんから「君の出身はどこだ」と聞かれたので「北海道のオホーツク海沿岸です」と答えた。すると「それじゃあ君、民俗学は駄目だ」と言下に言われて。

大江　それはどういうことですか？

谷川　要するに北海道では民俗学が成立しないということですね。だから、そこで育ったあなたは民俗学の世界とは縁遠い人間だ、ということを言っているわけです。そう言われたと彼は笑って書いていましたよ。

確かに北海道というのはちょっと違います。北海道で生まれ育った人たちは、東北から南の地方のような日常生活の考察ができないんだね、歴史が浅過ぎて。アイヌ民族はいますから、文化人類学はできるかもしれません。文化人類学は異質な世界を対象とする学問だから。一方、民俗学というのはある意味同質性が前提です。
大江　北海道だとやはり開拓者として入ってきた、たかだか百数十年の歴史。
谷川　柳田さんは「あなたは民俗学的な土壌に育たなかった」ということを言っているだけです。熊本県の水俣という私の故郷は、そういう意味じゃ民俗学的土壌ですよ（笑）。

わたしの「天地始之事」

「天地始之事」と私

大江　『わたしの「天地始之事」』は「歴史公論」に一九八〇年一月から翌年の一月まで連載されました。先生はあとがきで「本書は自叙伝風の物語の体裁をとってはいるが私の自伝ではない」と書いておられます。先生はなぜこの小説をお書きになられたのでしょうか?
谷川　「天地始之事」というのは、かくれキリシタンの中で密かに言葉で伝えられ、幕末文政頃にやっと文字化されたバイブルです。それは旧約聖書の「創世記」と新約聖書を合わせたような感じです。
　それに「わたしの」と名前を付けましたのは、その「天地始之事」が私の青年期の心境を伝えている面があると思ったからです。私は正統的なカトリック思想に共鳴し、深入りをしたわけですが、後にカトリックの思想が日本の歴史、風土に合わないんじゃないかと考えるようになった。潜伏キリシタンが、寛永以降、非常に孤立した信仰生活を送る。カトリックの本筋からずっと離れていくわけですね。それが「天地始之事」にも反映しておりまして、聖書とは似ても似つかぬような筋書きも多分に出てきます。

ところで、神であるキリストが人間として肉体を持つことを受肉《じゅにく》と言います。私は、信仰というのは日本の風土に受肉されないとほんとうの思想にはならない、と思っております。その意味では本筋のカトリックよりも「天地始之事」を残したかくれキリシタンのほうが、正統的な教義から離れていっても日本の風土には深く食い込んでいる。

それで私自身カトリックの思想は捨てても、日本の風土に適応したキリシタンの思想への愛着が、ずっと後まで頭に残っていたんです。そういう私の思想的な変化に即して、ひとつの物語を作ってみたいと思いました。これは小説でしか表現できない。そのほうが訴える力も強いんじゃないかと。私の若い時の、変化していく時の苦痛感など、いろんな問題も含めて小説化したらどうかと思ったわけです。

大江　先生が「日本経済新聞」に書かれた自伝的な「私の履歴書」や大江との対談『魂の民俗学』の中でも、先生は幼児期の強烈なキリスト体験に触れておられます。

谷川　私が「イエスの一生」という映画を見て非常に感銘を受け、何か法悦に近いような心境を味わった、という幼児体験がありましてね。青年時代にそのようなエクスタシーを取り戻したいと思ったんです。当時の軍国主義には馴染めなかったので、それを批判するような立場の宗教に惹かれていったわけですね。

しかしとどのつまり、どうしても日本には合わないという一点において、キリスト教の中に自分を投入できませんでした。そういう点では私は転向者かもしれませんね。私のそういう前歴もありましたので、かくれキリシタンの「天地始之事」という文章には、愛着もひとしおだったわけです。

禁教の時代とその後

大江　「天地始之事」に関し先生は、日本人の細やかな情感が非常によく現れている、と書かれています。

谷川　こなれた日本語になっているんですね。ほとんど字も読めないような庶民が、美しい日本語で社会に貢献できる、それが私には奇跡に思えるんです。「天地始之事」の中でいくつもそういう美しい表現に出会いました。

かくれキリシタンも二通りありましてね。ひとつは潜伏キリシタンといって、迫害は受けてもまだ完全な意味での禁教が敷かれない時代のキリシタンです。その頃はローマとの関係もまだあり、外国人宣教師も来ているわけです。

その後迫害が厳しくなり、潜入する外国の宣教師はおろか、日本人で教会に仕えるイルマンという助祭もいなくなって、まったく孤立してしまった時代が来ます。その人たちをかくれキリシタンと呼んでいるわけですね。

一八六四年、外国人居留民のために長崎に大浦天主堂ができたのですが、その翌年天主堂を密かに訪れた信者たちが外国人宣教師に「自分たちはキリシタンだ」と名乗るんです。この話はローマ法王ピウス九世に伝わり、法王は感激したといいます。

明治六年（一八七三）になりますと禁教が解け、カトリック教会に復帰することができる時代がくる。その時に長崎県の西彼杵《にしそのぎ》半島とか生月《いきつき》島あたりにいたかくれキリシタンは、帰るのと帰らないのと二つに分かれるんですね。

帰るほうは、カトリック教会で「帰正《きせい》」といっています。ところが帰正しないのがいるんですね。禁教時代に自分たちが作った教義を、なお頑なに守っている。

カトリック教会は明治になって出現したに過ぎない。自分たちは何百年も前からひとつの教義を信じてきたんだ、と。彼らは自分たちを「古《ふる》キリシタン」と呼び、カトリックを新教と呼ぶ。これが面白い。新教といえば普通、プロテスタントのことなのですが、カトリックを新教と呼んで、自分たちこそ本筋だというわけですね。カトリックのほうは、彼らを「離れキリシタン」と呼んでおります。

受肉されて日本の思想となる

大江　「天地始之事」における思想の受肉というのはどういうことですか?

谷川　たとえば、イエスが馬小屋で生まれるんですが、その時に左右から牛や馬が息を吹きかけて、凍え死にそうなイエスを温めてやった。これは聖書にまったくない場面ですから、やはり日本人が、日本人らしい表現で新しく作ったわけです。それを思想の受肉と呼んでいるんです。コラージュといって、いろんな端切れを集めて作っちゃうんですね。神道も仏教も何もかも織り交ぜて。

長崎の五島の福江島《ふくえ》の北、海底十数メートルのところに高麗曾根《こうらいそね》という暗礁があります。それにまつわる伝説が地元で流布しています。昔は高麗島という島だったのですが、島のお地蔵さんに悪戯した者がいて、それが原因で島が沈んだ。その島の沈む時に、信仰心の篤い一家だけが逃れることができた、という話です。「天地始之事」では、その高麗島の伝説を基にして、ノアの洪水に相当する部分を作っているんです。

大江　外国から持ち込んだ思想をそのまま飲み込むのではなくて、自分たちの生活実感の中で自分たちなりに受容していくわけですね。

谷川　ですから自分たちに都合のいいような解釈も非常に多いのですけれども。しかし、自分たちの生活に身近な素材を使って世界を作っているんです。鳥が木の枝とか針金など、ありあわせのもので巣を作るように、世界を作っていくわけです。でも、それが奇妙に美しい。感動的な世界があるんですよね。

大江　明治以降の日本のキリスト教は、インテリの宗教という側面がありますね。

谷川　そうなんです。ですから生活から遊離している。たとえば、生月島の湾内に中江の島があります。禁教時代、キリシタンがそこで首を刎ねられました。生月島の人間はいつもその殉教島を眺めながら生活している。東京だと信仰がその土地に密着していませんよね。ところが生月島では朝晩見ているわけです。そしてその岩の間から滴り落ちる水を受けて、それを聖水として持ち帰り、井戸水に混ぜたり、あるいは子供が誕生した時に使う。

そういう信者の日常的な風景は都会にはまったくありません。だから明治以来キリスト教徒がほとんど増えない。新教も含めて、明治時代も百万人、今も百万人です。これは非常に面白い現象です。

ということは、キリスト教はどこか日本に合わない、という感性が日本人にあるんですね。だいたい日本の場合はアニミズム、多神教で、一神教はなかなか理解できないんです。一神教というのはどちらかといえば砂漠の思想のように思います。「天地始之事」の場合には、ある意味で多神教化する。イエスは影が非常に薄いわけです。万能の神ではなくなっている。それでマリア信仰が中心になるんです。

マリア信仰は非常に根強くて、それは日本人の持つ、母に対する愛情とか観音信仰などともつながる。江戸後期のかくれキリシタンでは、女の洗礼名は大部分がマリアです。一方、男の洗礼名はだいたいがジュアン。これはヨハネから来ている。洗礼者ヨハネというのは非常に大事にされるんです。死に水も誕生の時もみな水ですから、日本古来の風習に通ずるものがあります。イエス様はいないんですね。マリアとジュアンしかいない。

鎖国の意義

大江　先生は小説の中で「キリシタンを禁制にしたことは計り知れないほど幸いしたと思うよ」と主人公に言わせています。

谷川　あそこで鎖国しなければ、スペイン、ポルトガルの宣教師が入ってきます。彼らは教会や病院を建てるという平和的な面と、大砲や軍艦のような武力で制圧する面の、いわゆる和戦両様の構えで来ているんですね。

キリスト教の宣教でも、フランシスコ会というのはアッシジのフランチェスコですから、貧民のほうに同情を持っていますが、イエズス会というのはみんな支配者に狙いを定める。ですから、鎖国していなければ、日本の支配者を虜《とりこ》にして植民地化するという方向にいったんじゃないかと私は思う。

そうなれば我が国はカトリック教国になったかもしれません。日本の古来の伝統も文化も変わってしまったに違いない。仏教はパージされる。民俗学もなくなりますね。カトリックというのは民俗学を、キリスト教に先行する前世界の産物だ、と思っていますから。だけど江戸時代の初め、特に家光の寛永年間の禁教でカトリックは大打撃を受けるんです。

大江　豊後のキリシタン大名である大友宗麟《そうりん》の破壊行為というのは凄まじいものがある、と先生お書きになっておられます。

谷川　ええ、彼は「神や仏はキリシタンの宗門にとって悪魔だから、豊後の国中の大寺大社はひとつ残らず破却せよ」と言って、神社仏閣を徹底的に焼いている。豊後のみならず、豊前、日向にも向かい、十字架の旗を掲げて偶像破壊の限りを尽くす。延岡まで軍を進めたところで、北上してきた島津軍に蹴散らされて、臼杵《うすき》よりちょっと南の津久見《つくみ》で死ぬんですよ。

宗麟がキリスト教王国を作ろうとしたことについて、遠藤周作が「王の挽歌」という小説に書いていています。でも大友宗麟の暴虐な破壊行為には一行も触れていません。それが日本のカトリシアンの克服されざる限界点だと思いますね。

キリスト教の名のもとに、ああいう蛮行が日本に横行したらどうなっただろう。また、外国の文化がどんどん入ってくると、日本古来の文化を育てるという時間がなくなるに違いない。それは明治以降の日本を見るとよくわかるわけです。何か舶来文化の応援に暇がなくてね、日本古来の文化を見守り育んでいくという余裕がなくなる。

日本の場合、浮世絵のようなものは鎖国文化の賜物だと思うんですね。あの浮世絵の線は外国から学んだものではありません。北斎《ほくさい》のように遠近法をあれだけ使っていても、西洋の技法を学んだ司馬《しば》江漢《こうかん》の銅版画の遠近法とは違います。ですから日本の浮世絵は、純粋に日本の風土から生まれた産物なんです。国学もそうですよね。

大江　江戸幕府という枠組みの中で安定した社会が実現し、文化がじっくりと熟成されていったということですね。

谷川　そうです。江戸時代では表面に見えないのが政治の理想だと考えられていた。要するにガス管とか水道管のように、地下に埋もれてみんなの目に見えないのが理想でした。そういう意味では江戸時代は安定していたと思うんですよ。

　ところが明治になると騒々しくなってね。戦争ばかりやるでしょう、日清戦争、日露戦争、満州事変。江戸は太平の世で戦争しません。それはやっぱり鎖国だったからでしょうね。

　私は、明治の文明開化思想というのはやっぱり日本文化凋落の元凶だと思います。各論では違いましても、その点では保田《やすだ》與重郎《よじゅうろう》とまったく軌を一にしていますよ（笑）。明治の文明開化思想が誤りだったということを彼は繰り返し言っています。

十二　魔の系譜　常世論

魔の系譜

『魔の系譜』の時代性

大江　『魔の系譜』は雑誌「伝統と現代」に一九六九年一月から一〇回にわたり連載されたもので、先生の民俗学の処女作です。「魔」を通して日本人の精神の奥底に焦点を当てたという意味で、まさに谷川民俗学の原点ですね。

谷川　そうですね、私自身の最も奥底にあるものを書いたという気がいたします。柳田、折口の後の民俗学研究というのはだんだん細分化されて精密さを増したんですけれど、そういうところには入っていかず、自分の初心を初歩的な形で述べた、ということがこの本の特色ではないかと思います。

大江　先生がこれを書かれたのは七〇年安保の直前で、学生運動が日本中で荒れ狂っていた時代でしたね。

谷川　六〇年安保あたりから学生運動に少し変化が見られましてね。それまで「情念」は社会科学的な発想からマイナスの評価しかなされていなかったが、逆に学生運動家たちが情念の復権を叫ぶようになりました。『魔の系譜』の執筆はそれと無縁ではないように思います。

大江　先生は一九六六年に結核の再発で入院され、その後平凡社を退職、最後は病院から飛び出して精力的に民俗学の取材を開始されました。この本はまさにその取材の成果ですね。

谷川　ええ、沖縄に一九六九年に足を踏み入れたのとほとんど同時に連載を始めているわけですからね。だから沖縄で見たり聞いたり感動したりしたことを、そのまま書いたという新鮮味はありますよね。

マイナスのユートピア

大江　『魔の系譜』で印象深かったのは、「敗者が勝者を支配する」という不思議な世界が、古代から現代まで続いているということです。

谷川　それについては日頃漠然と考えていたんですけれど、竹内理三さんの本をちょっと読んだ時に、崇徳《すとく》上皇は明治に時代が変わってからも恐れられていることを知りました。没後七〇〇年、幕末・明治の戊辰《ぼしん》の役の時に、崇徳上皇が奥羽諸藩のほうに荷担しないかどうか、朝廷が危惧していたんです。そんなに長い間上皇の怒りを恐れているのか、と、びっくりしたのが『魔の系譜』の執筆の動機の一つになりました。

これは外国にはおそらくないだろうと思いますね。外国では勝者は勝者、敗者は敗者です。敗者は勝者によって徹底的に粉砕されるわけですが、日本では勝者が、恨みを呑んで死んだ敗者に気を使う、とか、恐れるという逆の現象が起こっている。これはいったい何だろうということになります。

大江　とりわけ面白いと思ったのは、地下の国の支配者たちが一種の王国を作ってしまう。それがマイナスの意味でのユートピアであって、地上の国の支配者たちの脅威となった、ということです。

谷川　ええ、太平記に、雲景という僧が垣間見た光景が記されています。愛宕山《あたご》で天狗たちが大評定を開いているんですが、正座には大いなる金の鵄翅《とびつばさ》姿の崇徳上皇が座している。その左右には後鳥羽院や後醍醐院、高僧たちなど、みんな負けた連中ばかりが居並ぶ。そこで死者たちが天下をひっくり返す物騒な謀議をやっているわけで、そうした光景は外国にはおそらくないだろうという気がいたしますね。

異常死者への怖れ

谷川　日本では、非業の死を遂げた者に対しては非常に警戒し怖れもする。それは万葉集の挽歌からも判るんです。いちばんいい死に方というのは自然死です。長生きをして、あたかも植物が枯れていくように自然に一生を終えるのがいちばんいいと思われていたんですね。日本ではだいたい八十歳を過ぎると常世神といって祝福され崇敬されたんです。

大江　生きながら神様になるわけですね。

谷川　そうです。私なんか常世神ですよ（笑）。一方、若死とか事故死というのは非常に良くない。それは、この世に再生できないということですね。自然死を遂げた者は常世の国に行って、それからまた生まれ変わることができる。つまり再生するだけの資格を持っている。それに対し異常死者は死後の平穏な生活が約束されないわけですね、再生できないわけですから。それで彼らは怨霊《おんりよう》となり生者の世界に祟《たた》る、という考えが古代からあるんですね。

たとえば、暗殺されたり讒言《ざんげん》のために殺された政治的敗者の場合、それは異常死ですから、そういう人たちは再生できない。しかもはっきりした意図を持って殺されているわけです。それで死者である彼らは、再生できないことを恨みに思って政治を妨害する。そういう考え方が、陰謀渦巻く政治の世界において生まれてきたんだと思います。歴史家はそれを奈良末期から始まる「御霊信仰《ごりよう》」として片付けますが、私はその根は深く、古代の世界にまでひろがるものと思っています。

かたや西洋ではどうか。キリスト教の死後の世界では、生前の時代とは関係なく新しい生活が始まるという感覚です。生前の家族関係や社会関係が一切消えてなくなるんですね。だからあの世に行った者が現世の人たちに祟ることは有り得ない。

大江　ところで、異常死者に対する恐怖というのは原始的な感じがしますよね。

谷川　縄文時代からあると思います。それが延々と伝わってきているんですよ。特に仏教の影響が少なかった沖縄では、事故死や若死をキガズン（怪我死）と呼ぶ風習が最近まで残っておりましたね。宮古群島の池間島では、幼児が亡くなりますとアクマとそれを呼んで体を包丁で切り刻むんですね。

大江　自分の子供を。

谷川　そうです。なまじ恨みを持って再生しないように亡骸《なきがら》を切り刻み、「二度と生まれてくるな」と言いながら、それを青籠《あおぐむい》という洞窟にそっと持って行ったり、あるいは海岸の砂浜に埋めたりするんです。自分の子供ですらそういう処置をするわけですから、いかに異常死に対する恐怖心が強いかということがわかりますよね。

大江　普通の村落の生活においても死者の影響力が強い、という話を先生が書かれています。

谷川　巫女さんにお伺いを立てると「それは先祖の祟りだ」と神託を述べる。聞く人も敏感に反応するんですが、巫女さんも死者のほうの立場に立っていろいろ言う。宮古島のカンカカリヤの話など聞いてもそうですね。

豊かさへの妬み

大江　話は変わりますが、犬神筋とかトウビョウ筋の話も興味深いですね。

谷川　特にそれが恐ろしいのは、精神に異常を来したA家の娘がふらふらと歩いて、B家の軒下でばったりと倒れたとき、「B家は犬神の血統で、A家の娘をおびき寄せて倒れさせた」と言われる。だからB家にとっては大迷惑なんですよね。

金はなくとも草分けとして威張っている家々がありましてね、そのあと移住してきた人が新興財閥みたいにお金持ちになるとすると、草分けの連中は、後から入ってきた人を排除したいものですから、「あそこは狐持ちだ」と言い触らすわけです。貧しさが豊かさを、そういうかたちで排斥していくわけです。外国だったら豊かな者が貧しい者を排斥する。ところが、日本の場合は逆の現象があるということです。

大江　『魔の系譜』を読んで驚いたのは、貧しさが豊かさを妬むというのが現代の企業や労働組合、あるいは政党にも見られるんだと。だから奈良時代も現代も人間は変わっていない、ということを感じました。

谷川　そういう非合理というか原始的な情念が人間にはみんなある。三島由紀夫は『魔群の通過』という小説を書いているけれど、彼は人間の中に潜む非合理的なものについて、知性の枠の中で律しがたいものがある、ということを言っています。その彼の人生の最後もきわめて非合理的なものでした。

結局「人間というのは何か」というところにいきますよね。日常生活を営み、大過なく時間を送るだけではない。人間というのはね、知的な世界の限界を越えるんですよ。たとえば宗教の教祖なんかみんなそうです。その前の日までは、夫にかしづいていた貞淑な妻が、次の朝は夫に向かって「おいお前」なんて言うわけでしょ。ぱっと変わるわけですよね。人間は合理的にはできていないいんだ。

大江　すべてが合理的だったらこれほどつまらない世界はありませんね。

谷川　人間には深い淵があるということです。それを私は「魔」と呼んだのです。魔は人間存在の根底によこたわっているもので、理性や知性で処理できるのは、個人であれ、社会であれ、人間のごく一部でしかないことを言いたかったのです。

常世論

日本人にとっての常世

大江　『常世論』は一九八三年に平凡社から出版されましたが、その大部分は雑誌「流動」に一九七三年一月から一一月まで連載されました。日本人の意識の奥底にある常世思想は谷川民俗学の核心部分ですが、それは日本人にとって仏教以前からのものですね。

谷川　その通りです。仏教には、餓鬼とか畜生になって六道を廻るということはありますが、死んだ者が再生して人間に生まれ変わるということはないわけです。我が国では「よみがえり」という言葉がありますが、それは黄泉《よみ》の国に行った人がこっちへ帰ってくること、つまり生まれ変わることなんですね。常世に一定の期間暮らしてまた帰ってくる。常世があるからこそ、よみがえりが可能なんです。

三月三日に雛《ひな》を川に流したり、お盆に精霊船を作って海に流しますね。ああいうのは常世の思想がなければ理解できないことですよ。常世の国からやってきた罪も穢れも何もかも、また常世の国に帰す。常世が原点だからこそ、三月の雛流しやお盆の精霊流しの折に、日頃は宗教心のない若い人たちの心が動く。

大江 携帯電話や電子メールの世の中で、雛流しや精霊流しなど、若い人が関わる習俗に常世の思想の痕跡があるのは非常に興味深いですよね。

谷川 ええ、そうです。

大江 常世の思想はアジア的なものなのでしょうか?

谷川 日本的な世界だと思いますね。日本書紀や古事記にもあるように、日本人は海の彼方の世界に対して思慕の念を抱いています。この感情は外国の思想にはないだろうと思いますね。

大江 なぜそのような感情を持つのでしょうか?

谷川 日本人の祖先が黒潮に乗って南からやってきたという、遥かな記憶の痕跡だと思います。今でも宮古島のお祭りで、「よやなおれ」とツカサが歌います。「よ」は稲のことです。常世の「世」もそうです。「なおる」というのは熟するという意味でね、稲が熟してほしいという願望なんですね。常世はいつも稲や果物が熟しているところ。だから日本人は南のほうに常世を想定していたわけで、それは南から日本人の祖先が黒潮に乗ってやってきたというのと一致するわけですね。

他界研究の歩み

大江　常世など他界の研究は、柳田、折口の時代になってからだそうですね。

谷川　宣長は現実的なタイプで、死ねば人間は黄泉という汚いところに行く、ということで終わっちゃったんですね。研究対象が文献しかなかったということもあります。

大江　柳田、折口の時に飛躍的に他界の研究が進みました。

谷川　沖縄の発見が決定的だったんです。沖縄ではニライカナイという言葉が今も生きていますし、毎年アカマタ・クロマタやアンガマーなど、あの世の神様がお祭りに現れるわけですよね。柳田は特に仏教嫌いですし、折口だって仏教が好きとまではいえませんね。それで常世に対する親近感を持ったんじゃないだろうか。やはり両人の資質が関係していますね。

しかし、その二人の後は続かなかった。私は細々とそれを継いでいるという自負心がありますがね。

常世への親近感

大江　先生が常世に関心を持たれたきっかけは？

谷川　私の場合は青年期、キリスト教に近づいたがそれが駄目になってね、それに代わるものとして常世が出てきたわけです。

しかも私の場合、常世は妣の国と同じで、母の思い出のようなものにつながる。それは切実な感情です。キリスト教はエクスタシーとか法悦とかあるかもしれませんが、それらは日常的な次元じゃありません。常世というのは私にとって感覚的に快いんです。

大江　先生の作られたお歌を拝見すると、常世というのは先生にとって親近感の持てる当たり前の存在であり、すぐその先が常世、という感じがしますね。

谷川　ええ。遠いところという感じじゃありませんね。日本人は昔から親近感を持っているんです。浦島の行った竜宮城は常世です。天上から追放されたスサノヲは「妣の国」に帰りたいと泣き喚きながら根の国に降りて行く。そういうふうに日本人は妣の国とか常世に対する特別の思いがあったと思うんです。

大江　丹後国風土記逸文に「常世の浜の浪の音」が出てきますね。

谷川　浦島の子が海神の娘に送った「子らに恋ひ　朝戸を開き　吾が居れば　常世の浜の　浪の音聞ゆ」という歌です。あれはいい、感動的ですよね。常世というのは波の音が聞こえるくらいで、あまり遠いところにはないんでね。

沖縄の奥武の島は海岸の近くにあって、それが死体を葬った場所ということから、最初はそこが他界であった。近いからこそ季節の折目には死者が帰ってくるんです。仏教でいう十万億土のようなところだと、なかなか帰ってこれませんからね。遠野の伝承を柳田に語った佐々木喜善《ささきぜん》の家は土淵《つちぶち》というところにあるのですが、その家の後ろはデンデラ野なんです。近隣の人たちは、六十になった老人をそこに捨てるんです。老人たちはそこで生活する。デンデラ野はあの世の一歩手前なんですね。すぐ傍では日常の生活が行われているんです。なんとも言えぬ異様な光景ですが、これもこの世とあの世の近さの例ですね。

ウブスナの発見

大江　『常世論』にウブスナの由来を発見されたことが書かれていますよね。かつて柳田国男さんが「月曜通信」で、どうしても語源がわからない、と書いていました。

谷川　一九七〇年代の初め、若狭と越前の境、敦賀湾に面した立石半島の常宮《じょうぐう》という海村を旅していた時に発見したんです。そこには産小屋がまだ残っていて、物置小屋となっていました。その産小屋に敷いてある砂をウブスナと呼ぶことを、土地の古老から聞いたのです。詩人である私の弟の谷川雁は、あまり人のことを褒めたことがないんだけど、「あれはいいですね」と言ってくれた。

大江　このウブスナという言葉の由来が定説になっていないのが不思議ですね。

谷川　渚は現世と他界の境目です。渚に墓が立てられているのは他界である常世にもっとも近いからです。それと同時に産小屋も波打際に建てられています。そこは常世にある死者の魂が、もっとも早く再生できる場所でもあるからです。その産小屋の地面には床を張らず砂を敷いた。そしてそれを「ウブスナ」と呼んだ。人間の生命は海亀と同じように、この砂から誕生した、ということでウブスナは生命誕生の秘密を物語っているのです。

しかし民俗学者に限らず、日本という国は創意とか想像力に対して実に低い評価しかできない。独創的なもの、溢れるものに対する嫉妬ですね。アメリカやヨーロッパでは、人と違う説を出さなきゃ駄目なんだ。でも日本はそれと逆なんです。

ところで大江さんのまとめた本『魂の民俗学―谷川健一の思想』の後書きに、私の全集のことを書いてくれている。「この全集が、「日本人とは何か」を思ふ、百年後二百年後のたつた一人の天才のためにも用意されるべきと心密かに考へる」とある。その発想はすごく面白い。普通は全集の著者に敬意を表するのだが、これは私のためじゃないんだ（笑）。

大江　本物がきちんとした形で残っていれば、ほんとうに優秀な人間が気がつくだろうと。

谷川　それはいずれ気がつくだろうと思います。でも私が目の黒いうちには起こらない。その確信はありますがね（笑）。

十三　民間信仰史研究序説

安住を拒絶する者

大江　「民間信仰史研究序説」は「季刊東北学」に二〇〇五年八月から二〇〇九年五月まで四年にわたり連載され、加筆の上二〇〇九年六月に『賤民の異神と芸能』として河出書房新社から出版されました。

しかし、今回の全集収録に当たり、やはり最初の書名が内容を端的に表している、との先生のお考えで元の書名に戻されました。

柳田や折口は、生涯歩き続けた信仰者や芸能人に着目しました。谷川先生は一所不住の漂泊者たる彼らを、畏敬をこめて永久歩行者と名付けましたが、彼らを旅に駆り立てた力とは何だったのでしょうか。

谷川　一つには、神に仕えている者が神の命ずるままに歩き続ける、という場合がある。それが歩き巫女《あるきみこ》です。旅は、強盗に出会ったり野獣に襲われたりさまざまな苦難を伴うのですが、敢えてその危険を甘受しながら旅を続ける。その背後には、留まるということが許されない、神に憑かれた人々の意識があると思うのです。

もう一つは、漂泊生活が常態化している場合があります。それが西洋のジプシーであり、日本でいえば傀儡《くぐつ》などであるわけです。漂泊から漂泊へ一生涯旅を続ける。

トルストイの本にこんな話がありました。腹を空かせ凍えているジプシーがいたので、ある人が自分の家に住まわせ温かい食事を提供した。ところがいつの間にか部屋を出てしまい、寒い野外で生活をし始めたという。我々と違い、家庭の温かさというのがかえって不安に思える人々もいるのです。

わが国でも空也《くうや》上人を始祖とする「阿弥陀ヒジリ」や、一遍《いっぺん》上人を慕う遊行派の「鉦打《かねうち》」など、多くの信者が旅を続ける。一遍は「自分が死んだら野獣に身体を食わせておけ」と言いながら歩き続けました。そのような宗教的な衝動を生涯持ち続ける連中もいるのではないか。

停滞は悪であり、死。流動は善であり、生。旅することと生きることと等価だったのだと思います。芭蕉の『奥の細道』の序文に「古人も多く旅に死せるあり」とありますが、旅というものの中に生の理由を発見する人達がいるのです。

永久歩行者への憧れ

谷川　今でも四国八十八ヵ所を生涯回り続ける人たちがいる、という話を聞きました。もちろんその中には、家庭的、あるいは世間的な諸事情で家に帰れない人も混じっていると思います。しかし、それだけではない。一ヵ所に留まり、血縁、地縁、共同体の生活を送ることにどうしても耐えられぬ人達、いわゆる永久歩行の人たちがいるのです。
折口信夫は、日本の国家組織がまだ充分に固まらない時から、安定した生活をする人間とそうではない人間とがある、ということを書いています。折口がそれを指摘したことに私は感銘を覚えます。

大江　先生は四十代後半、一ヵ月の内二〇日間全国を旅し、残りの一〇日で原稿を書く、という生活を繰り返しておられました。今年九十歳をむかえられましたが、近年も、全国各地を回られています。「御高齢なのだから少し控えられたらいかがですか」と申し上げるのに、なかなかペースが落ちない。これは先生が研究熱心だからという以前に、心の中にそれを指向するお気持ちがあるに違いない、と思いました。

谷川　私自体、家族とか共同体という中に安住することが難しい人間です。猫のように座布団に座っていることに違和感を覚えます。むしろ歩き巫女のように旅に生き、最後は異郷の地で野垂れ死ぬのを理想としている。でも我慢しているのです。最後まで我慢して死ぬのだろう、と自分では思っています。
そうした矛盾の中で暮らしているからこそ、歩行への憧れがいつまでも消えません。ですから、それをやり遂げた人に対する敬意を込め、序文代わりに永久歩行者のことを書いたのです。

なぜ氷室があったのか

大江　延喜式の記述に、毎年夏の期間、朝廷に氷を奉るという定めがあります。先生は、この氷の用途は何かということに着目されました。

谷川　延喜式では、朝廷に氷を奉るのは旧四月一日から九月三十日まで、と定めている。そのために、山間幽谷の水の湧き出る場所に池を設け、寒中に氷を作る。その氷を、土を二メートルぐらい掘って底にカヤやススキを厚く敷いた氷室《ひむろ》に移し、夏まで保存しておく。

特に有名なのは、今は天理市になっている都祁《つげ》（延喜式では「都介」）の氷室です。そのほかにも氷室は、大和、山城や河内などの各地に多数あったようです。氷は夏の暑い盛りに分け与えられる。しかしこの氷の本来の目的は避暑のためではなく、別の用途があるのです。

喪葬令によれば、「（現在の暦で七、八月に）親王および三位以上の者が亡くなった場合は氷を給え」とある。高位の人が亡くなった時に氷を分け与える。これは死体の腐敗を防ぐため、ということがはっきりしていると思うのです。

大江　なぜそう推測されたのですか。

谷川　それは崇徳上皇の例があるからです。崇徳上皇が流謫《るたく》の地である讃岐《さぬき》の国で八月に崩御されるおり、御自身は高野山に葬られることを望まれた。そこで上皇崩御の後、すぐに使者が朝廷にお伺いを立てに京都に向かいました。その間、お付きの者が、坂出にある野沢井という冷たい泉に御遺骸を沈め、腐敗を防ぎつつ約二〇日間、使者の帰りを待ち続けたのです。

ところがもたらされた宣下《せんげ》は無情にも「高野山に葬るということを許さない」というもの。それでやむなく、崇徳上皇の御遺骸を白峰《しらみね》山に葬るわけです。私はそのこともあり、薨じた正三位以上の人々に氷を給わった、ということは死体の腐敗を防ぐためだ、と推測したのです。
六、七世紀、先帝が崩御され皇嗣をめぐる混乱が決着するまでの間、御遺骸を留め置く必要がある場合が多々あった。そのためにも氷室の氷が使われたと思うのです。

山の神とは何か

大江　先生は、これまで議論百出だった「山の神」の正体について、「それは狼や熊だ」と明確な答えを提示されました。それまで誰も言わなかったことですね。

谷川　一般的に「山の神」というのは山を支配する人間くさい神のように思われていますが、太古はそうではありませんでした。山霊とも呼ぶべき獣の王を意味したのです。しかもそれは縄張りを持った狼、あるいは熊ではないかと私は考えました。日本には熊以上に大きい野獣は生息していません。また、狼は人里近くに棲み、数も多く、怖い存在です。
彼らは人間に対してむき出しの敵意を持ち、縄張りを侵す者達を許さない。人は彼らを畏《おそ》れ、忌み言葉で「山の神」と呼んだのです。山の神は女性だからどうこう、というのは後で作られたものに過ぎません。山の神は女性だという考えは大陸にもありません。朝鮮に行けば山の神はサンシンといいまして、虎を意味します。中国も虎です。日本には虎がいないので、狼や熊になる。

妊婦が難産のときに「山の神の迎え」をしました。馬を牽《ひ》いて山の神を迎えに行き、目に見えない山の神を鞍に乗せて帰る。すると安産になる。

その理由は、山の神は狼であり、狼が犬と同様安産だからなのです。安産を願うために、狼である山の神を迎えたのが正解だと自分では思っているのです。

大江 山の神はオコゼを好む、とよく言いますね。

谷川 『南方熊楠全集』の口絵に「山神絵詞」が掲げられています。その絵を見ると、山の神が狼で、お姫様の姿をしているオコゼは海の神だということがわかる。狼が山の神として上座に座り、鹿や兎や猪などが下座で踊ったり酒を飲んだりしている。狼はまさに山の王、種族の王です。

大江 なぜ山の中に海の神が出てくるのでしょう。

谷川 古代の海人族である阿曇氏が海岸部から内陸部に進入してきます。彼らは金属の利器を扱うなど、先進的な技術の所持者でもありましたから、山の開拓などにも関わったのではないか。ですから山の神と海の神の婚姻というのは、そのような歴史的背景があるのだと思うのです。

動物の種族霊と人間

谷川 海の神はオコゼだけではありません。ジュゴンも海の神です。宮古島の口伝に、捕まえたジュゴンを殺そうとした時大津波が襲ってくる話がある。それ以外にもさまざまな獣や魚が神であった時代があったのです。

たとえば魚など同族の中で、格別に身体の大きい魚は種族霊として恐れられていました。岡山の話ですが、少年が大きな山椒魚を退治した。その晩、家の戸を泣きながら叩いて去っていくものがあり、一家は直後に死滅した、という話が『作陽誌』にある。

また、東北地方では鮭は「魚の王」という性格を持っていました。鮭の主である「鮭の大助《おおすけ》」が川を遡上するとき、「オオスケ　オオスケ　今のぼる」という彼の声を聞いたものは死ぬ、と恐れられていました。

これらは種族霊なんですね。けれど日本の民俗学は、山の神は女だから嫉妬する、みたいな話で満足している。

大江　時代が下ってくると、神に対する畏怖の度合が変化していきますね。

谷川　常陸国風土記の行方《なめかた》郡の条に出ている話はたいへん興味深い。麻多智《またち》という男が葦原を開拓して水田を作る。ところが夜刀《やつ》（谷）の神、これが蛇なのですが、その神が「なんで俺のところで谷を拓《ひら》こうとするのだ」と抗議をするんですね。

麻多智はそれに負けない。山の入り口のところに杖を立てて、「これから先の山側はお前の領分だが、こちらは俺達の領分だ」と主張する。人間が神に住み分けを強制し、谷の神の蛇を自分達の水田から遠ざけるわけです。

太古、蛇は畏怖すべき存在でした。それは信州と甲斐にまたがる八ケ岳山麓から出土する縄文土器の装飾を見るとよく分かります。しかしその頃には人間の力がやや強くなっていたわけですね。

シュクという地名の意味

大江　先生はシュクという地名に関する柳田の説に異を唱えておられます。

谷川　シュクの語源からいいますと、サクやサエなどと同じく、地境を意味していることは間違いがないと思います。ただ、柳田がシュクという地名を、地境の意として包括的に取り扱い、そこで祀られることの多いシュクの神を「邑落の境の神」と決めつけてしまうのは問題だと思います。それではこの問題の孕む独特の陰影を見落としかねません。

シュクは一般的に地境とか村境など辺境にあり、そこは吹き溜まりのように人々が集まる場所になっています。彼らはだいたいアウトロー、要するにはじき出された人々ですね。本居内遠《もとおりうちとお》の『賤者考』ではシュクは産所が元だ、と述べています。昔は産の穢れを厭い、村境等に仮屋を建て、産婦はそこで出産した。そこをサンジョともシュクとも言った。その後、仮屋に下賤の者たちが居住し、ついに一村をなした、と内遠は言っています。

浮浪人やあまり豊かでない人たちが、吹き溜まりのように集まる場所は他にもあります。河原もそうですね。河原にもシュクと呼ばれるところが多々ある。川崎市にも宿河原《しゆくがわら》があります。私はシュクの由来は、被差別部落の神であるシュク神がそこに祀られているからだと考えます。

シュクと呼ばれる場所は西国、特に紀州や土佐の被差別部落に多い。被差別部落が村の外れに生まれていくのは否定できません。ただ村境にあるからシュクと呼ばれる、というだけでは話にならない。そこには彼らの神たるシュク神が祀られているのです。

被差別部落では芸能に携わる者が多かった。そのシュク神は芸能神ともなり、世阿弥《ぜあみ》の能楽など、我が国の芸能、芸術の形成にも深く関わっていきます。

ケガレの意味するもの

大江　先生は民俗学研究の締めくくりのテーマとして、「ケガレ」に取り組もうとお考えになりました。先生が「ケガレ」の問題を強く意識されたのは柳田国男の初期の論文「毛坊主考」がきっかけでした。

谷川　私は柳田の「毛坊主考」で、穢《けが》れた存在と世間から見下されていた下層民が庶民信仰や民間芸能を支えていた、ということを知り、深い感動を覚えたのです。この「ケガレ」は民俗学の根本問題であるにもかかわらず、宮田登を除いて研究らしい研究は見当たりません。

人間というもの、小さい時は罪もなく過ごすが、長ずるに伴い穢れていく。「ケガレ」というのは経験ですよ。経験を積むというのは汚れていくということ。たとえば恋愛自体は美しくても、どこかで穢れていくのだと私は思うのです。良いとか悪いとかの問題ではありません。優れた絵画も色を重ねていくでしょう。人生というのはそれと同じですよ。だから一度「ケガレ」の問題をやらなくては、と思ったのです。

大江　先生はケガレの「ケ」の意味するものについて言及されています。

谷川　「ケガレ」の「ケ」とは何か。これには諸説があります。桜井徳太郎さんは「ケ」はもともと植物の根源的エネルギーのようなものだと考えている。私はそうではなく、「ケ」は外来魂であると考えます。メラネシアをはじめとする太平洋諸島では「マナ」と呼ばれる超自然的な力の観念がありました。それが日本の古代でも「ケ」として共有されていた。

この「ケ」は身体に容易に付着したり離れたりする。「ケ」が身体に付着すると元気になるが、それが離れると元気がなくなる。「ケ」が体を離れた状態が「ケガレ」です。そのいちばんはなはだしいのが死のケガレなのです。

古代においては、人が死ぬと、親戚友人たちが亡骸の周りで歌舞、酒宴をしました。それは「ケ」が身体に戻る、つまり生き返ることを期待してのことでした。

大江　民俗学で「ケ」と「ハレ」の話がよく出てきますね。

谷川　日常を意味する「ケ」に対する言葉は、非日常を指す「ハレ」です。私は「ハレ」というのは「ケ」が充実して破裂し、内容がむき出しになった状況を意味するものと考えています。

たとえば万葉集の額田王の歌に「冬ごもり春さり来れば　鳴かざりし　鳥も来鳴きぬ　咲かざりし　花も咲けれど（後略）」というのがありますが、この「春」という言葉は、発露する「ハル」の意味合いがよく出ています。固い蕾が一斉に開く、という感じです。

沖縄県の宮古島では裸身をパルミと呼びました。それから八重山では一六世紀にウチハレの祭りというのがあったが、猥雑だというので首里王府から禁止された。ウチハレの「ハレ」というのは、衣服を脱いで身体をむき出しにすることでした。お祭りの時に裸身で熱狂的に踊り狂うらしい。

「ケ」（日常）のモラルは、「ハレ」（非日常）の時、逆転します。たとえば、「今日はハレの日だ」という時は、打ちこわしをしても構わないんですよ。幕末の「ええじゃないか」なんかもそうですよね。お祭りの時はグデングデンに酔っ払うほうがいいんです。それは「ハレ」の論理です。日常的にそれは許されないけれど、「ハレ」の時はいい。

「ハレ」と「ケガレ」は対極にあるような感じがしますが、実は非日常という共通性を持っているのです。「ハレ」である誕生の儀式と、「ケガレ」である死の儀式には共通性がある。それは「ケ」の状態ではない、という点で一致するわけです。

「ミソギ」と「ハライ」・天つ罪

谷川　私が「ケガレ」を考える最初のきっかけとなった記述が魏志倭人伝にあります。倭国では近親者が死ぬと、喪主は泣き、親戚友人は死者の蘇生を願って亡骸の傍で歌舞酒宴を行う。しかし埋葬後は一家をあげて水浴する。

この最後にある水浴が「ケガレ」の観念の存在を示していると考えます。この行為は死の「ケガレ」を洗い清めるものとしか考えられません。この行為が「ミソギ」です。

そして「ケガレ」を落とすもうひとつの手段は「ハライ」です。今でも神社でお祓いがありますよね。折口によれば「ミソギ」は南方から、「ハライ」は北方から別々の人種が持ち込んだものだが、その後、両者に大きな区別はなくなり、さらにその後、両者はまた別れる、という経緯をたどったとのことです。

「ミソギ」の語源には、「身ソソギ」と「水ソソギ」の両説がありますが、私は「水ソソギ」のほうがよいように思います。南方では、インド、タイ、インドネシアなどで水浴する習慣がありますでしょう。水かけ祭りもある。これらの習慣が最初九州の海人族に伝わり、「ミソギ」になった、というのが私の考えです。

「ハライ」については「六月《むつき》の晦《つごもり》の大祓《おおはらい》」の祝詞《のりと》で、祓うべき対象として「天つ罪」と「国つ罪」が挙げられています。

大江　「天つ罪」は、素戔嗚尊《すさのお》が高天原で犯した罪ですね。

谷川　そうです。この「天つ罪」という言葉について、折口は「雨障《あまつつみ》」「霖忌《あまつつみ》」から来ていると考えた。

農村において霖雨期というのは農業上重要な時期です。その時には村に神様が来ていると考え、皆が家にこもり、物忌《ものいみ》をしていた。霖雨期の謹慎生活が「霖忌」というわけです。

その証拠に、記紀で「天つ罪」として列挙しているのはすべて田に関係がある。「天つ罪」という言葉を考え出した後に、「国つ罪」という言葉を拵《こしら》えた、と折口は考えています。

「天つ罪」というと、おっしゃるように素戔嗚尊の乱暴狼藉が思い浮かび、何か事々しいものに思われるのですが、それは農村での共同生活における禁止事項の延長線上にあるものです。ですから、「天つ罪」は日常的な世界とつながったものなのです。

中世の非人の持つ宗教性

大江　先生は「中世の非人を見て、彼らが一種の職業集団つまり「職人」であったことがはっきりし、さらにその職種の広汎さにおどろく」と述べておられます。本居内遠の『賤者考』に列挙されている職種をみると、数多くの芸能が含まれており、彼らが我が国の文化芸術を創造する原動力となっていた、というのが実感できます。

谷川　まず、非人の職種が五二もあるということに大いに驚かされます。バラエティーに富んでいますが、それぞれの職が専門職ですよね。しかも細分化されている。

彼らは田楽法師、猿楽、俳優、浄瑠璃芝居など、さまざまな芸能を生業としています。それから鉢叩《はちたたき》（空也念仏）や鉦打《かねうち》（時宗）などもある。これらの中に、後世の宗教や芸能のスタイルが見出されるのです。

貴族の文化と思われがちな能楽も、猿楽から発展していったものです。能を大成した観阿弥、世阿弥は猿楽法師の出ですからね。

大江　賤民の職業には宗教性を伴うものが数多くあります。その根底にあるものはなんでしょうか。

谷川　神社や寺院では賤民がさまざまな職業に従事しています。被差別民である彼らは「清目《きよめ》」

と呼ばれました。彼らは、困窮という理由だけでその職業に携わったのではありません。それが神や仏から授かった任務、という自覚を持っていたと思うのです。

逆に常民はそのような仕事に携わることができません。穢れを清める力を持つのは自分たちだけだ、という自覚。自分たちは選ばれた者、つまり「選民思想」のようなものがあるわけです。もちろん死体の処理にもたずさわる。「死体の処理を聖なる儀礼とみるならば、それにたずさわる能力を持つものは、きわめて重要な存在なのであった」と宮田登は指摘しています。

私はその根底に被差別民の、「生まれ清まりたい」という再生・新生への願望があると思うのです。

大江　本書を「季刊東北学」に先生が連載されている時、それぞれの章が断片的で、先生が何を狙っているのか、その意図がよく見えませんでした。

しかし、単行本として出版の折、本の前書きと後書きを読むと、先生の意図するところがはっきりと見て取れ、個々の断片がみごとに有機的に繋がっていきました。そうか、そういうことだったのか、と。

谷川　ありふれた生活に耐え切れない人たちがこの世にいる。この人間の不可思議さ。

普通の人は安心を求めるのだけれど、彼らは安心することが不安なんですよ。実は私自身、永久歩行者に憧れている。まあ、語るに落ちるとはこのことですね。

十四　日本の地名　続　日本の地名

中央構造線と黒潮

大江　『日本の地名』は一九九七年に、また『続日本の地名』は翌一九九八年に出版されています。『日本の地名』の画期的なところは、黒潮の流れと中央構造線に着目したところですね。

谷川　私は『日本の地名』を書くにあたって、日本列島をめぐる自然環境の中でいちばん大きなものを選びたいと思いました。ひとつは黒潮の流れです。これは氷河期を終えた日本列島におけるいちばん大きな自然の道であり、計り知れない影響を与えたと思います。それから人工衛星ランドサットからもはっきり見える中央構造線ですね。その中央構造線という自然の地形を利用する形で、縄文時代あるいはその前から大きな交通路が存在したと考えられます。『日本の地名』は地名というもっとも小さい存在を黒潮や中央構造線というもっとも大きな自然とむすびつけたところがミソです。

大江　人工衛星から見える中央構造線上に南朝方が展開したというお話、実に面白いですね。

谷川　ええ。中央構造線という断層は、時には険しい山岳地帯を通り、またある時には深い渓谷となって日本列島の、特に西南日本のほうに大きな道を作っています。その中央構造線上に南朝方が展開している。南朝方と北朝方との戦いというのは、先史時代以来ずっと続いてきた山人文化とその後の平地人の文化との歴史上最後の衝突であったと私は考えるわけです。

山人文化は猟師、木地屋、サンカ、鉱山師、鍛冶屋、山伏など漂泊の徒が担っていた。平地人の文化というのは農民や貴族や武家方。その戦いが全国的に展開したのが南北朝時代だというふうに思うんです。その後山人の組織的抵抗は消え、大局的には平地人の時代になっていくわけですね。そういうことから、南朝方が中央構造線上に展開して北朝方と戦った、というのは日本の歴史の中で大きな意味があると考えます。

もともと中央構造線というのは自然が作り出した道です。それで人間以前にすでに動物が利用しているんですね。たとえば中部地方の山岳地帯にいる鷹の一種の「さしば」という鳥は渥美半島の伊良湖岬に結集します。そこから中央構造線沿いに西へ向かって飛び紀伊半島を横断し、四国の吉野川、豊予海峡を経て佐賀関に到る。中央構造線のほうは九州山脈を横断して八代のほうまで行くんですけど、「さしば」は佐賀関から大隅半島の佐多岬に向かい、それから道の島と言われる奄美諸島を通って沖縄本島、宮古島に行くんです。そこは上昇気流が流れているんで、グライダーのように滑空すればすっと行っちゃうんですね。長い旅をする「さしば」にとっては非常にありがたい道なんです。

また中央構造線上は鉱物が豊富です。特に水銀の原料になる辰砂《しんしゃ》を意味する丹生《にゅう》という地名が一〇〇くらい中央構造線上にあります。それで中央構造線を「丹生通り」と称する人もいるほどです。一方海上の道である黒潮ですが、私は太平洋戦争の始まる直前昭和十六年に熊野に旅行し、串本の南に横たわる大島の樫野《かしの》崎というところで魚見櫓に登り、濃い紫の帯が海上はるか西から東へ流れているのを見て、たいへん感動しました。黒潮は幾千年も間断なく日本列島を洗っているわけで、南方の文化がそれに乗って日本にもたらされたのは非常に大きなことだと思うんですね。地名は実に小さいものですが、日本の陸の大動脈の中央構造線、海の大動脈の黒潮と密接につながっている。そこに地名の面白みがあるんじゃないか。

日本列島を埋め尽くす地名

大江　『日本の地名』で非常に興味深かったのは、「各地のさまざまな呼称をもつ小集落地名は、数戸から数十戸単位の集落がかつての日本の社会の基底を形成していたことをまざまざと物語っている。それが日本列島の端から端まで隙間もないほど埋め尽している」というところです。

谷川　茫漠たるシベリアのツンドラ地帯など、人間の住まないところには地名はないわけですね。大きな地名は勿論ありますけど、小さい地名はない。なぜなら、地名を利用する必要がないからです。ところが日本では北海道から沖縄まで、ほんとうに隙間がないほど細かい地名が連なっている。このおびただしい地名はやっぱり壮観だし、しかもそれが非常に古くから存在している。私は自然の寂寥を感じさせないあたたかさをそこに感じます。

大江　奈良県内に傾斜地を表す「ナラ」という地名が七〇ヵ所近くあるけれども、昔は人々の行動範囲は非常に狭く、不都合はなかったんだそうですね。

谷川　ええ。区別する必要がある場合、たとえば沖縄では二つの地名を併記する習慣があります。玉城《たまぐすく》という地名は沖縄にいくつもあるんですが、知念玉城というと、知念半島の知念村のとなりの玉城。折口信夫もこの区別の仕方に注目しております。これは枕詞の形成にもつながる話です。「飛ぶ鳥の明日香」みたいにね。

大江　ところで、地名は生活の必要から付けられたものですから、当時の人の息吹が伝わってくるわけですよね。

谷川　そうですね、しかも千年前の地名が今も使用されておりますからね。地名には、そこに住む人の共同感情が入っています。地名は単なる記号ではないんです。歌枕のように地名に触発されて歌が生まれる。いわば感情を呼び起こす固有名詞として地名があるんですね。だから地名を変えることに対して皆がたいへん怒ったり悲しんだりしているのは、かつての共同感情が抹殺されるからです。単なる記号ならばそんなに怒るはずもありませんからね。

大江　でも役所も住民も、非常に無頓着に地名を変えてしまう場合が多々あります。

谷川　そうなんです。また、今の若い人たちが歴史もよく勉強せず、地名に関心を持たないということもあります。ただ日本人の根底にはやはり地名に対する愛着が非常に深くあるように思います。

地名により自分とは何かを知る

谷川　自分を生んだ母親を替えることはできません。それと同様、地名というのは所与のものです。生まれる前からそこにあるわけですからね。人はそこで育ち、生活するのですから、自動車の部品か何かを換えるように簡単に地名が変えられるもの、と考えてはいけないんです。

地名というのは、いつ誰がどんなわけで付けたかわからないんですね。歌でいえば「読み人知らず」です。地名は絶えず持続している。それが地名の魅力です。弥生時代の地名が今も使われています。魏志倭人伝に対馬とか壱岐だとか松浦（末盧《まつら》）などの地名が記されていますが、それらの地名が今も日常的に使われているのは、驚くべきことだと思います。でも皆あまりそれに驚かない。

大江　柳田さんも地名を重視しておられますね。

谷川　柳田さんは地名に対する関心はあるんですが、地名に将来性があるとは考えなかったふしもあります。一方、私は地名には大きな未来性があると思っています。ところで国には二つの意味がある。ひとつは国家です。お国のために戦争に行くという時の国家です。それに対して「国の母に物を送る」という時は郷里を指します。この「郷里」を愛するということを考える時、地名は重要な要素を成します。地名は国土の目鼻に相当しますからね。地名がなければのっぺらぼうの国土でしかない。地名があって目鼻、顔立ちができるわけです。

地名は国土のいわば核になるものです。地名には地域の人たちの生活感情が込められています。

私は、日本人の自己確認のためには地名がいちばん日常的だし基本だと思うんです。その地名を大事にするということが、日本を愛することにつながると考えます。
大江　安易に地名を変えるような風潮がある一方、先生の『日本の地名』と『続日本の地名』がずいぶん版を重ねているわけで、地名の魅力というか意味合いを敏感に感じ取っている人たちが一方では大勢いるんだと私は思いました。

動物地名の面白さ

大江　その『続日本の地名』で動物地名が取り上げられていますが、この分類も新鮮で魅力的ですね。
谷川　神と人間と動物との間の交渉を追究するのが民俗学だと思いますからね。動物は人間にとって重要なパートナーなんです。その動物の名前が地名になっているのが非常にたくさんある。その場合、表記は動物名であっても、実際は動物と関係のない地名もある。そこから地名に対する面白さが逆に出てくるんですよね。これは動物地名だと思ってもそうじゃなかったり、動物地名に思えないものが動物地名であったり、そうしたものを『続日本の地名』で取り上げてみたわけです。一例を挙げれば千葉県に東金《とうがね》市があります。東に金山があったわけではない。東《とう》というのはトキの鳴き声なんです。トキは鳴き声にあやかってトウとも呼ばれました。今の東金市に「鴇《とき》ヶ根《ね》城」という山城があり、それをトウガネと呼んだ。

大江　そこにトキが生息していたということなんですか？

谷川　そう考えていいと思いますね。トキという地名は全国にたくさんあるんですが、だいたいはトキが生息した場所なんです。

新潟と山形の県境、日本海に面したところに鼠《ねず》ヶ関《せき》というところがあるでしょう。私も行ったことがあるけれど、夕日の美しいところですよね。そこに鼠がいるわけじゃない。あそこは番所があって、役人が寝ずの番をしていた関所です。不寝《ねず》が鼠となった。それから「猫」と書いても動物の猫じゃない場合がある。根子屋の場合があるわけです。根子屋というのは山城ですからそれを省略すると「ねこ」となるんです。

大江　犬はどうですか。

谷川　犬にはいろんな意味があって、犬侍や犬死になど悪い意味で犬を付ける場合、あるいはまがい物という時に犬という名を使う。それから峠や山で低いところ、これも犬峠、犬山などと付ける場合があります。東北では狼のことを、オイヌとかオイノなどと言います。「オイノ森」なんてたくさんある。人間が狼に襲われる心配もあるけれど、東北では鹿が多くて困っている時、狼に追ってもらう場合もありました。宮城県登米《とめ》郡にある狼河原《おいぬかわら》では、夜に狼と出会うと「油断なく鹿を追ってくだされ」と言って、狼にお辞儀しながら行ったという話も残っているんです。

それから狐の地名も多いんです。関東で狐のことを「とうか」と言うんですね、稲荷と書いて「とうか」と読む。群馬県の嬬恋《つまごい》村には十日《とおか》ノ窪《くぼ》というところがある。十日ノ窪からは狐という感じがしないけれど、もともと狐の棲む窪地なんです。

冥府の鳥

谷川　動物の話をしたらきりがありません。たとえば三陸海岸の宮古市に磯鶏《そけい》という地名がある。昔、推古天皇の弟君（あるいは垂仁天皇の長子ともいう）が天皇の怒りに触れて宮古の海岸に逃れ入水《じゅすい》した。その遺体を捜すのに舷に鶏を下げた船を使い、鶏が鳴いたところで亡骸を発見した。そこで磯鶏という地名をつけたという。

水死者を捜す時は鶏を連れて行くという伝承はずっと三陸海岸に残っている。戦後八戸出身のある小説家の身内が自殺したとき、鶏を舷に乗せて海中を捜したという話を読んだことがある。諏訪湖でも水死人のある時は船に鶏を乗せて水死した場所を捜す、ということがあった。大昔は、人が死んだ時黄色い雄鶏を連れて行き、それが鳴いたところに墓を作った。私の考えでは、鶏も一緒に埋めたんじゃないかと思うんです。鶏というのは古事記では、常世の鳥、地下の冥府の鳥なんです。日本の古墳で前期、中期、後期を通し、鶏が副葬品としていちばん多い。鶏と古墳とは切っても切れない縁があります。

ところで古墳を作る技術者集団である土師《はじ》氏は鶏を食べないんです。埼玉県にある鷲宮《わしみや》では土師氏の祖神を祭っているんですが、その氏子は鶏を食べない。鷲宮はもともと土師氏の宮、土師の宮なんです。河内の道明寺村は応神天皇陵をはじめとする古市《ふるいち》古墳群の中心地であり、そこに土師の地名が残っている。菅原道真が大宰府に流されるという時に道明寺に叔母を訪ね、別れを惜しんだ。ところが鶏が早く鳴きすぎたので、夜明け前に立ち去らねばならなくなった。それで村人は鶏を憎み、鶏を食わぬといいます。現在でも道明寺天満宮の氏子は鶏を食べません。実は菅原道真は土師氏の子孫です。それで菅原道真の逸話に鶏が出てくるのです。土師氏は大きな財産を手に入れたんだけれど、平安時代になると、葬送に関わってきた土師という名はイメージが悪いので、姓を変えたいと申し出るんですよ。そして大枝（大江）、秋篠、菅原の諸氏となってそれぞれ別の家を興しました。

大江　そうすると『魂の民俗学―谷川健一の思想』を編纂したのが私、大江である、というのも何だか因縁めいて。

谷川　冥界の使者みたいな（笑）。

十五　地名伝承を求めて

日本地名研究所の設立

大江　本巻では地名に関する全国各地での講演や新聞・雑誌への寄稿文を集めております。先生は昭和五十六年に日本地名研究所を設立されるとともに、全国各地の地名研究会の立ち上げにも尽力されました。

谷川　私が川崎市に日本地名研究所を作りましたのは一九八一年です。それ以来、各地の私の知り合いなどに「地名研究会を作ってほしい」とお願いし、それに呼応して地名研究会がずいぶんできました。今ざっと四〇くらいはあると思います。それらが活発に活動を始めてかれこれ二〇年くらい経ちました。まあそういうことから地名に対する関心が全国に広がったと思うのです。

この地名への世間の関心には二つある。一つは、市町村合併や住居表示法により地名が変わっていくことに対する現代的な関心です。もう一つは、日本の長い歴史を生き続けてきた息の長い文化財である地名を、本質的な形で取り上げようというものです。その両方が相まって、各地の地名研究会を媒介に、地名への関心が心ある人たちに広がっていくのは間違いないと思いますね。

大江　先生が地名研究所を作られてそうとうな年月が経ちますが、今でも新たな地名研究会が設立されるなど、息の長い活動になっています。

谷川　ええ、近年「海の熊野地名研究会」が熊野にできました。それから東北には「東北アイヌ語地名研究会」という実にユニークな研究会も設立され、活発に活動を続けています。

大江　先生は九十歳になられようとする今でも、全国各地の地名研究会で講演や助言をしておられます。

日常生活に由来する地名

谷川　地名というのは、我々が絶えず使用していることでもわかるように、日常生活に入り込んだテーマなのです。それゆえに学者の中には地名を軽視する向きもありますけれども、日常生活との密接なつながりというのが非常に重要な点だと思います。調べるほどに奥行きのある世界が見えてくる。そこに魅力があるわけです。

たとえば日本書紀に、神功皇后が若狭の敦賀から日本海を通って長門の豊浦宮まで行かれる記述があります。敦賀から出発した皇后が渟田門《ぬたのと》に至ったおり、船上で食事をされ、その時にタイが船のそばに群れ集まって来た。それで皇后がタイの群れに酒をそそぐとタイが酔っ払って浮き上がってきた。お付きの海人たちは、これはやはり皇后の徳を慕ったんだと言って喜んだ。渟田門のタイはいつも六月にやってきて酔ったような状態になる。それはこれがもとである。日本書紀にはそう書いてあるわけですね。

江戸時代、若狭に伴信友《ばんのぶとも》という国学者がおりまして、その門人が常神浦《つねかみうら》（福井県三方郡三方町）に行って調べたんです。そしたら目に一丁字もないような無学な老人が出てきて、「昔、古老が常神岬と敦賀半島の丹生《にゅう》浦との間の渡しを、ノタノトと呼んでいるのを聞いたことがある」と言った。それで日本書紀の渟田門はここだと確信した、という話があるんです。波が大きくうねるのをノタとかヌタと言うんですね。それは海人や漁師たちが日常使っている言葉なんですよ。実を言いますとね、ノタノトはもう一つあるのです。

広島県三原市の西に能地《のうじ》があります。そこは家船の根拠地です。能地のあたりに青木瀬戸というところがあって、それをノタノトとも呼んでいるんです。

そこで、どちらが日本書紀の渟田門かということになりますね。私も能地まで行って聞きましたら、そこの漁民が、やはりタイが浮き上がってくると言うんです。寒さのあまり凍え死にそうになって、力なく浮き上がってくるのだ、と言うんですね。ところが日本書紀の記述は、六月暑い頃に浮き上がってくる、とある。一方は寒いから、もう一方は暑いから浮き上がってくる。若狭では、その時に浮き上がってくるタイのことを「マドロタイ」と言うんです。まどろむというのはうたた寝をすることを言います。

吉田東伍は『大日本地名辞書』の中で、敦賀から日本海を通って長門まで行くのだから、若狭のほうが日本書紀の渟田門であると書いています。六月という時期を考えても若狭湾のほうでしょうね。ですから伝承といっても歴史的なものと絡んでいくとたいへんおもしろい話になります。

大江　日本書紀だけを見ていると荒唐無稽な作り話に思えても、地名が鍵となって何らかの事実の反映であることが判るわけですね。

谷川　そうです。私もそこに行き、マドロタイの話を聞いて確認しました。

　ノタノトというのは固有名詞ではなくて、うねりが大きいという一般的な状態を示している。だからこそ、瀬戸内海の三原市のそばにもノタノトがあったわけです。

旅する地名

大江　平泉《ひらいずみ》の地名の由来もたいへん興味深いですね。

谷川　奥州の平泉という地名は、一関に平泉野というところがあるので、そこに起源を求める説もありました。私も平泉の地名の由来について、取り立てて深く考えることもなかったのですが、ふと目に止まった昭和五十九年十二月の「毎日新聞」の記事に興味を惹かれました。

　岐阜県郡上《ぐじよう》郡白鳥《しろとり》町石徹白《いとしろ》の白山中居《はくさんちゆうきよ》神社の関係者から、平泉の中尊寺に一通の案内状が届く。それは「藤原秀衡公寄進の虚空蔵菩薩像の収納庫が完成し、記念に模写した画像の開眼法要を挙行する」というものでした。

　中尊寺側ではその虚空蔵菩薩像のことは誰も知らない。それで中尊寺の貫主一行が現地を訪れる。中尊寺には人肌の大日と呼ばれる木造の秘仏、一字金輪仏坐像があるが、その特徴と極めて類似した金銅仏がそこに鎮座していた。一同は「間違いなく秀衡公の寄進したものと得心した」というものです。それで私自身も石徹白に行きました。すると、もう目も覚めるような眩い美しい虚空蔵菩薩がありましてね。

石徹白の上杉家の古文書によれば、秀衡の三男忠衡が一一八四年に父の名代で金銅の仏像二軀を籠に乗せて平泉を出発、美濃の白山中居神社と越前の白山中宮神社（平泉寺《へいせんじ》）に寄進奉納した、とあるんです。平泉の奥州藤原氏は白山信仰を持っています。白山記という中世の文書の中には、奥州の秀衡が加賀の白山本宮に金銅仏を寄進した記事がある。そういうことを考えると、平泉というのは一関にある小さな山間の地名に由来するものではなく、白山信仰と関係がある地名じゃないかと。

義経記《ぎけいき》には、義経一行が奥州落ちの途中、越前の平泉寺に立ち寄った記述があります。この寺は畿内と奥州を結ぶ交流の要衝にありました。それらを考え合わせると、越前にある平泉寺の「平泉」が奥州平泉の地名の起源になった、ということが確実だと思うのです。

その話を、いつか小田原での地名研究会の時に話したことがあるんです。古代文学研究で著名な国文学者の西郷信綱さんも来ていて、私の話を聞いていましたが「谷川さん当たり！」と言った（笑）。「当たり」っていうのはね、なんかギャンブルで当たったみたいであまりいい気はしなかったけど（笑）、西郷さんはそうおっしゃったんですよ。ですから地名が遠くから運ばれてくるということもあるんですね。
しかも白山中居神社の社伝によれば、上村十二人衆という小武士団が秀衡の命で、その仏像をはこんで奥州平泉からやってきた。その十二人衆の子孫がこの仏像を八〇〇年の長きにわたり守り続けてきたというのです。

大江 驚くべき話ですね。

地名の面白さ

大江 記紀万葉や風土記の地名が二一世紀の今も場所を変えず同じところに残っているのを見ると、地名が変わりにくく、持続する固有名詞であるということが明瞭である、と先生は書いておられます。現代に生きる我々は、それぞれ身近にある地名に、もっと深い敬意を払うべきだなと感じました。地名をないがしろにするのは非常にもったいない。

谷川 ほんとうにもったいないですね。たとえ記紀に出なくても、何か意味の深そうな地名がありますとね、それを無視する気になれません。たとえば、播州の赤穂《あこう》というのはね、アカマンマ（タデ科犬蓼）だという説があるんです。あの辺りにアカマンマがずっと一面生えているところがあるそうです。アカマンマだから赤穂、と考えると赤穂というのも何か親しみが湧くんですよね。

大江 赤穂というと塩田や赤穂浪士を思い浮かべますが、印象が変わります。

谷川 塩田とか赤穂浪士じゃなく、人間的な世界をもういっぺん自然に解き放つような力があると思うんです。そういうのはアイヌ語地名に非常に多い。

大江　現在の地名から、何百年も前の我々の先祖の生活が推測できるというのは、自分を知る上でも非常に意味あることですよね。

谷川　そうですよ。津軽半島の小泊《こどまり》の先に大きな渦が巻くところがあり、そこをピロウというんです。これはアイヌ語です。そのピロウの中にピリカメノコのピリカ、つまり、美しいという感じが重なって弘前という城下町の地名になったというんです。

地名は未来につながる

大江　最後になりますけれど、今各地の地名研究会などで地名研究に取り組んでおられる方が大勢いますが、先生はその方たちに何を期待されますか？

谷川　私は個々に地名を掘り下げることによって、日本の国土をモグラが土を耕すように（笑）耕したいという気持ちがあります。

愛国というのは、国家に対する愛情と、地域や風土に対する愛情と二つあるのではないか。その後者のほう、地域的な愛郷心には地名は欠かすことのできない、中心的な役割を果たす存在だと思うんです。なぜかといえば、風土そのものには人間の感情が入らないけれど、地名には日本人の郷土感情が入っているわけです。そういう地名の役割は非常に大きいと思うんです。

私は、日本の国土そのものに対する親愛の情を持つことが、国を愛することだと思います。その場合に地名は不可欠であると感じます。地名を知ることが自ずからその国、地域を愛する気持ちにつながってきます。そういうことから言えば、地名というのは小さいものであるけれども、大きな役割を果たしているという感じがしますね。

大江　地名は過去に留まらず未来につながるもの。

谷川　ええ、そうですね。人間は直線的に過去から未来に進めばいい、というものではありません。過去に帰ることによってこそ、未来に進んで行くことができます。温故知新《おんこちしん》という言葉もあります。過去を省みない限りは未来に進めないわけですね。その場合に地名は非常に大切な役割を果たします。日常的で身近なものであり、また持続的なものですしね。

十六　列島縦断　地名逍遥

無数にある日本の地名

大江　『列島縦断　地名逍遥』は二〇一〇年に冨山房インターナショナルから出版されました。先生は「地名は大地に刻まれた百科事典の索引」と言っておられます。

谷川　日本の地名は歴史、地理、民俗、言語、地質、考古、動物、植物などの学際的な性格を含んでいるところに特色があります。しかも地名の数が非常に多いのです。

それは先史時代からでして、人が住んでいるところには地名がついている。一つの集落に何十、ところによっては何百とあります。

たとえば東北地方の太平洋岸を見ても、青森から岩手の三陸海岸、宮城県の石巻あたりまで、まさに岩にくっついた牡蠣《かき》殻《がら》のようにずっと地名があるわけです。アイヌ語らしきものも含め、あまりにも地名が多過ぎ、その重要性が理解されていない。

そもそも地名というものはお金になりませんからね。たとえば縄文時代の土器や鎌倉時代の鎧、室町時代の陶器のように、各時代を代表するような芸術品なら値段がつきますが、地名にお金を払うということはありません。

私は日本の地名は飲み水のようなものだと思っています。山の冷たい湧き水や谷川の水を掬《すく》って飲んだことがあるでしょう。それを外国でやったら、たちまち腹痛を引き起こす。外国では飲み水を売っていますが、日本では水はタダだと思っている。日本人にとって地名は当たり前過ぎる存在なのです。

日本の地名は単に場所を示すだけでなく、いろいろな要素を含んでいます。それをさまざまな角度から研究する。とりわけ歴史や地理、考古学、動物、植物などの点から地名を眺めると、意外なものが見えてきて興味が尽きません。

地名は貴重な文化財

大江 日本の集落のできかたは自然発生的であり、それが地名に反映しています。

谷川 日本には大平原がなく、海・山の間に自然発生した小集落が村落を形成し、やがて都邑《とゆう》に発達したものがほとんどです。それらの村落は、自然の地形に順応しながらできています。山の民、海の民の営みから生まれたのが地名であり、これが地名が太古から今日まで続いてきた由縁です。

日本の地名というのは、大陸の計画性を伴う大平原文化とは根本的に異なった環境で生まれたものです。村という閉じられた世界で、隣の村と無関係につけられている場合が多い。そのため地域ごとに特色がある。

しかし全国的に共通な地名もあります。たとえば地質、地形が同じだったりすると、同じような地名が生まれるわけです。普遍性の上に集落の特殊性が載っている。それが日本の地名の特徴ではないかと思います。普遍性と特殊性、それを探究するのが地名の楽しみです。

大江　先生は地名というのは現在に至るまで毎日使われている遺産であり、その過去の蓄積がないところには未来はない、とおっしゃっておられます。

谷川　文化財の中で、先史時代のものが今もって使われているのは地名以外にはありません。たとえば対馬とか壱岐というのは、三世紀の魏志倭人伝に出てくる地名であり、それが二一世紀の今日、日常的に毎日使われているわけです。一八〇〇年間、同じ地名が使われている。その地名を使わなければ生活ができない。そのような文化財は他にありません。これは地名の特質だと思います。ありふれているものこそいちばん貴い。

民俗学も同じです。社会で言えば、上層階級でも下層階級でもない、中間層が大部分を占めている。その彼らの、十年一日の如く繰り返される当たり前の生活慣習が民俗学ではいちばん大切です。地名もありふれているからこそ大事だと言えるのです。これは逆説でもなんでもない。ありふれているものこそいちばん重要なのです。

地霊というもの

大江　土地には地霊が宿るものと信じられていました。

谷川　土地に魂がある。それは、土地が人格を持っているということになるわけです。その人格を表すものとして地名がある。つまり地名は単に場所を示すものではありません。土地の中にさまざまな要素があって、それをアニマといってもよいのですが、そこから地名が出発している。川にも、山にも、林にも、森にも皆アニマがあって、そこに名前がついているわけです。ですから、地名を遡ればアニミズムの世界にまで行くのです。

大江　万葉集の柿本人麻呂の歌に地名が数多く出てきますが、人麻呂の歌からは「地霊を鎮める」という呪術的な意味合いが伝わってきます。

谷川　地霊がいる土地を歌うのですから、その土地を褒めることになりますね。また地霊が去る場合はその土地が荒れるわけです。その時は土地に対する哀惜の歌になる。このように、土地を抜きにしては万葉の歌は生まれないのです。

枕詞には具体的な意味がある

谷川　「ともしびの明石大門に入らむ日や　漕ぎ別れなむ家のあたり見ず」という人麻呂の歌がありますが、「ともしびの明石」という言葉には私の独自の解釈があります。

これまで「ともしびの明石」の明石は、海中に硯石《すずりいし》の原料にもなる赤い石が採れるのでその名が付いた、といわれていました。吉田東伍の『大日本地名辞書』もその説を取り上げています。しかし、それは間違いだと思います。「明石」の前に「ともしびの」という枕詞がありますから、明石は「ともしび」と繋がっているに違いない。ではそれが赤い石でないならば、その「明石」とは何か。

能登の七尾湾のちょうど入り口に鹿渡《かど》島という小集落があり、その目と鼻の先に観音島という、なにか手のひらにでも載るような小さな島がある。そこに観音堂がありまして、常夜灯をいつも絶やさない。

私はそこに調査に行きましたが、七軒の家がありまして、毎日一軒ずつが交代で夕方、観音堂に明かりを灯す。三六五日そうしている。小さい明りなのですが、出入りする船から良く見えるのだそうですね。この灯明が夜間の航行に非常に役に立ったと聞きました。それを明石にも当てはめて考えてみたのです。

昔、松の根を切って燃やし灯火にした。それを「あかし」と呼ぶ地方は全国にある。これは近代に至るまでありました。明石海峡は非常に潮流が激しく、難破する船が多い。それを避けるために、万葉の時代から海岸でともし火を焚いたに違いない。それで、「ともしびの明石」という言い方が生まれたのではないか。私はそう考えています。

明石に住吉神社があります。住吉の神というのは、神功皇后の新羅征伐の際に船を先導したことでもわかるように、航海の神です。その明石の住吉神社には灯明台が奉献されておりまして、そこでは、松の根を割いて、それを石の鉢の中に入れて焚くんですね。結果的にその灯明台が、海峡を通る船の目印の役割をずっと果たしてきている。

枕詞は単に抽象的、観念的に考えられたものではない。生活と密接な関係のある具体的なものを根拠として、枕詞は生まれているのです。

大江　先生が明石の由来に気が付かれたきっかけが興味深いですね。

谷川　実は私はその時、淡路島に渡っていたのですが、風邪をひきまして、島の北端にある岩屋温泉の宿屋で半日寝ていたのです。そこは明石海峡に面しており、さまざまな形の船が東へ西へと途切れなく行き来する。これはすごいなあ、と思いました。

日本書紀や古事記に「速吸《はやすい》の門《と》」というのが出てきます。それは豊予海峡だという学者達の説がありますが、とんでもない間違いで、それは明石海峡以外にあり得ないと私は思います。

速吸というのは水が渦巻き流れの速いところ、という意味ですから、九州と四国の間の豊予海峡なんかじゃない。それで、明石と岩屋の間の狭い海峡であるということがわかるのです。ですから、明石海峡には船の危険を防止する何らかの施設が、万葉の時代からあったに違いないと推理できるのです。

「ともしびの明石」は灯火に由来する。私はこれが正しい解釈ではないかと思っています。少なくとも歌人の塚本邦雄は褒めてくれました。

東歌の地名の力

谷川　ところで万葉集の場合二種類の歌があって、一つは正述心緒（正《ただ》に心緒《おもい》を述《の》ぶ）。物に託さず、自分の心をまっすぐに歌う。もう一つは寄物陳思（物に寄せて思いを述《の》ぶ）。物にかこつけて歌う。この分類は柿本人麻呂の手になるものと言われています。

私は寄物陳思の歌が東歌《あずまうた》だと思う。物がないとその歌は成立しない。地名というものに言寄せて思いを述べる。これが万葉集巻十四に見られる東歌の特徴です。

東歌は、自分の生活の中の地名を詠んでいる。あくまで生活人として接触した地名に限定しているわけです。そこが貴族とか知識人が歌った地名とは違うところです。

詠まれた地名の範囲は非常に狭いけれど、生活の喜び、悲しみ、哀感が色濃く滲み出ているわけです。ですから切ない思いを抱かせる歌が多い。宮廷の歌や貴族達の宴の歌は、生活と遊離し、切迫感がありません。一方、東歌の、夫を防人《さきもり》に送る時の妻の歌などは、恋愛とは異なる何か切迫した悲しみがあります。

大江　東歌は、もともとその地の民謡のようなものですから、地名や風景は歌う人達によって共有されています。

谷川　そうですね。詠み人知らずといいますか、不特定多数の人達が共有する歌ですからね。ですから、地名が積極的かつ重要な意味を持っているのが東歌、と言えると思います。

姨捨山の意味するもの

大江　歌枕として名高い信州の姨捨《おばすて》山の名の由来は、実に意外でした。

谷川　姨捨山というと、棄老伝説に基づいた名前だと思いがちです。でも吉田東伍の『大日本地名辞書』によりますと、姨捨の語源は「おはつせ」なんですね。

そこにはかつて古代氏族の小長谷部《おはせべ》が居住していた。「おはつせ」というのは「果つ瀬」。死者を葬ったところなんです。元はといえば大和の国の大和平野から伊勢に行く道、あの有名な長谷寺の辺りは「初瀬」なんですね。死者を葬ったところなのです。「はつせ」に「お」が付けば「おはつせ」になるんです。万葉集に「はつせの山」というのが何首も出てきますが、皆死者を葬った山です。

私が小さい時、母が「○○さんがとうとうおはてになりました」と言うのをよく聞きました。「はてる」ということは死ぬことですから、「はつせ」というのはその死者を葬った場所である。その「おはつせ」が「おばすて山」になる。

要するに人を葬ったところが「おはつせ」で、それが「おばすて」に転化したというのが吉田東伍の説で、私も炯眼《けいがん》に感服しました。

大江　姨捨山という歌枕に魅かれて芭蕉が旅に出ます。それが『更科紀行』の「俤や姥ひとり泣く月の友」の絶唱となる。

谷川　そうなりますと、子供に捨てられた姥が月夜に一人泣いている、ということに転化していきますが、俳句の独立性から考えれば、それはそれで当然なことです。

大江 それが歌枕の魅力ですね。

谷川 意味が変わっても、地名としてはそれなりの意味を持つわけで、別に咎めだてる必要もありません。

地名の謎解きの面白さ

大江 先生は、日本の地名は幾つもの解釈を許す、これが非常に面白いところだ、とおっしゃいます。

谷川 地名は切子細工のガラス器のようなものです。光線が、一方からだけでなく、あらゆる角度から入ってきて中心で交わる。それで、いろいろな解釈ができるわけですね。

たとえば「耳取《みみとり》」という地名が鹿児島県の枕崎のそばにあります。耳取峠というのです。私も行きましたがずいぶん遠いところです。

そこは島津藩が朝鮮の役に出兵して朝鮮人の捕虜を連れ帰り、そこで耳を切ったところだ、という説があります。また風が非常に強くて耳がちぎれるぐらいに冷たい。それで「耳取峠」と。ところが岩手、秋田、山形の各県にも「耳取」という地名があるんですね。そうすると捕虜の耳を切ったという説は妥当でない。風が強いから「みみとり」というのも短絡的な感じもします。

一方「みみとり」というのは大地の縁だという説があります。「みみ」というのはパンの「みみ」と同じ、縁のことをいいます。取はそれを縁取る。どうもそれが妥当かなぁと私は思うのですが、はっきり断定するわけにはいきません。そのようにいろんな解釈ができる。それが地名の謎解きの醍醐味ですね。

「矢」の付く地名、たとえば「矢櫃《やびつ》峠」とか「矢越《やごし》」というのがありますが、そこには大きな岩があるのです。源義家が奥州征伐の折、弓矢を岩の傍らに奉納したなどと言われている。だけどほんとうは、「や」というのは岩なのです。「耶馬渓《やばけい》」の「や」もそうではないか。ですから「や」ひとつとってもいろんな解釈ができる。

大江　先生の主宰される地名研究会で多くの参加者が地名に関する自説を述べるのをみると、地名がいくつもの解釈を許す、というところにおもしろさを感じていることがよく分かります。

谷川　「にわたり」という地名が奥州や東北にあります。これは鶏と関係して解釈する人もいれば、川の渡し場を意味する「荷渡り」という解釈もできますしね。今もっていろいろな説が併存しており、一向に決着がつきません。

大江　地名には歴史や人々の生業など、ありとあらゆる要素が入っています。そういう生きた地名を何の考えもなく、世間受けを狙って「南アルプス市」のように変え、もともとあった地名を殺してしまう。そのことの恐ろしさというのをますます感じました。

谷川　いかがわしい地名が多いですからね。

十七　海の夫人　青水沫 海境　うたと日本人

海の夫人

古代の恋物語

大江　先生の最初の歌集は『海の夫人』です。この歌集は一九八九年に河出書房新社から出版されました。歌は、古事記や日本書紀にある彦火火出見命《ひこほほでみ》と豊玉姫の物語が下敷きになっています。先生はなぜこのテーマを選ばれたのですか。

谷川　いわゆる海彦・山彦の山彦、彦火火出見命と海神の娘である豊玉姫が一緒になるのですが、やがて豊玉姫は海の彼方へ帰っていく。何となくもの悲しいだけでなく、海原の広さもそこに現れている。それは大きな恋物語のような感じがします。

豊玉姫が自分の生んだ子を渚に置いたまま去って行ってしまう。そこに、その女性の思い切りのよさがあります。その後、「自分はその子を養いたい」と申し出て来るんですね。ところが、「それは義において正しからず」、という言い方を日本書紀はしている。そしてその妹の玉依《たまより》姫が養育に当たることになる。

この中には、いろいろな問題があります。古代の男女の物語においては、女が男に見切りをつける。たとえば妻の伊邪那美《いざなみ》が夫の伊邪那岐《いざなぎ》と絶縁する。それから、天照大神と素戔嗚尊の姉弟の場合、天照が素戔嗚を追放する。そいうふうに、女が男に対して離別の申し渡しをするという点に興味があるんです。

それから産屋の話が出てくる。豊玉姫は産屋の中で、一匹のワニの姿になった。産屋の屋根が葺き終わらぬ間に、鵜葺草《うがや》葺不合命《ふきあえずのみこと》が生まれる。そういう民俗的な側面からも非常に面白いのです。

大江　この物語の舞台は、古事記によれば薩摩半島の西南部です。でも、先生は沖縄を「海の夫人」の舞台に設定しておられます。

谷川　そうなのです。ですから珊瑚礁を意味する干瀬や沖縄の動植物が出てきます。「沖縄」というところに、この歌のエキゾチシズムが感じられると思います。

異族の妻の悲劇

大江　なぜ「海の夫人」と名付けられたのですか。

谷川　そもそも「海の夫人」というのはイプセンのドラマの題です。海で生まれ育った燈台守の娘が老医師の後妻となる。そこに、かつて将来を誓い合った船乗りが現れ、女の心は揺れ動き結婚生活の危機に直面する、という話です。

このイプセンの劇を下敷きに、折口信夫が豊玉姫の物語を「海の夫人」として解釈し直しました。いったんは結婚したけれども夫と別れて海に去っていく夫人の物語、というふうに。

私はその折口の付けた題に非常に興味を引かれたのです。これを「海の娘」とした場合は普通の恋物語になるのですが、「海の夫人」ですと明らかに印象が変わってきます。夫人という言葉の響きにはちょっと憧れを感じる。娘というと限られた存在ですが、夫人は海原そのもの。私はそこに大らかで母性的なものを感じ、惹かれたのです。

単に相手に嫌気がさしたというのではなく、信仰上相容れないがゆえに去っていかざるを得ない異族の悲劇。何とも言えぬ切なさがそこにある。

折口信夫はこの解説の後で信太《しのだ》妻のことを述べています。信太の森の「怨み葛の葉」の話は説教節や浄瑠璃として流布しました。人に姿を変えた狐の葛の葉が、ある日、縁側に立って庭を見ていると、ちょうど菊の花が咲いている。それを見ているうちに狐の本性が現れ、顔が狐になっていた。そばに寝ていた子供が目を覚まし、「お母さんが狐になった」と怖がるので、葛の葉は障子に「恋しくば尋ね来て見よ和泉なる信太の森の怨み葛の葉」と書き残し、去ってしまう。

これも異族の妻の悲劇です。そういうところに興味をそそられたわけです。妣《はは》の国という言葉には、止むを得ず去っていった母を慕う子供の郷愁が込められています。これは子供の立場から言っている言葉です。そのようないろいろな要素があり「海の夫人」という題名にしました。

大江　先生がこの歌を作られたのは、一九八七年の暮れから八八年にかけてひと月足らず入院生活を送られていた時です。

谷川　その時五〇年ぶりに作った歌を歌人の馬場あき子さんの薦めで、「朝日新聞」の夕刊に何首か出したのです。

大江　その歌は現代の短歌とまったく違う世界ですね。

谷川　沖縄と古代が混然としているような雰囲気です。

私は日本の物語を沖縄に置き換えることは可能だと考えています。かつて日本と沖縄の関係を私は「父を異にして母を同じくする」と表現したことがあります。父は歴史であり母は民俗や言語などの基層文化である。歴史のほうでは反発しあうのだが、基層文化は共通しており親和力が働く。その共通性を持った部分、母的なものの繋がりにおいて私は沖縄を理解しました。この歌集の根底にはそのような思いがあります。

青水沫 海境

環礁に立つ白波

大江　第二番目の歌集は『青水沫《あおみなわ》』で一九九四年に三一書房から出版されています。

谷川　「青水沫」というのは昔、動物のみならず、木の葉も何もかも物を言ったというアミニズムの時代を象徴する言葉です。私はこの言葉を「出雲国造神賀詞」からとりました。日本書紀にも出てくる言葉です。要するに水のアワですね。水のアワも何かぶつぶつ言っている。私はこれを歌集の題名にした。

ところが大正十年に、窪田空穂《くぼたうつぼ》が『青水沫』という歌集を出しているんですね。後で気が付いたのです。それは馬場あき子さんが教えてくれた。「でも、まあ大丈夫。離れているから良いでしょう」と。

青水沫という言葉自体は北原白秋の歌の中にもあります。

「行く水の目にとどまらぬ青水沫鶺鴒《せきれい》の尾は触れにたりけり」

きれいな歌です。

大江　第三歌集の『海境《うなさか》』は一九九八年にながらみ書房から出版されていますが、なぜ海境と名付けられたのですか。

谷川　これは七十五歳くらいの時の歌集です。海境は海坂で、現世と他界の境です。私にとって海境という言葉には、沖縄の環礁、リーフのイメージがあります。私はリーフに非常に関心がありました。奄美の島の北部には少しあるけれど、日本の本土にはないのです。だんだん南に行くに従ってリーフが発達していきます。特に北風の強い海岸に発達するのですね。

潮が引くと姿を現すが、満ちると視界から消え、そこに白波が立つ。それを見ると、何か自分のいる現世と他界の両方を見渡しているような感じがするのです。
リーフ自体は自然の産物ですから、人間生活とはまったく関係がない自然の営みに過ぎないわけですね。人間と関係なく何千年も前からこの沖縄の海を取り巻いている。そのリーフのもつ人間への冷淡さ、それに私はたいへん興味を持った。人間に無関係な自然が、かえって人間という生き物を際立たせるわけですね。

大江　『青水沫』の歌の中でリーフを歌ったものがありますね。

谷川　月明の干瀬の白波永劫のいとなみけぶる夢のごとしも

これは私の好きな歌です。宮古島のすぐ傍の小さな島、大神島に行った時のことでした。大神島の家はみな山の中腹にある。私は知り合いのおばあさんの家に泊めてもらったのです。その日はちょうど十五夜。夜更けにふと目を覚まして外に出てみると、月光のシャワーが島全体を包んでいる。真夜中なのですが、島を囲むリーフに白波が立っているのが見えました。
夢のような感じなんですね。それは自分が夢なのか何なのか分からない。自然と自分とが分かち難いような風景なのです。

小さき者への思い

大江　先生の歌集では日本神話と聖書の題材が混在しています。先生は素戔嗚尊の立場で歌を詠み、ペテロの立場で歌を詠まれた。その根源は先生の幼児期にあるのではないかと私は思うのです。

先生はお小さい頃、死後の世界に並々ならぬ関心を持っておられました。そこに素戔嗚尊の向かう根の国、つまり常世に対する強い関心を持つきっかけがあったのではないか。

それからもう一つは法悦といってもよいような幼児期のキリスト体験です。その後それを追体験したくて青年期にカトリックに再接近されるのですが、結果的にキリスト教に絶望するという過程を辿られます。

谷川　ペテロは御存知のようにキリストを三度裏切るのです。その時、彼はイエスが「鶏が二度鳴く前に、あなたは三度わたしを知らないと言うであろう」と言った言葉を思い出し、泣き崩れる。

ペテロのような弱さが、どうしても人間にはつきまとっている。私はそこに共感を持つ。ペテロも後に殉教するのですけれど、パウロと違い、弱い人間なのです。その弱さ自体が人間の本来の姿を表している。人間は弱いのですよ、誰でも。

一方、私の素戔嗚尊に対する関心の有り様は、ペテロに対するそれとは違う。素戔嗚尊は天照大神により追放されて、根の国を彷徨《さまよ》う。これは古代的な興味でして、ペテロに対する人間的な興味とは違うのです。

私はキリスト教を捨てたのだけれど、隠れキリシタンは今でも好きです。隠れキリシタンの信者といってもいいくらいです。隠れキリシタンが日本にいたからこそキリスト教がかろうじて日本に根付いた、とさえ私は考えます。

カトリック信者の遠藤周作が「隠れキリシタンみたいなもの、あってもなくてもいい」というような侮蔑的な言葉を吐く。私の考えはその対極にある。私は小さい連中が好きなのです。いちばん好きなのは宮古や八重山の人たち。何も持ち合わせていない、高度成長の恩恵にもあずからない小さな人々。ああいう人たちは欲がない。

聖書でもイエスの後を付いて行くのが徴税人。税を取る人間だから軽蔑されている。それから遊女、浮浪者。そういう者たちがぞろぞろイエスの後を付いて行く。それが好きなんだなあ。私は偉大な英雄、天才には関係がない。彼らを仰ぎ見ていると首が痛くなります（笑）。

イエスは権威者に対して罵詈雑言《ばりぞうごん》を浴びせる。「白く塗りたる墓」などと言ってね。「お前の首に頸木《くびき》をかけて海の深いところに沈めてしまったほうがましだ」などと激しいことを言う。

だけれどイエスは小さい者を躓《つまず》かせることはありません。今日の日本でも一所懸命生活している小さき者たちがいます。老人介護に従事している人たちなどそうでしょ。動けない老人を助けている。歌から離れてしまいましたね。

不信の眼

大江　『青水沫』の中の

十字架にかかれるイエスを見詰めをりハシブトカラス不信の眼して
真黒き不信の声をあげつつもハシブトカラスわが中に生く

この歌の意味するところは何ですか。

谷川　イエスが槍で突かれて死ぬ。その後イエスが弟子たちの前に姿を現す。しかし、そこに居なかった弟子のトマスは復活したイエスの出現を疑うのです。「わたしはその手に釘のあとを見、わたしの指をその釘あとにさし入れ、また、わたしの手をその脇にさし入れてみなければ、決して信じない」。

後にイエスがトマスの前に現れ、彼に言う。「脇腹に指を差し入れなければお前は信じないのか」「あなたの指をここにつけて、わたしの手を見なさい。手をのばしてわたしの脇にさし入れてみなさい。信じない者にならないで、信じる者になりなさい」。

私はイエスの脇腹に指を入れなければ信じない男なのです。素直に信じるような高尚な人間ではありません。見ないと信じられない。どこまでも実証的にやらないと安心できない。やはり凡人凡庸の精神の持ち主なのです。

しょうか。

歌と民俗学

大江　柳田国男も折口信夫も谷川先生も歌を詠まれる。民俗学者が歌を詠むという意味は何でしょうか。

谷川　詠まなくても民俗学は成り立ちます。でも日本人として歌心があるわけだから、民俗学者が詠ってもよいでしょう。ただ、民俗学者の一部にはそういう主観的なものを排除しなければ学問ではない、と考える連中がいるのです。そういう者は、歌は歌人が詠うもので自分は民俗学者だから歌と縁がない、と思い込む。

ところが折口信夫の言葉を借りれば、歌はゴーストであり亡霊であるという。離れようとしても離れられない。折口は、歌は日本人のいちばん端的な心の表現であると考える。もう一つは民俗学自体が文学に近いということです。

私は民俗学者になる前、少年時代から歌を詠んでいる。つまり歌を詠む人間が民俗学をやっているわけです。民俗研究から歌を詠んだわけではありません。ひょっとしたら私は専門歌人になったかもしれない。中学の教師で先頃百一歳で亡くなりました山崎貞士先生、あの方は歌人でした。中学の時（自慢話で申し訳ないのですが）、その山崎先生に「谷川は一流の歌人になるだろう」と言われました。

大江　十五〜十六歳の時に作られた歌はほんとうに大人の歌という感じですね。

谷川　私はだいたいませた少年だったんです。斎藤茂吉よりは中村憲吉が好きでした。歌人でも、誰が嫌いで誰が好きということまで自分の中にあった。ざっと詠んだのではないのです。

大江　先生の歌心が民俗学という形で現れたのではないですか。

谷川　それはあります。散文的な形ではありますが。私は民俗学というのは日本人の畏れや憧れを追求する学問だと思います。ですから歌と同じなのです。憧れもあれば畏れもあるんですね。歌の場合は個人的な形ですが、民俗学は日本人の共同の願望、憧れ、悲しみを見る。私は個人性がいやになって、共同性に移っていきました。

　でも、また歌を作り出した。個人に帰ってももう大丈夫だ、と思ったのです。

うたと日本人

歌と呪力

大江　『うたと日本人』は講談社現代新書として二〇〇〇年に講談社から出版されました。この本の画期的なところは、従来の和歌の歴史の通説部分をあえて迂回し、宮廷以外の庶民生活の場における、もうひとつの歌の流れを追われたところですね。

谷川　歌というのは、その始原を考えると個人的なものじゃない、というのが私の考え方です。柳田がいみじくも言ったように、国民の「おもやひのもの」、つまり共有財産なのです。

柳田は、歌はもともと必ず聞いてもらう相手がいて、しかもそれは恋歌であった、と強調しています。私は一歩進めて、恋歌であるにしても、それは単に男女の間だけでなく、森羅万象の中での万物の親和力を持った恋歌、と広く捉えます。

原初的な時代に遡りますとね、やってくる悪い霊から自分を守らなきゃならないと誰もが思っていました。しかも、元来言霊《ことだま》には邪悪な力があると信じられていた。そして歌は相手を打ち負かすためのものであって、歌合戦に負けると相手の言いなりにならねばならない、というものでした。

そこから歌は始まったと思うんです。負ければ相手にやられるわけですから、負けぬよう言葉の呪力を駆使する。最初呪言のようだったものがだんだん歌になったのだと思います。

大江　「サカウタ」はまさにそういう性格の歌ですね。

谷川　そうです。何か意味不明な言葉を言って相手を惑わすところに「サカウタ」の意味があるわけです。ですから原初の歌は、相手をやり込めたり、相手に呑み込まれないようにするものだった。それがもともとの歌の意味合いだったと思うのです。

歌は芸術か

大江　柳田さんは、古今和歌集、新古今和歌集のような芸術性のあるものだけが歌なのか、という問題提起をされ、短歌は文学でなくてもよい、と結論付けています。

谷川　そうですね。みんながそれを共有して楽しめばそれでいい、というのが柳田です。彼は歌を、国民の喜びを多くするためのものである、と考えていました。後白河法皇は、乙前《おとまえ》という美濃の青墓の白拍子に今様を習ったりしています。梁塵秘抄で取り上げられた歌は、庶民の生活に根ざしたものです。

万葉集編纂後百数十年のあいだ、宮廷は漢詩が全盛で、和歌にとって暗黒の時代でした。その後、醍醐天皇が和歌を再興しようと考え、古今和歌集の編纂を命じ、和歌は復興するのです。しかしそれは六朝風の漢詩の影響を受けたものとなりました。

その暗黒時代においても歌は遊女社会の中で民謡の形で生き続けた。新古今和歌集にあれだけ力を入れておられた後鳥羽上皇も、新古今完成の一〇年後には連歌に熱中されました。宮廷の和歌に飽き足りなかったとしか考えられないですよね。でも、それは宮廷の歌にとって重要な意味があるのです。後白河法皇が今様を楽しまれ、後鳥羽上皇が連歌に執着されたという事実が、古今、新古今をはじめとする宮廷の歌の世界が完結自足しているわけではない何よりの証左でもあるからです。

大江　後鳥羽上皇は宮廷の歌と生活の歌の両方を大切にされました。

谷川　そうですね。後鳥羽上皇が亡くなる時まで側に付いていた亀菊《かめぎく》という女性も白拍子ですよ。遊女は人の前で面白おかしく御機嫌をとって遊ぶわけです。それが遊女の歌ですよね。だからまあ歌謡というか民謡のようなものでしょうね。それがないと、日本の歌は痩せ細ってしまったに違いないと思います。

歌の本質はダイアローグ

谷川　よく死刑囚が歌を作り始めるという話を聞きますが、ああいう土壇場で歌というものが出てくるんです。人間がぎりぎりの状況に直面した時に、自ずから歌が生まれる。歌がそういう時の大きな慰めになるんですね。

大江　どう言っていいかわからない気持ちを、五七五七七の定型に収めることによって、心が落ち着く。

谷川　ええ、そうでしょうね。もちろん俳句にもそのような効用はあるとは思いますが、死刑囚など追い詰められた人間の場合、俳句より歌のほうを選ぶのではないか。やっぱりあの後の七七が重要でしょうね。五七五だけだと叙景だけで終わってしまう可能性がある。後の七七で何か思いを述べるわけですからね。歌はそういう社会的に苦しい立場に追い込まれた人に詠まれる、という気がしますね。

大江　短歌はモノローグのように見えても、その底にダイアローグが秘められている、と先生はおっしゃる。

谷川　ええ、だいたい歌を作るということ自体がダイアローグなんですよね。誰も聞かない、あるいは誰も見ないものを作っても満足には至りません。それはモノローグのように見えても何かに訴えているんです。神であれ人間であれ、あるいは自然であれ蝶々であれ。そういう外界との緊張関係ですね。何もないのに歌を詠むなんてありえないわけですよ。

歌の起源について、片歌の問答体を一つにしたのが旋頭歌《せどうか》だと申しましたが、その片歌の中にすでに対話がありますよね。歌はもともと掛け合いに始まるわけですから、片歌を反復する問答形式の中にすでに歌の本質があるわけです。

古事記で倭建命と御火焼翁が片歌を取り交わす。「新治筑波を過ぎて幾夜か寝つる」「かがなべて夜には九夜日には十日を」。これは連句の始まりといわれていますよね。私はこの歌の遣り取りに、日本人の辿ってきた長い長い道のりが凝縮されている気がするのです。

歌に命を吹き込む地名

大江　先生は芭蕉を高く評価しておられます。

谷川　ええ、古今、新古今になりますと、歌が庶民の生活から遊離してしまいます。その後連歌あたりで少し庶民の生活に近づいていくのだけれど、まだ不十分なわけです。そういう時に芭蕉が出て、いわゆる歌仙をまいたりして庶民生活を俳句の中に取り入れる。

歌が庶民と接触するのは万葉以来、私は芭蕉の俳句が初めてだと思うんです。芭蕉が始めた俳句によって、初めて日常的な庶民生活の中に美の世界が確立された。それが芭蕉のすごいところでしょうね。

大江　芭蕉が地名に執着した、と先生はお書きになっておられます。

谷川　ええ、そうです。芭蕉ほど地名に執着した俳人はいません。地霊への信仰がなければ、あんなふうに地名を使うことはあり得なかったと思いますよ。それも、決定的な形で地名を使っていますよね。芭蕉は形骸化していた歌枕に命を吹き込んだのです。「雲の峯幾つ崩て月の山」「五月雨を集めて早し最上川」「蚤虱《のみしらみ》馬の尿《ばり》する枕もと」とかね。

折口は、歌枕の「枕」は動詞の「まく」と関係があり、神霊の寓するところという意味だと言っています。歌と地名は深い関係があるのですよ。

大江　歌枕に着目したのは西行ですね。

谷川　ええ、西行の場合は万葉です。万葉から歌枕は始まっている。その後「八代集」を経て歌枕がきまっていくのですが、芭蕉は西行のあとを追い、歌枕を訪ねています。しかし、単なるマンネリズムでそうしているわけじゃない。芭蕉の場合、そこに個人の足跡を見、地霊を呼び覚まし、それと自分とが一体化してしまうような気持ちがあります。だからああいういい歌ができるわけですね。もちろん地名を入れればいい歌ができるわけでもない。やっぱり地名にそれだけの思い入れがないとね。

大江　東歌は地名を詠み込みますね。

谷川　地名が非常にリアルな形で詠み込まれています。あれは単なる比喩ではなく、地名自体が生きて使われている。地名が土地の精霊として登場しているんですね。序詞の地名は土地の霊を呼び起こす大切な役割があるのです。地名は歌の生命と直結しているといって過言ではありません。東国の人たちには、自分たちは自然の一部にすぎない、という生活実感があるのだと思います。自然や物は自分の心と分かち難い存在なのです。

地名を入れ替えると歌が駄目になるということもあります。単なる比喩ですと、レトリックになっちゃいますからね。力がなくなりますよ。しかし万葉集の場合、序詞が、上の句、二句、三句と長く続く場合があるんです。その序詞自体にやっぱり何か力がある。実質的な意味があると思いますね。

大江　高校の万葉集の授業で「この上の句は序詞だから括弧で括って」などと言う先生もいます。

谷川　そうそう、序詞には単なる比喩としての意味しかない、と考えるのは間違いですね。それを掘り下げていけば実感に突き当たる。しかし、それを真似すると歌はだんだん力を失ってしまうのです。

短歌愛好者への苦言

大江　先生は俳句や短歌の現在の状況についてどのようにお考えでしょうか?

谷川　もともと和歌、連歌、俳諧は、柳田風に言えば「共同体の詩」です。長句と短句を交互に連ねる連句は、参加者同士の制約の中で個人が功名心に走ることなく、みなで楽しむという性格のものです。

ところが、正岡子規以降、「そういう対話性や唱和性は文学ではない」、と排除されるのです。それで文学的な功名心から、人が驚くような表現を案出したり振り仮名なしには読めぬ造語を使ったり、奇を衒《てら》ったものが大手を振って歩いている。その結果、集団の楽しみとは無縁の、非常に貧困なものになっているのです。密室でいい歌を作って相手を負かしてやろう、などとね。

今、歌を作っている人は多いですよ。だけど自分たちが歌壇で認められるために作っているかというと、そうでもない。要するに自分の気持ちを晴らすために作っているんですよ。それはそれでいいわけだ。そういうことで慰められるわけです。でも、作らなくてもいいような歌が多すぎます。

夫が亡くなった時、妻がそれを悼む歌が今すごく多いですよね。やむにやまれず作っているのはよくわかるのだけれども、それをそのまま生な形で出していいのか、という問題がありますよ。午前三時に旦那が死んで半日間私は泣きました、なんて歌を見ると、それはあんまりじゃないか(笑)、と思いますね。何も苦労しないでしょう。人の前にそれを出すときには多少気持ちを抑えるとか、何か違う形に変えるとかね。自分の感情を草むらや樹木に転換する。そうした何かひと工夫があって然るべきだと私は思うんですがね。

大江　同じ生活の歌でも東歌は違いますね。

谷川　東歌は民謡的なものが多い。そうすると、歌い継がれている間にレトリックが洗練されていきます。そういうプロセスがある。ところが、痴呆症になった旦那をあの世に見送る一家の主婦の歌を読まされると、もううんざりする（笑）。あまりにも安易な歌が多いですよね。これが歌か、というような、ただ三十一文字並べてあるだけの歌がありますからね。

大江　やっぱり歌というのは難しいですよね。

谷川　それは難しいです。人間性の深さとか修養によって表現が違ってくるんです。だから人間的な深みのない人の歌は、同じ事象を詠みましても、ちょっと違うんじゃないかと。それは歌以前の問題です。

十八　柳田国男の民俗学

他界観への強い関心

大江　『柳田国男の民俗学』は二〇〇一年に岩波新書として出版されました。柳田、折口両氏と谷川先生の共通点は、日本人の他界観への強い関心だと思います。その意味で谷川先生は柳田、折口両氏の正統の継承者であり、また、谷川先生の両氏の学説への鋭い批判も、二人への信頼の上にあるものと私は考えるのですが。

谷川　おっしゃる通りです。民俗学者の中には死生観とか他界観にさして関心を持たない人たちもおります。その人たちはたとえば民具とか生業には関心があっても、日本人の深層意識や観念にはあまり興味を抱かない。いろいろな葬送儀礼を克明に記録したり、あるいはお墓に対する興味を持つ人はおりますけれども、観念としての他界にさほど関心を持っていないですね。

一方、私の民俗学は「日本人とは何か、日本とは何か」という問いから出発したものですから、必然的に日本人の死生観、他界観に関心を持たざるを得なかった。それが柳田、あるいは折口との共通点ではないかと考えるわけです。

柳田は、死後の世界を想像するということは人間だけに許された特権である、と言っています。そこに私は共鳴しました。それは重要な視点だと思うのです。古代人の場合、生まれてから死ぬまでが人の一生というわけではなかった。つまり死んだ後の世界が存在すると。

大江 そこから、生まれ変わるという発想が出てくる。

谷川 「よみがえり」という観念は黄泉《よみ》から帰ることですから、再生の観念です。死んでもあの世で引き続き生活を営む、という考えがあってこそ、再生の観念が出てくるわけですね。

大江 よみがえりは日本人に特有の発想なのでしょうか?

谷川 キリスト教では、死んだら最後の審判までは復活しません。日本人だけとは限りませんが、日本人によみがえりの思想が顕著であるのは確かです。

庶民の霊魂観と柳田の資質

大江 なぜ日本人の死生観に関する学問が、柳田、折口から急に深まっていったのでしょうか。

谷川 柳田や折口はいつも庶民の中に入っていって話を聞き、それを自分の学問の養分としている。その点が宣長《のりなが》や篤胤《あつたね》と違うんですね。宣長、篤胤は書斎人なのですよ。民俗学というのは庶民の中に入っていかなければ成立しません。庶民は他界を信じているのです。ですから民俗学は当然他界のことを取り上げざるを得ない。また、柳田、折口による沖縄の発見が大きかった。他界からやってくる、神とも妖怪ともつかないものの観念が沖縄ではっきり把握できた、ということが、彼らにとって決定的な意味を持ったと思いますね。今日本土では不明瞭になってしまった他界の観念が、沖縄で非常に明瞭なかたちで迫ってきた。

もうひとつは、柳田や折口が文学者であって、しかも現世嫌悪、あるいは現実ならざるものに憧れる、という情緒の持ち主であった、ということです。私も同じような気持ちを持っておりまして、やはり他界に対する憧れがあるんです。

大江 柳田も折口も泉鏡花を非常に好んだそうですね。

谷川 ええ、泉鏡花のファンなんですよ、二人とも。折口は、「鏡花は黄昏《たそがれ》の文学だ」と言いました。黄昏というのは昼と夜のあわいです。昼を現世とし、夜を神の国や他界とすれば、その不分明な境界、領域の中で折口や鏡花の文学は成立しているわけです。柳田は青年時代、夕暮れを題材にした新体詩をよく作っています。そういうことで鏡花に対するシンパシーはあったと思います。

大江 神秘的なものに対する興味。

谷川 非合理なもの、あるいは超越的なものに対する気持ちがひとしお強かったのは、柳田も折口も同じだと思います。

大江 でも柳田、折口、谷川先生それぞれの他界観が違っています。同じ沖縄に足を運びながらそれが違うのは興味深いところです。

谷川 私の他界観は柳田と折口の中間のようでありながら、自分なりの他界観ではないかと思うふしもあります。暗黒の世界から出発する折口の他界観に私は与《くみ》しません。私のは、沖縄の夕方のべた凪《なぎ》の海、そのようなところで死者がしばしの休息を味わっているようなイメージなんです。一方、柳田は他界を暗い世界だとは考えていないようですけれども、私は東方に他界があるという柳田の考えには共鳴できません。

柳田民俗学の手法

大江　柳田さんの著作の中でも、『先祖の話』や『海上の道』は非常に特異な地位を占めていますね。

谷川　ええ、『先祖の話』は日本人の霊魂の行方に照準を当てております。一方、『海上の道』はどこから日本人がやってきたか、その道順をいろいろ論じています。椰子の実だとか宝貝のほかに、柳田の幼年時代、身近な存在であったクロモジやズズ玉などの強烈な印象を、日本人の渡来の問題など壮大なテーマにつなげていく。大きなものを論ずる時に小さな日常的な見聞を持ってくる。これは普通の人にはなかなかできません。

大江　『海上の道』の究極の主題は、日本人はどこから来たかという民族渡来の問題と、日本人の魂はどこへ行くかという日本人の死後の世界の探求だ、と谷川先生は言っておられます。

谷川　このふたつの問題は微妙に重なり合っています。他界というのは人が死んだ時に行く世界であり、それは時間的な他界です。ところが空間的な他界もある。それは日本人がやってきたその根源です。そういう空間的な他界と時間的な他界が微妙に重なり合い、もつれ合っているのが日本人の常世観だと思いますね。

日本書紀には常夜という字を用いているところがある。暗い死後の世界というのは時間的な他界なのです。一方、常世という表記にある「世」という字は稲を指す場合が多い。いつも稲が実っている世界、というと南方の島々を思い出しますね。それは空間としての他界なのです。

それらがひとつの言葉の中に重なっているのは実に絶妙な感じがするわけですよ。だから他界と一言で言っても、日本人の気持ちが時間的な他界と空間的な他界との間を揺れ動いている。そういう感じがいたします。

大江　柳田さんは民俗学の手法を学問的に確立しました。自己を内省することによって日本人の深層意識、集合的無意識というところまで辿り着く。

谷川　柳田は、日本人の歴史の終着点は自分だ、という考え方だと思いますね。過去のいろんな痕跡は自分の中に全部ある。ですから自分の気持ちや在り様を内省すれば、民族の深層意識に到達することができる、と考えたのではないか。つまり現在を出発点として過去に遡行するというのが民俗学の手法ですよね。

近代主義者は、古代以来の過去の衣装を次から次へと一枚ずつ脱いでいって、裸になったのが近代である、と考える。それに対し柳田は、古代的なもの、あるいは封建時代のものもまだ自分のところに残っている、という考え方から出発している。だから、『海上の道』のズズ玉やクロモジの話でもわかるように、自分を省みれば古代に辿り着くことは可能である、と柳田は考えるのです。

エリートとしての視点

大江　日本人の集合的無意識まで下りていけるのは、研究者が日本人の宗教観を保有しているから可能なのであって、日本人が他の民族を同様な手法で分析するのは非常に難しいですよね。一国民俗学批判もありますけれど、私は柳田さんのほうに理があると思うのですが。

谷川　集合的無意識というのは個性を超越した世界だと思うのです。日本に限らず、集合的無意識はどこの民族にでもあるわけですから、比較することはできるだろうと思います。ですから柳田でもそれは比較可能だったと思いますね。

大江　学問の対象外と思っていた常民の生活に着目した、というところも画期的ですね。

谷川　江戸時代の後期あたりになりますと常民の生活の記録が出てまいりますが、それはディレッタントというかね、覗き趣味みたいな感じで、常民の生活を面白おかしく書いている場合があるんです。それとは異なり、常民の生活の中に今までの学問にはない思想や心理が存在する、ということを言ったのは柳田が初めてだと思います。

柳田や折口は庶民の世界に分け入って行きます。柳田の場合、治者の心というエリート意識で庶民の中に入っていった。私はそこに興味がありますね。エリート意識という意味では渋沢敬三も柳田と似ているかもしれません。それが宮本常一と違うところですよね。

折口の場合はアウトロー的な人間ですから、法の枠外の視点で見ている。芸能集団などをそういう目で見たというところに折口の特色があると思うのです。

柳田は常民の世界を真正面に見てはいるのですけれど、折口と違ってエリートの目で見た。いつも国のことを考えるのがエリートですからね。明治時代、国家のことを考えないエリートというのはいないわけです。絶えず、日本の国はどうか、日本の民族はどうか、という考えで民俗学を探求していくことに特色がありますね。

大江　西洋の物差しで日本を計る風潮がまかり通っていた中で、自分自身で発見した物差しを使い、学問を展開していくところが素晴らしいですね。

谷川　日本を計る物差しと欧米や中国など大陸国家の物差しとは違う、ということです。大きな物差しで小さい日本を計ったら、日本はその中に吸収されてしまいます。しかし物差しが違えば大が小に吸収されることはあり得ません。それぞれ尺度が違った世界ですからね。得てして日本の学者は欧米の学説をただ紹介し、それで事足れりとしているけれども、それは学問としては哀れなやり方ではないかと批判しています。

山人論の再評価

大江　それから谷川先生は柳田の『山の人生』を取り上げておられます。谷川先生の御著書である『白鳥伝説』の中で、『白鳥伝説』は柳田が南方熊楠と論争して破れた山人論の再評価の書でもある、と言っておられますね。

谷川　柳田は先住民族としての山人の存在を主張しましたが、その証拠として提出した事例があまりにも近代的で、南方熊楠から批判されています。南方は、柳田の言う山男は「ただの男が深山に住む」に過ぎず、とても山男とは言い難い。自分の伝え聞いた山男は丸裸に松脂《まつやに》を塗り、毛むくじゃらで言葉も通じぬ、学術的にいえば原始人類ともいうべきものである。原始人類は遠い昔の日本にはあったかもしれないが、今の日本には決していないはずだ、と言う。それに対して柳田は、時々里に下りてきて米を買うような山人がいてもおかしくない、と反論はしています。そのうちに柳田は南方に立ち向かう気力をなくしていきます。

しかし私は蝦夷《えみし》という歴史的な存在を中間項に置き、かつて蝦夷がそういう山人の流れであったというふうに理解すれば、現代とのつながりもまた可能である、と考えます。

近代思想史を豊かにした柳田

大江　柳田さんの学問を批判する人は大勢いますけれど、自分で学問的手法も確立し、非常に広範な分野について立論していって、これだけのことを遣り遂げられた柳田さんという人は天才だなと思います。

谷川　そうです。柳田の裾野の広さというのは空前絶後ですね。さっきから言うように、日常的な取るに足らない小さいものに目を配りながら、それを高みまで押し上げていく。

個々の欠陥はあったにしても、もし柳田がいなかったら日本の近代思想史というのは実に寂しいものになっただろう、と私は思うのです。私は、柳田がいなければおそらく物足りない人生を送ったと思いますね。

十九　独学のすすめ　折口信夫

独学のすすめ

独学の魅力

大江　『独学のすすめ』は、人物論に関するそれまでの講演や論文をもとに加筆修正し、一九九六年の一〇月に晶文社から出版されました。谷川先生御自身、独学で民俗学の体系を打ち立てられたわけですけれど、独学の意義についてお話し頂きたいと思います。

谷川　学問は、大学などで学生が先生から教わり、そしてその学生が教える立場になっていくのが普通なんですね。しかしそれは言ってみれば世襲の学です。江戸時代に二千石の侍がいたとして、その二千石の禄高を息子が受け継ぎ、また孫が受け継ぐという世襲、それがアカデミズムの中にもあるんです。

独学というのは、いわば戦国時代の国盗り物語のように、自分の腕力で他人の領地をうばい、領地を手中にする。ですから独学には世襲の学問のような方法論の伝授のようなものはなく、自分なりの方法論によって行動する。
一方、自分なりの方法という時には、やはり独り善がりになりがちで、それが非常に危険なんです。ではどうすればいいか。私は見聞を広げることが第一だと思います。郷土史家は自分の郷土だけに独特なものがあると思っている場合がよくあるのですが、一歩外に出るとそれは他のところにいくらでもあるという場合が多い。ですから狭い郷土史的な史観ではなくて、全国を回り、あるいは海外まで見渡して、絶えず比較検討しながら自分自身の考えを是正していく、ということが必要だと思います。
旅というのは学ぶための絶好の機会なんです。自分と考えの違う人たちがいるし、自分に共鳴する人たちもいて、比較検討できるわけです。ですから独学者は世襲の学のように書斎で安閑と日を過ごすわけにいきません。

大江　独学者は自分で方法論を打ち立てるわけですから、ほんとうにそれで間違いがないか、自分自身で常に疑いながら学問を進めていくことになります。

谷川　アカデミシャンのように自信があるわけじゃない。自分だけの考えですから。しかし長所もあります。
大学なんかでよく目にすることなのですが、先生の学問を弟子がそのまま受け継ぐのではなく、それと反対の説を唱える場合も多いんです。自分を世間に知らしめるには師説を乗り越えなきゃいけないということです。師のほうからいえば、ある意味では裏切り行為なんですね。そこに陰湿で、敵対的な人間関係が当然生まれてくる。

その点、独学者は先生がいないわけですから、裏切る相手もいない。そういう大らかさがあります。また、独学の場合は、自分が好きな先生に教えを請うことも自由なんですね。自由さがやはり独学の魅力だということが言えます。

柳田批判の難しさ

大江　谷川先生は、柳田国男さんや折口信夫さんの説を尊重しながらも、両師への鋭い批判を敢えてされました。

谷川　柳田の側近は、柳田に面と向かって批判はできないわけです。その点私はある程度の距離を保っていましたから、そこはわりと自由でした。

柳田が亡くなったのは一九六二年ですが、私がものを書き始めたのはだいたい一九七〇年。『青銅の神の足跡』を書いたのは一九七九年です。柳田の生きていた時にはとても『青銅の神の足跡』のような文章を書くわけにはいかないんですね、真っ向から柳田批判をしているわけですから。

柳田を尊敬しながらも、柳田の説の不備を批判することが許されるのは柳田が亡くなって二〇年くらいしてからですよ。亡くなって一〇年目くらいまではまだ側近が生きていまして、こちらが批判めいたことを言えば、柳田に対して弓を引いたみたいな目で見るんですね。それも不本意なので、なかなか批判しにくい状況でした。ですから、私が柳田が亡くなってしばらくしてから民俗学の仕事を始めた、というのは非常に幸いだった（笑）。

大江　谷川先生の柳田批判と昨今の安易な柳田批判とは全然違う、と私は感じておりました。

谷川　私は柳田をほんとうに尊敬し、生涯の師だと考えておりますからね。でも、柳田の学説を批判するのは許されることだと思っています。それは学問ですから、お互いに違ったことがあったっておかしくないわけです。柳田を丸ごと批判するというんじゃない。『青銅の神の足跡』のあとがきにも書きましたけれど、やっぱり柳田には大恩がある。『青銅の神の足跡』で柳田の説を批判したのは柳田が胸を貸してくれたことへの恩返しの意味がある、と書きました。

超人的な宮本常一

大江　独学者の典型である民俗学者の宮本常一氏は、たいへんエネルギッシュな方だったそうですね。

谷川　ええ。私が『風土記日本』と『日本残酷物語』を企画編集した時に、宮本さんのお力を借りましてね。これは両方ともベストセラーになりましたが、宮本さんがいなければ、とてもできるような仕事ではありませんでした。

ほんとうにすごい人だということを最初から感じました。超人的と言ってもいいくらいエネルギッシュでしたね。一晩でだいたい四〇～五〇枚の原稿を書いて翌日持ってくる、ということをやっていました。どこからそういうエネルギーが出るのか私も驚嘆するだけでね。一方、理解に苦しむというか、ちょっと変わった感じの人でもありましたけれど。

大江　自分の方法論に対する絶対的な自信をお持ちだったのでしょうね。

谷川　宮本さんは方法論みたいなものは持ち合わせてもいなかった。ただ庶民にできるだけ密着し、普通の人が行かないような日本の隅々まで行って、そこから学んでくる。そのセンスは素晴らしいものがありました。我々が同じような場所に行っても、宮本さんほどテーマを発見できるかどうかまったくわからない。

またその再現力がものすごいんですよ。それはあの名著『忘れられた日本人』の文章を読めばわかります。現地で見聞したことを後日書くわけですが、ある時は数ヵ月、またある時は数年のちになって、細部まで、聞いた当時のままのように書くんです。

当時はテープレコーダーもなく、メモしかありません。もちろん宮本流に表現している場合が多いと思いますけれども、そう思わせないだけの迫真力、再現力にはほんとうに驚嘆します。これは柳田にだってできなかったと思います。それがやはり『忘れられた日本人』という一級の書物の成立事情だと考えますね。

ただし宮本さんは周防大島の人ですから、たとえば土佐の檮原《ゆすはら》の乞食の話でもね、あれは高知と愛媛の境のあたりの話なのに、その方言はどうも周防大島の方言のように感じるところがあります。対馬の場合もそうです。だけど素晴らしい人でしたね。

大江　宮本さんが「私は谷川さんに発見された」と言った、と先生が書かれていました。

谷川　宮本さんが病気で臥せっていた時、見舞いに行きました。その頃、宮本さんは渋沢敬三さんの大きなお屋敷の玄関番をしていたんです。

玄関のすぐ後ろに三畳くらいの部屋があって、そこの壁際には本がぎっしり積み上げられていた。その前に敷かれた煎餅蒲団《せんべいぶとん》に、宮本さんが「胃が痛い」と言って寝ているんですね。その掛け蒲団を見たらね、端午の節句の時の幟《のぼり》を利用して、蒲団のカバーにしているんです。その時に、ああ、私が今考えている『風土記日本』の企画は成功する、と直感的に思いましたね。こういう人と一緒にやる仕事ならば必ずうまくいくと。それは編集者の勘でしたが、その時にもう大丈夫だという感じがしました。

その後、新宿駅の地下道で宮本さんとばったり出会ったことがありまして、その出会い頭、宮本さんが唐突に「私はあなたに発見された」と言ったんですよ。私は思いがけない言葉だから、びっくりしました。よほど宮本さんも嬉しかったんだと思います。

実践する民俗学者

谷川　あの人は旅行でもね、汽車の中でコーヒーとパンを買って、それで済ませたり、旅先で持参した蕎麦粉《そばこ》を練って食べていた。また、温泉などにまったく興味がありませんでした。言うなれば菅江真澄《すがえますみ》のような人ですね。菅江真澄も一生涯旅を続けたわけですからね。

だけど宮本さんは郷里にときどき帰ったんです。そして田植えをしたり、持っているみかん山でみかんも作った。だからみかんの話とかサツマイモの掘り方とか牛の見分け方など、ものすごく詳しいんです。それで我々は度肝を抜かれちゃうわけですよ。普通の研究者はそこまでいかないでしょう。民俗学の研究者で田植えができてみかんを作ったのは、宮本さん以外にいないんですよ。

そして単なる実行派じゃなくて、知識も実に豊富でした。宮本さんは自治体なんかからも頼りにされました。あの二〇〇四年の地震の被害で知られるようになった新潟県の山古志《やまこし》村でもね、今では地元の呼び物になっている「闘牛」を、何十年も前に「やりなさい」と勧めたのは宮本さんですからね。

それから周防の猿回し、あれも宮本さんの助言によるもので、今も続いています。ここはみかんを作る、ここはお茶を作る、ここは真珠を養殖する、とずっと言って歩いているわけです。

ところが、日本の村落共同体が六〇年代の後半から崩壊していく。そうすると、宮本さんのせっかくのアドバイスが生かされなくなるんですよ。日本の農村、漁村、山村の崩壊が早く、しかも短い期間にやられちゃったから。しかし、宮本さんはそれに気付かなかった。あるいは気付こうとしなかった。そこが宮本さんの悲劇ですよ。僕はね、宮本さんはお人よしだなあと思うんですよ。最後まで日本の村落社会の崩壊を気にしていなかった。

だけどほんとうはそこで考えてほしかったんです。政府は一九七〇年代から休耕を指示しているんです。弥生時代から孜々営々《ししえいえい》として米作りに励んできた日本の農民に、米を作るなと政府が指導したんですよ。これはひどいものですよね。だけど、そういう社会の激変に対して宮本さんがどう対応しようとしたのか。そのあたりが私にはわからない。

大江　そこが農政の専門家でもある柳田国男と違うところでしょう。

谷川　そうかもしれませんね。政策論みたいなものには関心がなかったんでしょうね。

碩学白川静

大江　先頃亡くなられた漢字の研究者、白川静《しらかわしずか》先生も典型的な独学者です。その白川先生の立派なところは、世間の自分に対する評価などまったく無関心で、研究に没頭されておられたことです。またこの分野でノーベル賞というのがあったら間違いなくそれに値する研究だろうなと思います。

谷川　そうですね。日本はもとより中国の学者で金石文や甲骨文に白川先生ほど精通している学者はいないわけですからね。まさしく世界的な学者です。白川先生は、独学者であるがゆえにアカデミズムのほうからの評価がひどく遅れました。しかし白川先生はそのことは気にしない。後で文化勲章などいろいろな賞を受賞されましたけれども。

有名な話に、菊池寛賞の受賞式に、京都から上京したのですが、家に戻ってから「授賞式に出たために一日研究を損した」と言った話がありますね（笑）。

大江　亡くなられる直前まで研究を毎日続けておられたそうですね。

谷川　死というのは白川先生とっては不意に来たようなものでね、晩年も別に死を意識して仕事をしたわけではないと思いますよ。そういう点ではほんとうに稀有な学者だったと思いますね。

大江　『谷川健一全集』のパンフレットに、九十五歳間近の白川先生が推薦の一文を寄せておられますね。

谷川　私にとってはね、学問的な知識という点ではもう月とスッポン、雲泥の差があるんですけれど、心情的にはどこか白川先生と共鳴し合うものがあったように私は思います。それは白川先生は万葉集が好きだということがある。ということは民俗が好きなんです。それから神様が好きなんですね。

白川先生の説は神様から来ているのが大部分です。それは折口と共通しているんです。私は折口に対して柳田と同じくらいに感化を受けています。白川先生もほとんど折口と近いような説を立てているんですよ。そういう点からいって白川先生の説は非常に親しみが湧くんです。神様に偏った解釈だ、という批判もあるようですけれど、私はそれでいいと思っています。

大江　漢字は約三五〇〇年前にできたわけですけれど、白川説によれば当時の呪術が元になっている。

谷川　ええ、そうですね。だから白川先生の説は、神といっても悪霊が中心ですよ。それは非常に原始的な神なんです。たとえばアイヌの神というのはみんなそうです。白川先生の神は決して儒教的でもなければ道徳的でもありません。

大江　「道」という漢字は、異族の地を通る際、その地の邪霊の災いを避けるため異族の生首を手に持ってその呪力で祓い清めたという、きわめて呪術的な字だと白川先生は書いておられます。

谷川　そうですね、異をもって異を制する。日本でいえば、恨みをのんで処刑された大津皇子を二上山の頂上に埋めて、大津皇子の霊をもって大和平野に入ってくる悪い霊を退ける、という発想と共通したものがありますよね。

吉田東伍の天才性

大江　それから明治時代に『大日本地名辞書』を編纂した吉田《よしだ》東伍《とうご》も独学です。

谷川　これはもうほんとうの独学者ですよね。しかも超人間的な努力家であって、研究者としての一級の資格を持った天才ですよ。

大江　彼は現地を見ずに、どんどん断定していきますよね。

谷川　これがまた奇妙な話で、一三年かけて『大日本地名辞書』を完成させたのですが、単純計算でも一日に四百字詰原稿用紙で七枚くらい書かないと完成できない。だから旅なんかする暇がありません。

　でも、現地に足を踏み入れたような文章で、それがまた鋭い説なんですね。これはやはり天才でないとできないでしょうね。若くして世の中が全部わかるような天才がいるんですよ。吉田東伍はそういう天才性を持っていますね。

大江　学校に行っているような無駄な時間の使い方はしたくない、という人です。自分は図書館卒業だと公言して憚《はばか》らない。

谷川　今の中学にあたる英学校を十三歳と八ヵ月のときに中退ですものね。それでしばらく北海道を放浪するんです。そして放浪中に「落伍生」という名で田口鼎軒、田口卯吉の雑誌に投稿して、田口卯吉は兜を脱ぐ。当時、吉田東伍はまったく無名の浮浪者みたいな青年ですよ。その青年が、学問の分野でやり込める。これはちょっと考えられない。

大江　谷川先生と『大日本地名辞書』との出会いは重要ですね。

谷川　私が地名に関心を持ち始めた原因のひとつは、吉田東伍の『大日本地名辞書』の持つ魅力です。それがなければ、私は地名研究の世界にはまることはなかったと思います。

折口信夫

折口信夫の常世観

大江　先生が一九七〇年代に書かれ一九八三年に出版された『常世論』について、私は折口信夫の考えが下敷きになっていると感じたのですが、いかがですか。

谷川　そうでもないですね。というのは、私の『常世論』の根底には沖縄があるんです。私は青年時代に聖書を読んだのですが、そこには、悔い改めない者は地獄に投げ入れられる、というイエスの言葉がありました。仏教でいう因果応報ですかね。そのような考えがずっと青年時代からあって、その信仰をなくしてからも、何か体に染み付いた匂いのように取れないんです。

そのような時、沖縄に行って初めて、夕暮れの世界に死者が憩《いこ》っているような沖縄の思想に出会った。沖縄では墓をヨウドレと呼んでいます。ヨウドレとはユウドレのことです。ドレはトロッとした状態、つまり凪のことで、ヨウドレは夕凪を指しています。私はこれを「明るい冥府」と言っておりますけれど、その思想に触れて、常世に非常に興味を持ったんです。そこで初めて、何か自分の青年時代の残り滓のようなものが取れていくような気持ちになった。

もちろん常世の問題を追究する過程では、折口信夫の考え、特に「民族史観における他界観念」という折口の最後の口述筆記の文章を繰り返し読み、参考にしました。しかし、必ずしも折口一辺倒というわけではありません。

大江　豊玉姫の話で、異族の村から来た妻が、相容れない信仰のためにまた帰って行く。そのモチーフがきわめて重要である、と指摘したのは折口ですよね。

谷川　常世には二つ意味があるんです。一つは黒潮に乗って南から日本に流れ着いた人たちの根源の場所です。一方、死んだ人たちが住んでいる世界も常世なんです。前者は異界とか異郷という世界なんです。私は異郷からやってきて結婚し、信仰の違いからまた去っていくという他界妻に対しては折口の影響を非常に受けた。

しかし、死後の世界については必ずしも賛成できないものもある。折口は、常世の観念は常時真っ暗な闇から始まったと言っています。つまり常夜ですね。そして、だんだん時代が下るに従って変化し、最後は蓬莱《ほうらい》島や浦島が行く竜宮のような明るい世界になった、と言うんです。

それがどうも、沖縄ではその折口の考えとは合わないんですね。というのは、沖縄では死後の世界は薄ぼんやりとした明るさであり、少なくとも真っ暗な世界ではないんです。

ところが例外もある。宮古の大神島や池間島に行って、「あの世はどんなところ」と聞きますと、「かまのゆ」と言うんですね。「かま」は「彼方の」という意味で、そこでは死者たちが小さいランプを灯しながら暮らしている、と言うんです。

私も戦後ちょっと鹿児島県の離島で暮らしていたから知っているんですが、「蟹の目（がねんめ）」と呼ばれるちょうど線香のような小さい灯がともるランプがあるのです。そのような明かりしかないのですから、そうとう暗いですよね。それが大神島でも池間島でも住民に共通の意識なんです。

そうしますと折口の暗い常夜というのも否定できない。しかし一方においてはヨウドレと呼ばれる夕凪のような夕暮れの世界がある。

柳田の場合は、あの世はそんなに暗くないと考えている。だから私の常世についての考えは折口説と柳田説の間を揺れ動いてきました。

妣の国への思慕

大江 ところで、折口の言う「根の国」が、常世の観念と重なるところがありますよね？

谷川 ええ、日本書紀ではスサノオが降りていく根の国は韓国、あるいは出雲の方面が想定されます。ですが、常世が他界だと考えればその場所は特定できるはずはありません。そもそも太古の世界は、現世よりも他界が主なんですね。一切のものが根の国・常世から出発しているんです。穀物や火、罪や穢れも根の国・常世からやってきた。だから根の国・常世のほうが第一次的な世界です。

常世には複雑な要素があります。「妣の国」という言葉がありますね。他界妻の豊玉姫は、渚に子供の鸕鷀草葺不合《うがやふきあえず》を置いて妣の国に帰っていった。それで子供はいつも異族の母親を恋い慕うから「妣の国」が存在するわけですね。

古代人にとっては、空間的な他界もあれば時間的な他界もあるんです。それが合わさったのが常世あるいは妣の国、根の国。日本の場合はやはりキリスト教の観念と違った、ヨーロッパでいえば前キリスト教的な世界じゃないかと思いますね。

大江 折口は妣の国への思慕ということを非常に意識していますよね。しかもそれは単なる思慕ではなくて、豊玉姫の話のように葛藤と断絶を前提としています。そこには非常に複雑な心理がありますね。

谷川 そうですね、折口自身は自分の母親に対する思慕の念というのはないんです。父親に対してもそうですね。妣の国への思慕という、一般の人が抱くようなものはない。それは彼の生まれ育った境遇に由来すると思います。

大江　家庭環境が複雑であるがゆえに、逆に民族的な無意識の世界としての妣の国を強く慕ったのでしょうか。

谷川　いやそういうことはありません。やっぱり古代願望ですね。古代の世界への想いは折口には一般の人の何十倍もあるんです。古代人が想う海の向こうの見知らぬ世界、母が去っていったような物悲しい世界に対するあこがれを、折口はよく理解していたと思うんです。

　自分の母親への憧れが満たされなかったから、というのではない。折口は天才的な男ですからね。個人的な家庭環境からは彼の感情を類推できないと思います。

　でも、彼がほんとうに他界に憧れていたか、というと、そうでもないふしもあるんです。古代人が他界を想定したのは、人間が死ぬものだからだ、と折口ははっきり言っています。人間は死ぬ存在だから常世の観念を創り出したんだ、と言わんばかりなんですね。

折口と柳田の視点

大江　折口の民俗学と柳田民俗学がちょうどほぼ同じ時に出現していますが、視点が全然違いますね。

谷川　珍しいくらいに何から何まで違っています。私はどちらかといえば折口学のほうに共鳴することが多いですね。

柳田は祖先神ということをしきりに言います。「先祖の話」なんかもそうですが、祖霊を非常に重要視する。だけど、もともと祖霊という考えが初めからあったわけではなく、折口の言うように荒々しい霊魂のようなものがあったと考えるほうが、古い時代を理解するのに適当じゃないかと思います。

たとえば八重山のアカマタ、クロマタは洞窟の中に潜んでいて神とも妖怪ともつかないものですが、それが村に祝福を与えるというのが折口の考えです。一方柳田は、最初から祖先の霊が子孫を見守るというふうに考えています。折口は、柳田を名指しにしてはいませんが、何でもかんでも祖霊で説明してしまうことに対する不満を述べています。

大江　それから「実感」ということを折口さんはとても重視しているということですが。

谷川　その折口の実感というのはね、村に入って調査して実感を得るというのとちょっと違う。折口にとって、直感も実感なんですね。要するに実証しなくても、その感情が訪れれば、それも実感という。

まあ、柳田も実感だったと私は思うのですけれども、折口と異なり、一応論証を経て証明する形を見せるんですね。しかし、柳田も折口と同じように結論は最初から直感的に出ているんです。片や折口の場合、プロセスは一切抜きなんだ。

大江　柳田さんを読んでいて、これは最初に結論ありきだろうなと感じますね。確かに証明しているんで安心はするんだけれど。
谷川　結論は心に秘めつつ説明していく。そして「ほれ見て御覧。こうなるだろう」というふうにみんなを説得するんです。

折口の古代観

大江　先生は「新潮」の折口信夫没後五十年特集で、柳田と折口では古代に対する観念が違う、とお書きになられました。

谷川　違いますね。折口には憐憫の情とか何かそういうものはまったくない。それが古代だと言っている。折口がモデルにしているのはヤマトタケルであり雄略天皇ですね。

ヤマトタケルは兄をいとも簡単に殺してしまう。兄の手足を摑みひしぎ、引きもいで薦《こも》に包んで投げ捨てる。

それから熊曾建《くまそたける》に対してはお尻から剣を突き刺すわけですよね。その時、熊曾建は彼の武勇を称え、「これから倭建の御子と名乗り給え」と言い終わるや否や、ヤマトタケルは熊曾建を熟瓜《ほぞち》のように引き割いて殺してしまう。それで全然後悔しないんです。

雄略天皇も次から次に人を殺していく。側近の女が粗相をするとすぐ殺すんですよ。その情け容赦のない振る舞いを、折口は古代的だと肯定する。憐憫の情は古代的のものではない、というふうに折口は言っているんですね。

ですから芭蕉の慟哭とか寂寥感を折口は批判している。古代的な考えによると、そういうのは余計物だと言うんです。

仏教以前のことを折口は言っていますね。仏教には当然人に対する憐憫や慈悲があります。そういうのが入ってくれば芭蕉のような観念が作られるのは当然のことです。だから仏教をどう考えるかという問題ですよね。

柳田は祖霊を非常に重視します。その意味で柳田は仏教的なプロセスを経てきた世界に寛容です。

大江　柳田は現代から中世に降りて行き、そこからさらに古代に向かう、という過程を経てイメージされた古代。折口はストレートに古代に行く。

谷川　そうですね、直接的に古代に。柳田は中世を重視していますね。それはプロセスを大切にするということだと私は思うんです。でも折口は中世の仏教的な伝統などは考えないわけです。いきなり暴虐的な振る舞いや絶対的な個人の言動を、古代的だ、と言って認めるのです。それが折口の折口たる所以ですね。

二十　最後の攘夷党　私説 神風連　明治三文オペラ

最後の攘夷党

『久留米藩難記』に興味

大江　『最後の攘夷党』は一九六六年三月に三一書房から出版されました。先生が民俗学の本を初めて出版されたのは一九七〇年。ですから、この御著書はその四年前になります。執筆当時、先生は平凡社に勤務しておられました。

谷川　雑誌「太陽」の初代編集長を辞め、一年くらい社内で遊ばせてもらっていたのですが、その時代に書いたのが『最後の攘夷党』です。

明治四年の久留米藩の反政府運動に関わった人が追想して書いた『久留米藩難記』という本があって、それが非常に面白いものですから、それをネタ本にして書いた。でも『久留米藩難記』は何か薄紙を隔てたような文章で、当時のことがはっきり書かれていない。

実は久留米藩内の反政府運動に久留米藩主が関わっていた形跡があるんです。それが事実であれば、久留米藩は処罰される。同書が書かれたのは事件から三〇年以上たった時代なのですが、久留米藩の禄を食んだ者としては、その当時の真相をはっきり言えないわけですね。だからどうも隔靴《かっか》掻痒《そうよう》の感がありました。

それで知り合いの東大史料編纂所の竹内理三先生のところに行き、お願いして中央政府の資料を調べたところ、政府が当時の久留米藩をどう捉えていたかが初めてわかりました。その頃はコピー機もありませんでしたので、それをノートにせっせと写し取ったわけです。

ちょうど夏の暑い盛り、私の隣で竹内理三先生が史料を書き写しておられた。編纂所に扇風機などはなく、先生はいつも水道水に手拭いを浸し、それを頭に載せながらやっている。先生は奈良・平安・鎌倉の各時代の資料を蒐集・整理し、『寧楽遺文《ならいぶん》』『平安遺文』『鎌倉遺文』という膨大な資料集を刊行した方で、後に文化勲章を受章されました。私はほんとうに立派なお姿だと思いました。

事件の顛末

谷川　さて主人公の大楽源太郎《だいらくげんたろう》は山口県周防の出で、大村益次郎の隣村の出身です。その山口藩で奇兵隊が暴動を起こします。奇兵隊は戊辰役での自分たちの活躍を「勤皇の華」だと思っている。それなのに恩賞が他と同じなので非常に不服だった。一方、大村益次郎は国民皆兵による近代的軍隊を創設しようとした人です。彼は「威張りくさっている奇兵隊はもう解体しろ」と考えている。一方、奇兵隊はそのような状況に我慢がならなかったのです。

その大村益次郎が暗殺されます。手下を使って暗殺したのではないか、との嫌疑が大楽源太郎に掛かる。しかも彼は奇兵隊の暴動の首謀者と目されていた。その時、大楽が失踪したのです。大楽は豊後の姫島を経由して久留米藩内に逃げ込んでいく。久留米には奇兵隊もどきの応変隊というのがいて居心地が良く、大楽はいい気になっている。

大村益次郎と非常に仲の良かった木戸孝允は、大楽をなんとしても捕縛したいといきり立った。それで木戸をはじめ山口藩は、大楽源太郎を匿《かくま》ったといって久留米藩を責めるわけですね。それが明治四年の反政府事件です。

大楽を捕まえて山口藩に引き渡さなければ久留米藩は潰される。しかし、窮鳥懐に入る、自分たちを頼ってきた大楽は同志ですから守らなきゃいかん。藩への忠誠心と、同志を守るための藩への反逆、それをテーマにして書いたわけです。結局大楽源太郎は応変隊に筑後川の河畔におびき出され、彼らの手で殺される。そういう小説です。

小説が直木賞候補に

谷川　これを執筆しまして、三一書房から出版しました。そのうちに結核の兆候が出たのです。寝汗をかく、それから食欲がまったくない、微熱がある、体がだるい。それで川崎市の登戸病院に入院することになりました。

婦長さんは威張っていて、私なんか歯牙にも掛けない感じです。ところが直木賞の最終候補になったら、もう手のひらを返したように態度が変わりました。「記者会見の時は机と椅子を用意しましょうか」って（笑）。

大江　その最終候補が錚々《そうそう》たるメンバーでしたね。

谷川　ええ、立原正秋、結城昌治、五木寛之、谷川。それで審査員のうち大佛次郎、海音寺潮五郎、中山義秀という、いちばんの硬派の人たちが私に入れた。五木寛之は川口松太郎や小島政二郎など軟派なのが入れている。結局四人の候補者それぞれが三票ずつで並んだ。

その中で私と五木寛之は「前に書いた物がない」と言われて落ちたんです。芥川賞は直木賞と違って十七〜十八歳で書いても一作で評価されます。ところが直木賞というのは、前に書いたものの蓄積が必要なのです。最終的に私と五木寛之、結城昌治は落ちて、立原正秋が直木賞を取った。その後五木寛之、結城昌治が直木賞を取りました。一方、私は民俗学のほうが面白いものですからそっちに行っちゃったんです。

小説家になっていれば、まあなんとか今でも細々とやっていたかもしれませんね（笑）。でもそれは自分としては不本意なんですよ。小説家というのは嫌なのです。だいたいの小説は描写が主でしょう、特に時代小説なんていうのは。小説は何か具体的なものを書かなきゃいけません。どうしても登場人物の描写のほうに力が入る。それで私は気が進まなかったのです。民俗学には謎解きのような面白さがあります。それで私は民俗学のほうに進みました。でもまったく後悔はしていません。

大江　「本格的に書こうと思えば、もっとボリュームのあるものにできたんだけれど、これくらいで止めておいた」と先生がお書きになっていますね。

谷川　そうです、もっと書けばね。だから中山義秀の選評に「惜しい題材である」とあった。そういえばそうだなと。新書ですから原稿用紙三〇〇枚くらいでしょう。それが一〇〇〇枚になれば大作になりますよね。それほどでなくても、史料をどんどん使ってノンフィクション的なものを前面に出せば、もっと重厚な小説になったと思う。ほんとうならばそうすべきだったかもしれないが、一年くらいで決着つけようという気持ちがあったんだな。

政治の季節

大江　書いておられるときは面白かったのですか?

谷川　実に面白いから、のめり込みましたね。二律背反的な態度が、大楽にも応変隊にもあるわけです。同志と言いながら相手をだまそうとしたり。大楽は一日でも自分を匿ってもらいたいからそういう態度を取る。

そうこうするうちに、久留米藩は他の藩の軍隊に十重二十重《とえはたえ》に取り巻かれてしまう。邪魔者は早く片付けないといけない。けれども、最初は同志として迎え入れているわけです。そういうところがすごく面白い。もっと腰を据えて書いたらよかったな、と今では思っています。

大江　執筆された時期は六〇年安保と七〇年安保の狭間であり、学生運動が非常に活発で、まさに政治の季節でした。

谷川　安保で挫折した人たちの情念を描きたいという面もあったのですよ。

大江　高く掲げた理想がいつの間にか自己正当化の道具に堕してしまう。それは本質的なテーマだと私は思いました。

谷川　そうそう。だから書くのはそうとう力がいりますよ。実際は偽善的で矮小な人間でありながら、人に向かっては七面鳥みたいに膨れてみせるとかね。

大江　大楽自身は安全な場所にいて発言をしている。

谷川　そうです、そういう非常にずるいところがあったのです。子分にやらせるのです。自分は安全地帯にいてね。そういう二流の煽動革命家です。その二流性を描きたかった。だから何か重厚さが小説全体からなくなっている。

二流性というようなものはなかなか難しいんですよ。一流は真正面から書けますよね、四つに組んで。それが二流は真正面から書いても二流ですからね。二流というのはどうしても難しいね、ずるくて軽くて。もっと酷《ひど》ければ道化的な役割などで、悪党小説みたいに書けますけども、日本の場合はそこまで行かないでしょう?

ところで、応変隊はその後どうなったか。明治十年の西南役の時、応変隊の関係者は牢獄に入っていました。その彼らを官軍が牢から出して、スパイのような役をやらせるんですね。それで牢獄には帰らないで済んで、福島県の郡山に行くのです。大久保利通の計画した国策第一号の開拓事業、安積《あさか》開拓です。彼らは明治十一年十一月十一日に入植した。今までの剣を鍬に替えると言って一種の屯田兵みたいにね。でもまた彼らは入植地でも二組に分かれて争う（笑）。

出版のツテを求める

大江　先生がこの小説をお書きになった頃は、先生も追い詰められていた。

谷川　それもありましたね。創刊した雑誌「太陽」の売れ行きが悪く、編集長を辞めた。その後一年間社内で遊ばせてもらった。そういう意味での何か孤独感のようなものはありました。それに、入院した後も病気がいつ癒えるのか不安が募りました。最終的に一年一〇ヵ月くらい入院していましたものね。自分にはプライドがありましたので大部屋でなく個室にいました。でも、だいたい家にそんな蓄えがあるわけじゃない。

それから平凡社というのは百科事典と全集ものが中心ですから、ジャーナリスティックな世界とは無縁なのです。文藝春秋社とか新潮社のような雰囲気じゃない。だから外部で仕事しようと思ってもツテがない。誰か知り合いの編集者がいて、「なにか書いてくれ」ということがないとね。

それで私は秋山清という詩人に、「僕にひとつ出版社を紹介してくれないか」、と頼んだ。彼は平凡社に出入りしていたのだが、三一書房で短歌のことを書いた本を出していました。それで三一書房の編集者の正木君と四谷のルノアールという喫茶店で話したんです。

そこで秋山さんが「谷川さんが本を出したいのでよろしくお願いします」と言ったら、その正木君が「よろしゅうございます」と。あんまり簡単に言うから、「少し原稿を見せましょうか」と言うと、「それはいいです」。読まないでいいって言うんだよ、正木君が。「じゃあ筋をお話ししましょうか」と言ったら「いやそれも結構です」って（笑）。

私はそれがすごく気に入りました。何も聞かないで「出します」と言う。私が「太陽」の編集長を務めたり『日本残酷物語』の編集をやった、ということは知っているわけだ、同業者ですからね。

大江　谷川先生が平凡社時代に企画された『風土記日本』と『日本残酷物語』は大ベストセラーになりました。

谷川　だから向こうは信用したと思うんです。ところが、こちらはそういうことは解らないでしょ

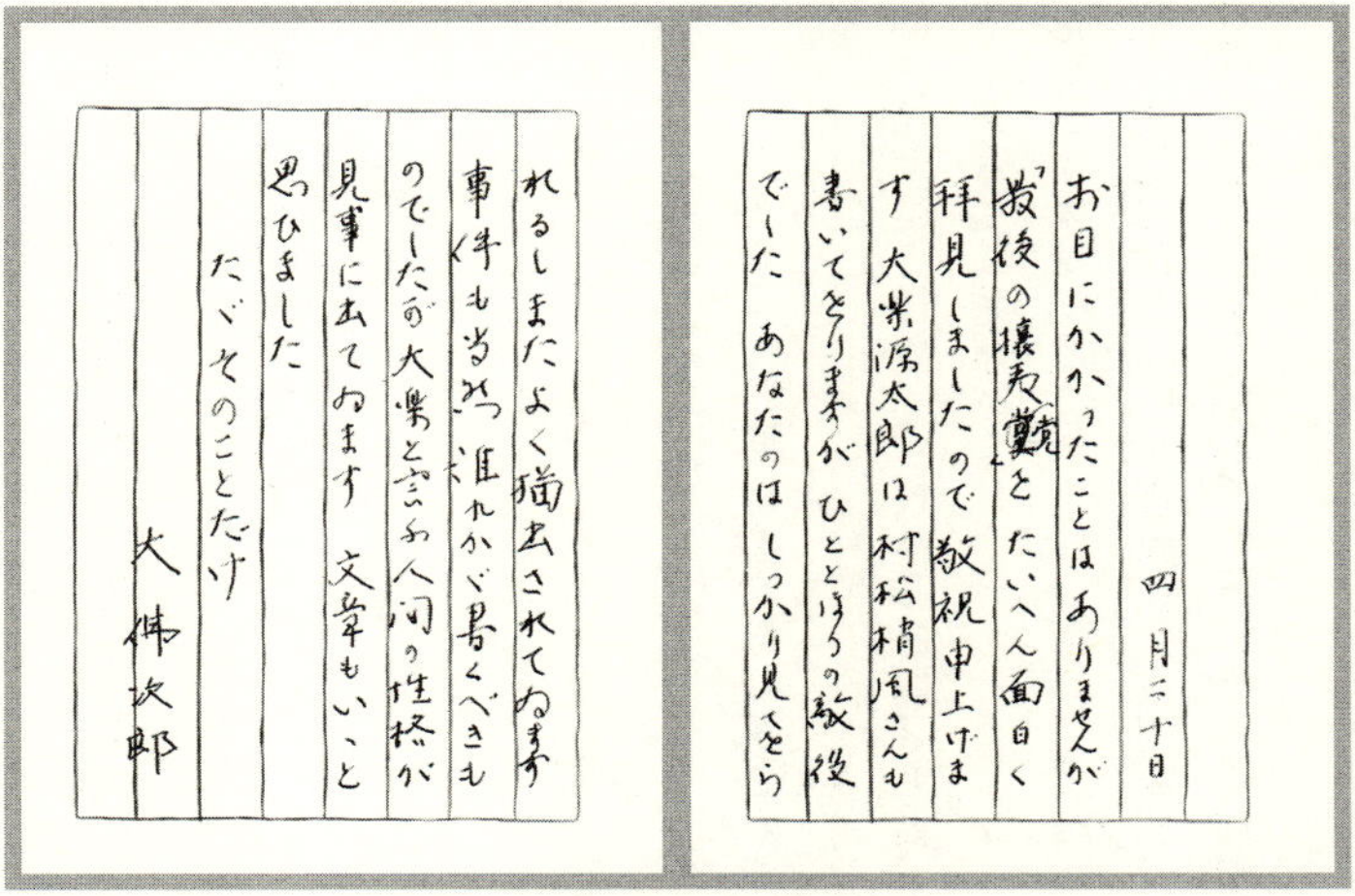
四月二十日
お目にかかったことはありませんが
最後の攘夷党をたいへん面白く
拝見しましたので敬祝申上げま
す　大楽源太郎は村松梢風さんも
書いてをりますが　ひとところの最後
でした　あなたのはしっかり見てをら
れるしまたよく描き出されてゐます
事件も当然誰れかゞ書くべきも
のでした　大楽と言ふ人間の性格が
見事に出てゐます　文章もいゝと
思ひました
たゞそのことだけ
大佛次郎

大佛次郎氏からの手紙

う？

そんな時、大佛次郎さんから突然手紙が舞い込んできました。お会いしたことも、文通したこともない。それで「おやっ」と思ったんですよ。

私は手紙を取っておく習慣がないのですが、これは偶然手元に残っていました。

私説 神風連

ミイラ取りがミイラに

大江　『私説 神風連』は雑誌「流動」に一九七一年の一一月号から一〇回にわたり連載されました。この小説の執筆動機についてお話し願います。

谷川　神風連というのは、私の郷里の熊本で明治九年に乱を起こした、いわゆる超国家主義、超神道派とでもいうべき反時代的な結社です。彼らは西洋を極度に毛嫌いする。
明治になって電線が張り巡らされると、その下を通るときは扇を頭にかざして通る。武器は日本刀や槍など日本古来のものばかり、西洋伝来の鉄砲や大砲は使わない。神風連は文明開化に激しい反感を持っていました。「いざという時は神風が吹く」と心から信じている。それで神風連というあだ名がついた。

神風連が決起した翌日の朝、重傷を負って自刃した神風連隊員の遺骸が見つかる。その男の懐が膨らんでいるのに目を留めた巡査が、札束と睨んで胸元から引き出してみる。するとそれは、その隊員がせっせと神社を回って集めた何十枚ものお守り札だった。それで、「神様のお守り札でも守れなかった」、と戯画化して書こうと思ったのです。

でもだんだんミイラ取りがミイラになるみたいに、神風連の真面目さのほうに惹かれていった。それがこの小説なのです。だから最初の出だしと違って、最後はどうも真面目になり過ぎたような感じがしますね。

三島由紀夫と「うけひ」

大江　私が谷川先生に初めてお目にかかったとき、先生が神風連にお詳しいとは知らず、何かの拍子に「三島由紀夫の『豊饒の海』は私にとって非常に印象深い小説です」と申し上げた。すると先生が神風連と三島由紀夫のことをいろいろお話し下さった上に、後日神風連に関する先生の論文をコピーして送ってくださいました。

谷川　三島由紀夫の『豊饒の海』の第二巻『奔馬』に、山尾綱紀著『神風連史話』という書物が出てくる。それは三島の創作なのですが、それが非常に下手くそな神風連概説になっているのです。いくら架空の書物とはいえ、概念的なやっつけ仕事のような情けない文章でした。そういうことをお話ししたかもしれませんね。

あそこでいちばん問題だったのは、神風連の行う「うけひ」です。「うけひ」は神慮を伺う方法です。神前の白木の三方の上に「可」とか「不可」とか書いてある紙を丸めて置き、御幣を近づける。すると静電気か何かで紙玉が御幣にくっつく。その紙を開いてそれを神の御意思とするのが「うけひ」なんですね。

神風連は明治になっても「うけひ」をやるんですよ。「この腐った世の中に耐え切れないから決起したい」と、明治三年に一回、それから七年と八年にもそれぞれ二回、「うけひ」をする。ところが五回とも不可なんです。それで絶望的になっていく。明治九年三月に廃刀令が出るとその撤回を求め、それが叶わなければ死を賭して行動を起こそうと考えた。そして太田黒伴雄が「うけひ」をやると、ついに可と出た。それで神風連は決起するんです。

三島由紀夫の『豊饒の海』を見るとね、「桜園先生が説いた宇気比の神事も、不可能になつた現代だといふことはわかつてゐる」と、昭和の神風連たらんとする主人公の飯沼勲に言わせている。主人公は「うけひ」によらず決起する日を決める。私はそのことに啞然とした。

三島の小説の主人公の行動、あるいは三島自身の自決が「うけひ」によってなされたものなら私は高く評価したと思う。神意に従うわけですから。「うけひ」が不可と出続ければ決起はできません。それで生き長らえて、生き恥を晒して死ぬのが本筋だと思いますね。

だけど三島由紀夫は決起の日を十一月二十五日と決めていた。これじゃ何の意味もない。要するに神の意思に従うという絶対性が三島由紀夫にはない。

神風連のように反時代性を三島が徹底的に貫けば、彼の思想は一流のものになり得たと思う。しかし、天皇の上に神がいるということを忘れ、変に近代合理主義とか天皇中心主義になってしまった。そこに問題があると思うのですよ。

大江　三島由紀夫の天皇に対する考え方は西洋風に思えます。天皇を西洋の神になぞらえて自分の体系を作ろうという。

谷川　ええ、そうなんです。近代天皇制を文化概念として天皇を絶対化する。今までの非政治的な天皇ではなくなってきている。

大江　あの「うけひ」のやり方は神風連特有のものなのでしょうか?

谷川　そうではありません。たとえば江戸時代の話ですけれど、船が漂流する。非常に波が高く強い風が吹いている。それで風圧を避けるため帆柱を切り、船は波間に漂う。しかも方角がわからず島影も見えない。その時に「うけひ」をやるんです。東西南北と紙に書いて御幣を近づけ、北と出れば北へ向かう。

毅然とした母や妻

大江　先生の『女の風土記』にも出てくるのですが、この神風連の志士の母や妻は、実に毅然とした態度をとります。

谷川　武士の母、武士の妻という意識は強烈だったですね。熊本にはそういう伝統がありました。

プロレタリア文学運動の思想的なリーダーで蔵原惟人《くらはらこれひと》という人がいましてね。蔵原というのは阿蘇の名家なのですよ。そこの息子が左傾して共産党員になり投獄された。昭和七年頃です。どこかの奥さんが惟人の母親に、「あなたのところご心配でございますね」と言ったらしい。そうしたら「なんのなんの、ああいう良か息子なら何人でも産みとうございます」と母親が言うんですよ。実に毅然としている。

神風連の母親もそういうところがある。長男、次男、三男の三人を神風連の乱で亡くした母親がいました。三人の亡骸《なきがら》を棺に収める時、母は我が子一人一人に挨拶する。長男に対しては「本意であったろう」、次男には「手柄であった」と労《いたわ》りの言葉をかける。

惨殺された末子のむごたらしい遺体を見た折には「割腹する間もなく、さぞ無念であったろう」と嘆きました。やはりいちばん末っ子だから可愛いかったのですね。

その後、「自分はこの子たちのためにも長生きしなきゃいかん」と言って、九十歳の長寿を全うする。帝国議会が開設されると、そこに見物に行ったりする。そうした気丈な母親たちがいました。

大江　神風連の決起の時、妹が、「自分もいくさに連れて行ってくれ」と頼む話がありました。それを兄たちが諌めて慰める。

谷川　「こんなに細い手でいくさができるか。だからいつも足手荒神にお祈りしろと言っていたのに」と妹に向かって言うのです。

兄達がいよいよ出で立つとき、母親は気が動転して家から出てくることができず、娘だけが見送りに門口に出る。一度遠ざかった彼らが後戻りして、「母に孝行せよ」と告げる。そして再び戻ってきて、「手習いは今どこを習っているのか。ちゃんと練習に励んだら間違いない」とさとす。のちに見つかった遺書には「母さまに孝養第一、次には志すなおにして手習、織物、縫物等に心をかけ、世の人に侮られぬようひとえに頼みまいらせ候」とあった。

熊本の政治運動は百花繚乱

大江　『最後の攘夷党』では、主人公の俗物性がはっきり見て取れますが、『私説 神風連』に出てくる人間はまさに真剣勝負です。

谷川　神風連は血縁関係を中核にしています。ですから決起したのは親と子であり、兄と弟である。単なる思想的な共鳴者が集まって決起したのではありません。血脈による精神的な同盟です。観念的な結びつきではありませんから、いざという場合に強いわけです。

大江　小説の中に清教徒革命を夢見た青年が登場してきます。神風連の決起に参加するのですが、これは実在の人物ですか？

谷川　いや、これだけは架空の人物です。史論家の福本日南《ふくもとにちなん》が神風連の清教徒的な性格を指摘している。私はその清教徒的な性格につなげるために、人物を創り出しました。あとはみな実在の人物です。

熊本は明治四年の七月に藩から県に変わるのですが、その頃に熊本では一斉にいろんな会派が花開いているのです。宮崎八郎による自由民権運動、ジェーンズという宣教師のもとに集まった洋学派、国学や神道を旨とする神風連のような勤王党、熊本藩の伝統を継いだ学校党、それから実学党です。

その時主導権をとったのが実学党なのです。開明的な政治思想家であった横井小楠《よこいしょうなん》は実学党ですが、その流れがずっと後藤新平までいくのですよ。後藤新平の奥さんは熊本実学党の安場保和男爵の娘。後藤自身は蘭学者の高野長英《たかのちょうえい》と縁故がある。後藤新平の孫が社会学者の鶴見和子と哲学者の鶴見俊輔。ですから鶴見というのは不思議な家系ですよ。

それはともかく、一八七六年、熊本にある花岡山という小高い山にキリスト教を信奉する連中が集まり、「キリスト教のために殉じよう」と誓い合ったのを花岡山バンドといいます。彼らはジェーンズ率いる洋学派の一党です。徳富蘇峰《とくとみそほう》もその中に入っています。そして彼らの多くが建学間もない新島襄《にいじまじょう》の同志社にいくのです。

大江　神風連の思想的指導者である林桜園《はやしおうえん》はキリスト教も勉強していたそうですね。

谷川　彼は新井白石の『西洋紀聞』や『采覧異言』を読んでいますし、蘭学をはじめ万国輿図、地球図など夥《おびただ》しい数の地図類も見ています。彼はほんとうに怪物みたいな人ですね。

その桜園は弟子を単に理論的に指導したのではありません。ある弟子を、いわば憑依する媒体にしていろんな託宣を出させる。そこが不思議なところです。調べてみてびっくりしたんです、そういう箇所が出てきて。

自分にも流れる熊本の血

大江　谷川先生の母方のお祖母さんは西南役の時に生まれたそうですが。

谷川　ええ、祖母は「私は動乱の子ばい」と始終言っていた（笑）。

明治十年の西南役で熊本城の天守閣が焼けます。薩軍が包囲する前に焼けたようです。何が原因かわからない。とにかくお城が燃えて薩軍が殺到したものだから、熊本の市民は阿蘇のほうに逃げるんですね。その逃げる途中生まれたのが祖母なのです。しかし私の祖父は十九歳で熊本隊に入り、西郷軍に味方して戦ったらしい。

熊本隊は保守的な人の寄り集まりなんです。祖父は「永田かつま」という人に従って出兵している。彼は祖父にとって上役みたいな感じだったのでしょう。祖母は「永田かつま」の娘としてその避難中に生まれた。そういうこともあって、その後「娘をもらってくれ」と言われたのかもしれません。

熊本隊は人吉で武装解除されたようなのですが、祖父はその一連の経緯を全然話してくれない。話すのが嫌なのだろうと思って、私は聞くのを遠慮してしまった。今思えば無理にでも聞いておけばよかった、と残念に思っています。

その後、祖父は荒尾のほうに行って小学校の教師になりました。二十代で校長になったらしい。

祖父はそこで当時小学生だった宮崎滔天《みやざきとうてん》を教えたそうです。

祖母は、祖父と十九歳も年が違うものだからすごく我が儘なのです。すぐ「腹切る」と言う。「私は武士の娘だから腹切るばい」と言って出刃包丁をすぐ持ってくるんだ（笑）。もう危なくてね。それで中学生の私の手を取って自分の胸元に当て、「健一さん、これ速く打ちおるばい」と言う。そうすると、ドクドクと、心臓が速く打っているのが判るわけです。何ともいえない気持ちになりましたね（笑）。

一方祖父は、悠揚迫らぬというか、ほんとうに温和な性格でした。

大江　谷川先生は両方の血を受けておられるわけです。温厚な側面をお持ちの一方、民俗学の世界では非常に激しい論争をなさる。

谷川　まあそういうところでは、やりますけどね。

明治三文オペラ

女衒・村岡伊平治

大江　『明治三文オペラ』は、一九六九年、同人誌「東海文学」第三八号に掲載され、二〇〇七年に現代書館から出版されました。この作品は、明治時代に海外で暮らした日本人娼婦を題材にした戯曲ですが、執筆の動機についてお話し願います。

谷川　これには『村岡伊平治伝』という種本があります。村岡伊平治は女衒《ぜげん》、つまり売春婦周旋屋であり、女を海外に売り飛ばすのを職業とした、いわばゴロツキです。この本は自伝なのですが非常に内容が面白くて、私が編集いたしました『日本残酷物語』の第一巻にも取り上げておりました。その後自伝は南方社という出版社の手により、口絵の写真なども入れたたいへんユニークな書物になりました。

私はその彼を題材にドラマを書いてみようと思い立ちました。国家権力を背景としないで海外に進出した者は倭寇と無名の娼婦たちです。その国家の保護も受けない無名の娼婦たちが熱烈な愛国心を持っている。自分たちは認められなくても日本のお役に立てればいい、というその彼女たちの健気《けなげ》な気持ちに私は感動したのです。それが執筆のいちばんの動機です。

それから、筆を起こした一九六八年はちょうど明治百年に当たります。それで私なりにその結論を出しておきたい、という気持ちもありました。私はその頃結核で川崎市の病院に入院していました。この戯曲はそこで書きました。それをアングラ演劇の演出をしている友人に見せた。でもはかばかしい反応もない。それで気落ちして、そのままお蔵にしておいたのです。でも自分の言いたいことはこの中にあるという気持ちがあり、四〇年後の二〇〇七年に発表したわけです。自分としてはよい出来だと思っています。

また本巻に収録した短篇小説「見る」も、当時、入院中に書いたものです。これもどこにも発表せず篋底《きょうてい》に入れたままにしておいたものを、歌集『海の夫人』を上梓したとき併録したものです。

海外の娼婦と郷土の絆

大江 先生は「彼女たちは、国家の保護の外にあるアウトロウでありながら、熱烈なナショナリストであった。ナショナルという言葉に含まれた国家主義とはちがう意味の土着の精神を失うことがなかった」とお書きになりました。女たちの出身地は九州が多かったそうですね。

谷川 村岡伊平治は長崎県の島原の出身でして、女を海外に連れ出すのに利用した港は長崎や口《くち》之津《のつ》です。そこで女を船に乗せ、上海やシンガポール、マニラなどに運ぶ。

口之津港は三池炭鉱の石炭を海外に輸出する拠点です。三池炭鉱の近くには良い港がないので、まず有明海を横断して島原半島の口之津に石炭を持って行き、そこから大きな船に積み替え海外に輸出する。その石炭船に若い娘たちを乗せて海外に連れ出している。

天草辺りでは、生まれた子供が女性であると赤飯を炊いて誕生を喜んだといいます。なぜかというと、女性は海外に出て女郎になって働くなどして家に仕送りができるからです。

周囲を海に囲まれ、田畑は猫の額ほどの段々畠しかない島原半島や天草では、口減らしのために家族の何人かは出稼ぎに行かねばならない。一方、外地で成功した親戚縁者の女性たちも身近に数多くいました。それで、売られたほうの女性も、出稼ぎのような意識を持つのは自然でした。身を売るという悲惨な気持ちはなく、大らかなのです。

彼女たちは部落のモラルに背いて海外に出かけたのではありません。彼女たちにとっては海外も郷土の延長線上なのです。ですから、彼女たちの意識は血縁者や部落と断絶していません。キリスト教国では、娼婦の身になれば家族などすべての関係は断ち切られ、非常に惨めな人生を歩むのですが、日本の娼婦はあっけらかんとしています。娼婦が金を貯めて郷里に帰ってきて大きな家を造る、というのは天草ではしばしば見られたのです。

それからキリスト教国は処女性を非常に重視します。結婚前の男女の交際に対して厳しいモラルがあるのですが、日本の場合あまり処女性を大事にするということがないのです。処女というものを宗教的な意味で尊ぶことがない。それがキリスト教国の娼婦たちと彼女たち日本の娼婦たちの違いではないかと思います。

娼婦たちの愛国心

大江　日本の娼婦には、何か進取の精神とでもいうような、溢れ出るエネルギーさえ感じます。

谷川　かつて世界の売春婦の地図は日本人の娼婦とフランス人の娼婦とで二分され、その境界線はウラル山脈からスエズ運河を経てアフリカの東海岸に至る線であったと言われています。それはローマ法皇がスペイン、ポルトガル両国の勢力分野を裁定し大西洋上に引いた分界線のようなものではありません。女たちが自分の力で開拓していった自然の境界なのです。

アフリカ東海岸のマダガスカル島にディゴスワレズというところがあるのですが、そこで天草出身の赤崎伝三郎という男が飲食業を営みながら、裏で日本の娼婦たちを抱え売春をやらせていました。

日露戦争の時にバルチック艦隊がスエズ運河を通ろうとしたのですが、日英同盟があったのでイギリスがそれを許さない。ロシアの艦隊がやむなく大きく迂回してアフリカ南端の喜望峰《きぼうほう》を通り、ディゴスワレズ港に到着、停泊した。そこの女郎屋の亭主である赤崎が「バルチック艦隊現る」という最初の電報をボンベイの日本領事館に打つ。自分への見返りもないのだけれど、矢も楯も堪らず「ロシアに負けたらどうなるのか」という一念で祖国に知らせる。女郎屋はインドのマドラスにもあったし、フィリピンのマニラ、シンガポールなどは特にたくさんあった。

戯曲の中でバルチック艦隊がシンガポールを通る時の光景を書いています。『シンガポール三十五年』という、西村竹四郎というお医者さんの残した記録がありまして、それをそのまま使っているのです。日本人の居留民たちは、四十数隻のロシアの艦隊が黒煙を吐きながら通るのを丘の上から眺め、肝を潰す。彼らは「あの艦隊に日本がやられたらどうしよう」と、祖国の行く末を案じ、涙を流す。そういうナショナリズムが、日清戦争あるいは日露戦争まではまだ庶民の中で生きていた時代なのです。

明治という時代の抱える矛盾

大江　シンガポールでの日本の国威発揚のために、娼婦たちが給料の二ヵ月分など大きな金を皆挙《こぞ》って拠出した。

谷川　自分の身体を売って稼いだ金を拠出している。生易しい金ではないわけです。明治三十年にビクトリア女王即位六十周年の記念祭が、イギリス本国はもちろんのこと英領の各植民地でも盛大に行われました。シンガポールでも在留の各国人が競って催し物を行う。

そのような中、日本の領事館も金集めに奔走するが在留邦人が少なく、思うようには金が集まらない。日本としてもイギリスをはじめとする諸外国に恥ずかしくないようなお祝いの金を集めたいわけです。そこで熱心なキリスト教徒であり、機会あるごとに廃娼を叫んでいた総領事の藤田敏郎はやむを得ず女郎屋に献金を募った。

総領事が女郎屋に行って金を集める。それが莫大な金額になる。滑稽といえば滑稽、悲惨といえば悲惨です。それが明治なのですね。明治というのは司馬遼太郎が書くような綺麗なものではありません。

女郎というのは健気なんです。しかも三十歳ぐらいでだいたい命を落としている。シンガポールなどで彼女たちのみすぼらしい墓が、点々と並んでいる。日本の近代はそういうところを潜ってきた。日本というのは貧しいのですよ。

ヨーロッパは世界を分割した。そして彼らは凄まじい勢いで植民地を作る。ヨーロッパ諸国は植民地をあれだけ抱えていたが故に大輪の花を咲かせることができた。イギリスの産業革命もパリの華やかな文化も植民地があればこそです。

日本は日清戦争で初めて台湾を併合し、日露戦争で樺太半分を手に入れる。それだけですよ。日本はずいぶん出遅れた。そして太平洋戦争まで突き進む。それは当然の道だったのかもしれません。脆弱な国力しか持たなかった日本は海外にいる売春婦の自発的な故郷思い、国思いの心情に訴えざるを得なかった。そういう根本的な矛盾を抱え、ねじれた形で日本の近代化が出発しているわけです。

だから村岡伊平治という悪党が活躍する。村岡伊平治は「世の中に悪行を伴わない善行だとか、善行を伴わない悪行とか、そんなものが一体全体存在するか」ということを言っているわけです。確かに悪いことをしながら善行をしている。少なくとも村岡伊平治の気持ちの中ではそうなのです。「良家の子女には手をつけるな」などとも言っている。女をかどわかして得た金で国家に貢献する。善行と悪行とは裏腹の関係。

大江　村岡伊平治という人は悪漢ではあるけれども、ある意味明治の日本人の心情というものを象徴する人物であると。

谷川　そうですね。政治家などは善行を表看板にしながら裏でいろいろやっている。それと同じです。上下の違いはあっても村岡は最底辺でそれをやったわけです。一筋縄の男ではないのです。あいつは悪党だと決めつけるわけにはいかない。村岡の中に善行をしているという意識がある。そのような心情が明治国家と繫がっているところにおもしろさがある、と自分は思いました。

密造酒の意味するもの

谷川　明治という時代の抱える矛盾は密造酒問題にも見て取れます。海外列強から自国を守るためには軍艦が必要だ。しかしそれを造る金がない。そこで明治二十九年に酒造税法が制定される。

酒造りというのは人類の発生とともにあったと思われます。そして明治の初めまで、自ら収穫した米で自家用に、あるいは祭りのために酒を醸造することはごく自然に行われてきました。庶民は自家製の酸っぱい酒を飲み、一日の疲れを癒す。ところがその酒造りが禁止される。酒を小売屋に売らせて酒税を集め軍艦を造る。「軍艦を建造するためには酒税が必要だ」と政府は堂々と告知しています。

ある時、仙台税務局の官吏が東北地方の牢獄を視察したが、牢獄という牢獄は老婆たちでいっぱいだった、と報告している。それはなぜか。実は、密造酒が発見されたら、どの家庭でも老婆が名乗り出ることにしていたのです。戸主が捕まったら一家の生活が成り立たない。老婆は身代わりになることを当然の自分の役割と考えていたのかも知れません。この話は私が編纂した『日本庶民生活史料集成』にも入れております。

このように、貧しい百姓や海外の娼婦たちから金を集め、軍艦を建造しようとしたのです。それは明治という時代が内包していた矛盾なのです。いわば栄光と悲惨が裏表になっている。明治以降の歴史について栄光だけを論じている人もいるし、悲惨な側面のみを強調する人もいる。しかし実際はその両方が分かち難いような状況で、明治という時代は出発しているのです。

二十一　四天王寺の鷹

驚くべき事実

大江　『四天王寺の鷹』は二〇〇六年五月に河出書房新社から出版されました。一四〇〇年前に滅ぼされた物部守屋《もののべのもりや》、その配下の末裔が現代に至るまで四天王寺におり、今でも境内にある守屋祠への参詣を欠かさない。その事実にたいへん驚きました。

谷川　私も、四天王寺に物部氏の祖神のニギハヤヒ（饒速日）を祀る神社がある、ということは長く知りませんでした。

たまたま『摂津名所図会』を読んでおりましたら、四天王寺の太子堂の裏に守屋祠があり、守屋を憎む参詣者が礫を投げつけた、という記述が目に留まりました。それで寺僧が守屋祠をかばうために、熊野権現の表札を立ててあざむいた、とある。

物部守屋といえば聖徳太子の宿敵です。その守屋の祠が聖徳太子の建立した四天王寺の境内にあり、大切に保護されている、というのです。それでたいへんびっくりしまして、四天王寺に行き、それを確かめたわけです。

今は金網が張ってあり、守屋祠はちょっと行きにくい場所ではありますが、江戸時代までは大っぴらに参詣できる場所になっていたそうです。思いのほかきちんとした祠で、朱塗りの流《なが》れ造《づく》り様式なんです。

また、お寺の学僧が、「四天王寺の金堂に鷹の止まり木を描いた絵がある」と言うので案内してもらいました。伝説に、守屋の亡霊が啄木鳥《きつつき》になって四天王寺を攻め、鷹となった聖徳太子がそれを追い払う、というのがあるのです。その鷹の止まり木が金堂の破風の欄間に描いてあるんですね。

このように、蘇我氏に敗れた物部氏が四天王寺に深く入りこんでいる、ということが非常に衝撃的でした。

物部氏と私の縁

谷川　私は『白鳥伝説』で物部氏の動きを追いかけたのですが、また四天王寺の関係で物部氏に出会ったわけですから、自分は実に物部に縁があるという気がします。

大江　一九七九年に出版された『青銅の神の足跡』の補遺で物部氏に触れておられますね。

谷川　本文では物部はほとんど出ていません。書いたあとに物部が金属精錬に関係が深いということに初めて気が付きまして、補遺に書いたわけです。それを次の『白鳥伝説』で展開しました。

大江　『白鳥伝説』では、物部の痕跡が中世までの歴史や、神社名、地名に残っていることが記されています。その物部の配下の末裔がいまだに物部の祖神を四天王寺に奉斎している。

谷川　日本書紀によりますと、物部守屋が敗れ、守屋の持っていた領地の半分くらいが大寺の所有になり、その配下も半分は大寺の奴婢になったと書いてあります。大寺というのは四天王寺だといわれておりまして、その奴婢の末裔が連綿と四天王寺に生活しておりました。寺僧によれば、その末裔が現在も四天王寺に三家族残っているというのです。

それですぐに三家族に問い合わせたのですが、末裔としての経緯を知る御老人が皆亡くなられ、若い人ばかりで昔の話が聞けず、非常に残念な思いをしました。あと五年早ければ、という思いに駆られましたね。しかし、少なくとも彼らが、今でも四天王寺のいちばん大きな祭りの聖霊会《しょうりょうえ》で重要な役を演じている。そういう息の長い歴史に目を見張りました。

大江　大寺の奴婢と聞くと奴隷のように思ってしまいますが、実態は違うそうですね。

谷川　東大寺の記録等にもあるのですが、奴婢で音楽に堪能なものは法会の歌舞音曲を伝習したり、また技術を持つものは漆工、銅工、あるいは造寺工として従事した。また、厨子《ずし》の覆布を縫ったり写経師の衣服の裁縫に従事するなど、適材適所で活用されたことが判ります。特別な技能を有した奴婢に爵位を与えた、という記録もあります。

大江　それにしても、末裔の方がいまだにおられることを御存知でしたら、『白鳥伝説』の後半部分も違うものになったのではないかと思うのですが、いかがでしょうか。

谷川　続編はすぐ書いたでしょうね。驚くべき話が聞けたに違いない。その方々が生きておられれば、四天王寺の中で勤めをしながら、朝な夕な守屋の祠にお参りして、祖神のニギハヤヒに対して礼拝を欠かさなかったわけですよ。

それは、四天王寺が非常に寛大な寺である、という証でもあります。宿敵である守屋を境内に祀ることを四天王寺は許容していたわけですから。

四天王寺の特異性

大江　宿敵さえも許容する四天王寺の特異な性格は、何に起因しているとお考えですか?

谷川　四天王寺の西門は補陀落《ふだらく》の東門にあたる、ということになっています。浄土信仰というのは西のほうに浄土があるということですから、四天王寺の西門から夕日を見て、いろんな修行をするわけです。法然上人行状絵図でも、四天王寺の西門の近くに癩病者たちがいて、その人たちにお粥を施したりする場面があります。四天王寺には施薬院や悲田院もある。

昔から、そういう弱者とか病者に対するいたわりが四天王寺の特徴になっておりましてね。寺の最高位である別当の叡尊《えいぞん》やその弟子の忍性《にんしょう》も癩者をいたわった。普通、大寺は下層庶民に対して門戸を開放する雰囲気ではないんですが、四天王寺だけはずっと長く続けてきています。戦前までは、境内にハンセン病の人が小屋がけしていたのも咎めなかったそうです。

新羅仏教と秦氏

大江　秦《はた》氏の信奉する仏教は新羅《しらぎ》仏教だということですが、百済《くだら》仏教とはどのように違うのでしょうか?

谷川　新羅の仏教というのは高句麗から来ているのです。新羅仏教は呪術的で、仏教以前のシャーマニズムの要素も多分に取り入れていたと言われています。一方、百済の仏教は直接中国から伝わったので、比較的純粋であると言えます。

大江　その新羅仏教の特徴のひとつが弥勒《みろく》信仰だそうですね。

谷川　衆生を救済するという弥勒信仰が非常に強いですね。推古天皇の時の仏教は弥勒信仰の要素が濃厚です。

　新羅仏教でもっとも特徴的なものとして、花郎《かろう》制度というのがありました。良家の品行の良い、凛々しい顔立ちの少年たちが、お互いに切磋琢磨したり遊んだり踊ったり、という集団があったんです。その花郎集団の精神修養の指導原理となっていたのが弥勒信仰であり、花郎のいちばん優れた者が弥勒の化生であると信じられていた。

　聖徳太子（厩戸《うまやど》皇子）が、十四歳で守屋との戦いに出陣するのですけれども、日本書紀は花郎制度を意識して記述したんじゃないか、と私は推測しております。『四天王寺の鷹』では深く踏み込みませんでしたが。

大江　確かに厩戸皇子の初々しくも聡明、かつ呪術的な能力の高さが強調されていますね。

谷川　このような要素を含んだ呪術的な新羅の仏教が、わが国に公式に仏教が伝来する以前に、秦氏を経由して九州の香春《かわら》だとか彦山、宇佐に伝わった、と私は理解しています。

元興寺縁起や上宮聖徳法王帝説によれば、仏教が公伝したのは欽明七年です。でも、研究者の間では、百済からの仏教伝来のもっと前に新羅から伝わっていた、との推測が行われています。北九州と新羅の間は一衣帯水ですから、その前に新羅から日本に早く伝わってもおかしくないわけです。私は、最初に豊前の香春に伝わったと思うのです。豊前国風土記逸文にも「新羅の神が自ら度《わた》り来た」とあります。

そこには新羅の人たちが移り住んでいた。なぜ香春に来たかというと、鉱物の採掘が目的だったと思います。香春の一ノ岳、二ノ岳、三ノ岳の金、銅、水銀などを採掘し、精錬する技術者たちが中心だったのではないか。その技術者たちをコントロールする首長が、新羅の神と比喩的に言われているのではないかと思います。

その中に、銅や鉄の精錬に携わった秦氏の系統の辛島《からしま》氏がおりましてね、辛島氏が宇佐方面に進出することにより、宇佐八幡の性格が形成されていくことになります。つまり道教やシャーマニズムが融合した新羅仏教の影響を受けるのです。

道鏡事件

大江　宇佐八幡は古事記や日本書紀には出てきませんね。

谷川　そうです。日本の宗教史の中で特異な存在です。九州の一角から、突如として中央に進出してきます。しかも特徴的なのは八幡神が仏教に帰依している、という点です。宇佐八幡は、その時々の政治状況を巧みに判断しながら託宣を発し、朝廷に大きな影響力を持つようになります。

大江　その宇佐八幡に和気清麻呂《わけのきよまろ》が託宣を授かりに行きます。先生は、清麻呂は必ずしも道鏡《どうきょう》を排斥しようとしていたわけではない、と書いておられますね。

谷川　和気清麻呂は称徳天皇の命令で宇佐に派遣されました。天皇は道鏡を天皇の位に就けたいと熱望している。当然、清麻呂は天皇の気持ちをわかっているわけです。その清麻呂が宇佐八幡に、道鏡排斥の託宣をさせる細工を施すとは思えない。

彼は、道鏡を皇位に就けよ、という託宣が出るものだとばかり思い込んでいる。ところが最初宇佐八幡は「もうおまえの言わんとするところはわかっている」と言って託宣を出そうとしない。それで何かしるしを見せてくれと言ったら、大入道みたいな巨大な僧形八幡の姿を見せるんです。つまり、託宣することを拒否しながらも、道鏡を位に就けることはよくない、ということを暗に示すわけです。その奇跡に対して、清麻呂は一も二もなく承服するんですね。彼はそこでは、いわば受け手の脇役です。

続日本紀によれば、清麻呂は「天の日継は必ず皇緒を立てよ。無道の人はすみやかに掃ひ除くべし」という大神の神託を大和に持ち帰る。宇佐八幡の権威というのはたいへん大きなものがあります。それで彼は道鏡の怒りを買い、罪人として大隅国に流されるわけです。

優婆塞の果たした役割

大江　谷川先生は、宗教面のみならず本草学や土木建築技術や鉱物探索など実学面でも、優婆塞《うばそく》や私度僧《しどそう》の果たした役割は非常に大きなものだったと書いておられますね。

谷川　ええ。そのことは『大仏建立』を書かれた杉山二郎先生も指摘しておられます。優婆塞や私度僧というのは、山の中で仏道の修行をする人たちです。もちろんそれは官許ではありません。彼らは単に経典を学ぶのでなく、山中を歩き回って鉱脈や水脈を探索したり、薬草や薬石を採取、調合したりしました。

　東大寺の大仏を造った功労者である良弁《ろうべん》も、大仏造営の勧進のために各地を行脚した行基《ぎょうき》も、もともと優婆塞です。伝説的な役行者《えんのぎょうじゃ》も優婆塞ということになっています。行基は橋を架けたり治水工事を行ったり、大衆を動員し土木事業を取り仕切るなど実際的な能力がありました。

　彼らは、大寺の学僧が持ち合わせていない実学を武器に、民衆の宗教的要求に応えつつ、道を切り開いていったのです。実学的な面をどこで身に着けたかというと、それは山林の修行の中でだと思います。もちろん優婆塞と一口に言っても、ちょっと陀羅尼《だらに》などの呪文を知っている、というだけの者もたくさんいたでしょう。しかし実学的な知識はあった。私は山伏も優婆塞の流れだと思っています。

大江　指導的な立場の優婆塞はたいへんなインテリなわけですよね。

谷川　もちろん私度僧や優婆塞も渡来人の知識をだいぶ吸収しています。この優婆塞や私度僧の役割を過小に評価するのが日本の仏教学者の通説、定説ですけれども、それは間違いだと思っています。むしろ彼らのほうが社会面で貢献することが大きかったわけですからね。

技術・文化に通じた秦氏

大江　秦氏は政治的には非力でも、土木技術や文化芸能などさまざまな分野で大きな力を発揮していますね。

谷川　土木事業では、恭仁《くに》京とか紫香楽《しがらき》、長岡京、平安京を造るときに秦氏が関与しています。平安京に遷都するその二〇〇年前から、秦氏は山城国の葛野《かどの》、今でいう京都の太秦《うずまさ》に広大な土地を拓いて所有していました。平安京の大極殿の場所がちょうど秦河勝の邸宅だったのです。

秦氏の土木事業についての貢献は、非常に大きかったと考えられます。秦氏とその同族によって日本各地で河川が改修され、地堤が築かれ、荒野が耕地に変えられました。

河内にも秦氏の根拠地がありましたが、そこでも彼らの技術力が発揮されました。今の寝屋川市や枚方《ひらかた》市付近ですが、当時しばしば氾濫を繰り返した淀川の治水工事を、秦氏の一族である茨《まむ》田《た》連が行った、と日本書紀に記されています。

それから芸能面でも秦氏は活躍しました。四天王寺の舞楽は「秦姓の舞」と呼ばれているくらい関与しているのです。四天王寺舞楽は宮中のそれとは違い、滑稽、物真似的要素を含む、たいそう庶民的なものであり、猿楽と相通ずるものがありました。

四天王寺の楽人は興福寺の楽人などと異なり、散所民として一段低く見られていました。それが応仁の乱の後、とかく不足しがちな京都の楽人を補うものとして、宮中に召されるようになりました。江戸時代に入ると、宮中の楽人の一流派として確固たる地位を獲得するに至ります。

大仏鍍金の謎

大江　大仏の鍍金《ときん》のための黄金の大部分は、密かに新羅商人から購入したものである、と先生は推測されておられます。

谷川　これは東北地方の人には気の毒な結論なのですけれどね。西暦七四九年（天平二十一年）、陸奥国守であった百済王敬福《きょうふく》よりもたらされた産金の報は、天皇を大いに喜ばせました。年号を天平感宝と改めたほどです。大伴家持も、

「すめろぎの御世栄えんと東なるみちのく山にくがね花咲く」

と詠いました。

献上された黄金は九百両。これは宇佐八幡大菩薩のお陰だというので、そのうち百二十両を宇佐八幡に奉った。でも実際に大仏造立に使用した練金は一万四百三十六両。それに較べ、僅か七百八十両では大仏の顔に金箔を張るだけの分量でしかない。その不足分を新羅から購入する、ということが密かに考えられたわけです。

大仏開眼に時を合わせたように、新羅の王子を団長とした何百人という大使節団が新羅から

やってくる。そして日本の貴族にいろんなものを売っている。それが正倉院の鳥毛立女屛風《とりげりゆうじよのびようぶ》の後ろに張られた紙の文字を判読してわかってきているのです。

彼らは大仏開眼の後三ヵ月くらい日本にいて帰るんです。大仏開眼の五年後、聖武天皇が亡くなってから一年後なのですが、その一周忌の法要に間に合うように大仏の胴体に立派に金箔が張られる。どう考えても日本で賄えるような金の量ではないのです。それは新羅から大使節団がやってきた時に購入したのではないか、というのが私の考えです

大江　金の調達に関し宇佐八幡のお告げがありましたね。

谷川　最初、遣唐使を派遣して金を得ようとするのですが、宇佐八幡が「我が国で金が必ず出るから、他所のほうに金を求めるんじゃない」と託宣を下すんですね。

それで、聖武天皇のお気に入りのお坊さんである良弁は、天皇の命により、吉野の金峯山へ行って金を授かるよう祈るんです。そうしたら蔵王権現が夢に現れ「弥勒下生の時に使う金だからやれない」と言った（笑）。それで「近江のほうに行って祈りなさい」と。

近江に行くと、出会った白髪の老人が「金が必ず出る」と言う。その後幾日も経たぬうちに陸奥の国から金が献上された。

だから私は、良弁と宇佐八幡が示し合わせたんじゃないかと。そして当時陸奥の守になっていた百済王敬福も含め、その三者が一体となって陸奥の国からたくさん金が出たように見せて、その実、新羅から金を輸入していたんじゃないかと推測してみた。百済王敬福のトリックだという

ことは、日本仏教史の第一人者と言われた辻善之助さんがすでに書いています。

大江　国家の体面を汚すことなく、詐術を駆使してうまくストーリーを作っていった。

谷川　良弁は、大仏建立という聖武天皇の悲願を実現させるため、金の調達を画策しました。そこに良弁の実務者としての行政手腕が発揮されたのです。

最後に申し上げたいのは、良弁や敬福のような並外れたスケールの人間がいたからこそ、東大寺の大仏建立という世界的な大事業が実現できた、ということです。私は彼らを賞賛こそすれ、非難するつもりは毛頭ありません。

二十二　常民への照射　孤島文化論

常民への照射

負の前衛

大江　『常民への照射』は一九七一年に冬樹社から出版されました。そこでは、虐げられた者に対する同情と、近代化を強引に進める国家への激しい憤りが感じられます。

谷川　私は「無告の民」で「負の前衛」ということを言いました。一般的に前衛というのは大衆の先頭に立って運動を展開するリーダーを言います。しかし私は、沖縄の先島や東北、北海道など、辺境で生活する人たちと離れずに彼らを見守っていく人を「負の前衛」と呼ぶのです。

たとえば、民衆生活の記録者としての菅江真澄や松浦武四郎のような大旅行者、八丈島で流人の生活を送りながら島の人々の詳細な記録を書き続けた近藤富蔵、『南島探験』で著名な笹森儀助と石垣島の気象台所長岩崎卓爾のような琉球先島の人々とともに歩んだ人たちです。

先島の住人もアイヌも、抑圧する者に対し抗議をしない。そういう「無告の民」を同情ある姿勢で見守った。
民俗学というのは民俗的な事象を調査するだけでなく、物言わぬ庶民に立ち交じって同情の気持ちを持つものでなければならない。反権力でなく、非権力の姿勢。柳田国男、折口信夫、南方熊楠、柳宗悦。彼らは庶民に交じり、人生を深めていった。それが民俗学のあるべき姿だと思うのです。

大江 彼らは身を安全な場所に置くのではなく、危険を顧みずそこに入っていきます。

谷川 庶民と同じ目線です。松浦は案内のアイヌと同じようにウバユリの根をかじりながら旅をし、笹森もマラリアを恐れず南島の奥地に踏み込んでいく。八丈島の流人だった近藤は蟻を踏むのもはばかった。彼にとって蟻が庶民と二重写しになっていたのでしょう。
彼らは庶民の中に人間の崇高さを見ました。見下ろすような視線ではありません。私は物書きとして出発した頃、まだ民俗学を深く意識はしていませんでした。民俗学と評論と未分化の状態から出発している。私は、大学で民俗学を学んだ人と違い、人間に対する関心から民俗学に入っていったのです。

民俗学を選んで悔いなし

大江 「無告の民」で、民俗学が不振に陥っているのは、昨今の民俗学者が柳田や折口の目を借りてながめるだけで、自分の目を持ち得ないからだ。だから無告の民の痛切な声をとらえることができない、と言っておられます。これは柳田や折口の直系を自任する亜流の学者たちへの痛烈な批判ですね。

谷川　柳田は「これを聞き取りしなさい」と一〇〇くらいの調査項目を示し、地方の研究者はそれに従って調査する。彼らはそれ以外のことに関心を示さなくなるのですね。

私は最初の頃小説を書いていたのですが、小説では自分を満足させることができない。私は民俗学によって人間性に肉薄することができると思い、民俗学に進みました。

小説を書いていればそこそこの収入を得て、毎晩銀座の文壇バーか何かに入り浸っていたかもしれない。この本を書いた頃は、文学の道に進むか民俗学の道に進むかで、まだためらいがありました。本格的に民俗学の道に進もうと思ったのはそれから五年くらい後です。それまでは私の書くものは一般的な評論でした。

大江　確かに文壇バーに入り浸っていたら「無告の民」とは無縁のままに、私小説か何かを書いておられたかもしれませんね。

谷川　だから私は民俗学を選んだことに後悔がないのです。民俗学的な事象が面白いから、ということではありません。民俗学は何かを約束してくれる。それは人間というものをほんとうに知ることのできる学問なのです。

人間をトータルに把握できるものとして民俗学がある。今読み返してみると、民俗学に入る私の初心がこの『常民への照射』には述べられています。

庶民こそ文化の源泉

大江　先生は福田恆存の「生き方のフォルム」という言葉に共感を示しておられます。これは「文化とは何か」という根本問題ですね。

谷川　福田がローカル線で旅をしていた時、向かい合わせに座っていた老婆から「窓を開けても迷惑ではないか」と土地の言葉で話しかけられた。それは風が入り福田が寒くはないか、気を使ったのです。福田は無学な老婆の顔を見直すほど感心した。彼女には心遣いという教養が備わっているのです。

福田は「文化」とは「生き方のフォルム」である、という考えに立ち、「教育」と「教養」とはまったく別物だ、と主張しています。この「生き方のフォルム」こそ文化であり、「教養」は都会人よりは田舎人に、知識人よりは職人や農夫などに明確に残っている、と彼は指摘しています。私も同感です。

藤原正彦が著書『国家の品格』などで、日本人の誇りを忘れるな、ということを書いています。確かにその通りだと思います。でも彼がその論の中心に置いているのは武士道の倫理観です。私は逆に庶民の中に崇高なもの、気高いものがあると思うのです。武士道のみにその根拠を求めるというのはある一面しか語っていない、と私は思います。

戦争中、胸を患っていた私は、九州の田舎で百姓をしている親戚のおじいさんの家で養生していたことがありました。そして敗戦の年の秋、私はその家を再訪しました。夜の九時頃、おじいさんは暗い裸電球のもとで新聞を広げてじっと読んでいる。私に気付くと、「お父さんやお母さんは達者ですか」などと聞いて平常と変わりがない。でも何となくその雰囲気が違うのですね。

そうしたらその娘さん、四十代の末ぐらいですが別室に私を呼んで、今日おじいさんの一人息子、つまり彼女の弟が戦死したという公報が役場に入ったのだ、と涙ながらに教えてくれたのです。

「ああそうか」と思った。おじいさんは新聞など読んでいなかったのだろう。息子の戦死の悲しみを表情に出さないこのおじいさんの態度は、ある意味で能と同じです。能面は無表情だがちょっと手をかざしただけで泣くことが伝わる。農民であるおじいさん自身の持つ謙抑な態度。まさに生き方のフォルムです。

大江　武士道や儒教の倫理観などとは縁のない、庶民が持つ矜持。

谷川　宮本常一は庶民の中にそれを見出したから、生涯をかけて全国を回ったと思うのです。もちろん庶民の中には醜いもの、卑しいものもありますけれど、それと同時に崇高なもの、気高いもの、他人に同情を示すような心持ちがあるのです。でなければ人間は意味がないです。

アジアの伝統

大江　「洞窟の論理」では、「庶民が学ばずして知り得た思考や情緒はアジアの伝統を物語るもの」と指摘しておられます。

谷川　たとえば感情の抑制を旨とする能は貴族文化の象徴ですが、それは庶民の伝統的精神の反映に過ぎません。

広島県の呉の近く、瀬戸内海に浮かぶ大崎下島に御手洗《みたらい》港があります。そこに行きましたら、港近くの小高い丘の上に、芭蕉の没後百年忌（一七九〇年）のおりに地元の俳人たちが建てた句碑がありました。あまり大きな碑ではないのですが、芭蕉の「海暮れて鴨の聲ほのかに白し」の句が刻んである。

御手洗港というのは北前船の潮待ち風待ちの港です。彼らは数多い芭蕉の句から、そういう場所に相応《ふさわ》しい句を選んでいる。周りを島で囲まれたこの港の夕景そのものです。田舎俳人の彼らが、教育はなくても高い教養を持っている。彼らは町人が中心だろうけれど、武士ではない。これは見事だな、と思いました。

大江　アジア的な思考とヨーロッパのそれとは根本的に異なる。

谷川　ええ、ヨーロッパの合理主義の対極にあるのが、力の論理の否定を前提とするアジア的思考方法。老荘思想でも仏教でもそうです。無の論理、空の論理とも言える。

でもそれはヨーロッパの虚無とは違います。虚無というのは神の存在を否定する絶望的な観念。一方無とか空は有に対する観念です。だから絶望的になることはありません。その否定により真の力が発揮できるようになる。そこが根本的に違う。

それが明治以前の天皇のあり方にも表れています。古代の律令制が崩れ、天皇に権威しか残っていない中世においても、頼朝など権力を握った大実力者が、征夷大将軍の位を天皇から授けてもらう。

天皇は武力の対極にある。その無力の天皇の権威を無視することができないのです。天皇が無力だからこそ敬意を払う。それが不思議なところですね。

大江　先生は、民衆は自分たちの生活に関わりのあるものだけに関心を寄せるのであり、あくまで非政治的である、と述べておられます。

谷川　鹿児島に中村きい子というノンフィクションの作家がいました。彼女は私の編集した『日本残酷物語』にも執筆したりした。中村は西南役の時のことを書いています。

西郷軍が矢尽き刀折れて鹿児島のほうに引き揚げて行く時、霧島山麓で畑に種を蒔く貧しい農民に出会う。そういう戦乱の最中にも淡々と農作業にいそしむ農民を見て敗残兵たちが感動を覚える、という場面が描かれています。

西郷軍の残党たちは戦いに敗れお手上げなのですが、農民たちは自分たちの生活を守るためにぎりぎりの戦いをしているわけです。庶民は自分たちの生活を守ることが最大の関心事なのです。

祭りとしての安保

大江　「祭りとしての〈安保〉」という評論を書かれたのは一九六九年の一二月ですね。

谷川　これはたいへん評判が良かった。「この種のものを二、三本書いていれば文芸評論家になれる」と言った人もいましたね。

六〇年安保は、三〇万人のデモ隊が国会議事堂を取り囲む戦後最大の大衆行動でした。その時、全学連のリーダーの一人樺美智子が死亡する。世界各地の民俗を見ていくと、あらかじめ決められた一人の少女を生け贄にすることによって、その祭りがエクスタシーまで突き進んでいく、というものが散見される。私は、樺美智子の死がその生け贄の少女に相当するのだ、と書いた。

学生運動における一人の女子大生の死を生け贄の少女に見立てるわけですから、一種不遜であり真っ当な追悼ではないかもしれない。でもそうした見方を採ると、祭りとしての安保という性格が非常によく解る、と述べました。

当時、皆が樺美智子の死に涙しました。ちょうど私が小田急線の喜多見駅から帰る時、友人からそれを聞いて、すぐに現場に行こうとしたのですよ。そうしたら止められましてね。それくらい樺美智子の死は心を打つものがありました。

私はイエスが祭りのときに十字架にかけられ、それによって祭りに興奮が持ち込まれた、ということも聖書で読んでいました。それと同じだ。祭りの興奮を引き起こすために、わざと樺美智子という一人の少女を殺したんだ。極論すればそこまで行くわけです。だけれどそれは民俗学ではない。評論のほうに近いです。

大江　私は「祭りとしての〈安保〉」も十分民俗学的だと思います。この評論の核心は「おかげまいり」「祭りの生け贄」「御霊信仰」にありますからね。

評論から民俗学へ

大江　先生は、平凡社を退職後一九六九年から精力的に沖縄を旅行され、次々に評論をお書きになりました。テーマは幅広く、民俗はもとより沖縄の本土復帰や基地問題まで多岐にわたります。この『常民への照射』（一九七一年）や『孤島文化論』（一九七二年）がそうです。それが後の『古代史ノオト』（一九七五年）では、主題が古代と民俗に絞られます。

谷川　最初は民俗学をやるという強い意識はありませんでした。私は好奇心が旺盛で、興味の対象が広かった。ですから一九七〇年に出した『沖縄・辺境の時間と空間』を見ましても、純粋に民俗学的なテーマはないのです。宮古・八重山に課せられた過酷な「人頭税」の話以外にあまり取りあげておりません。『おもろさうし』などもありますが、その他はだいたい現代的なテーマです。

大江　それから『孤島文化論』の中の「火にかけた鍋」、あれも現代的ですね。

谷川　ええ、「沖縄は火にかけた鍋である。その中の水は沖縄本来のものであり、そこにあとから、本土産や中国産の材料が投げ込まれたのだ。鍋を焚いている火は、島津であり、日本の政府であり、アメリカの軍政府である」と書いた。民俗学的視点はもちろんあるが、評論的な視点が強い。

私は自分の感想を述べるということ自体嫌いではありません。でも逆に言えば、その素材が民俗学的な興味を呼び起こすものでなければ、取り上げなかったと思います。そういう意味では民俗学に対する愛着がありました。

けれども、中世の製鉄に携わった民を取り上げた『鍛冶屋の母』（一九七九年）のように、何かテーマを選んでやるというところまでは気持ちが進んでいない。

大江 谷川先生の編集による『叢書わが沖縄』は大きな反響を呼びました。

谷川 一九七〇年から七二年にかけて、木耳社から『〈沖縄〉論集成―叢書わが沖縄』という全六巻のシリーズを出したのです。

東京外国語大学の上村忠男は二〇〇二年に出版した著書の中で、その叢書について「その思想的な密度の深さと水準の高さにおいて、現在もなお他の追随をゆるさない」と言っています。

またその頃、深沢七郎の嶋中事件に関する評論も書きました。「中央公論」に掲載された彼の小説「風流夢譚」が皇室を冒瀆した、ということで、憤激した右翼の少年が中央公論社の嶋中社長邸を襲撃、お手伝いさんが殺された事件です。

でもあれこれ手を出したのではきりがない。もう少し焦点を絞って純粋な民俗学の問題と向き合おうと考えるようになりました。それがはっきりしてきたのは一九七五年の『古代史ノオト』あたりからです。

仲松弥秀との出会いが転機に

大江 『古代史ノオト』のきっかけというのが興味深いですね。

谷川　それが不思議な話なのです。本土復帰前ですが、沖縄で古本屋に行きましたら、仲松弥秀さんの『神と村』という、まったく何の飾り気もない表紙の本が目に止まった。沖縄における他界観の研究書です。それを読んで私は驚きました。

「これはすばらしい」と、すぐその足で琉球大学の仲松先生の研究室に行ったのです。そうしたら先生は「よく来て下さいました」と、ほんとうに大らかな感じで温かく迎え入れてくれた。

大江　谷川民俗学の核心部分である「青」の話ですね。

谷川　仲松先生の説は次のようなものです。

沖縄本島とその属島には奥武島《おうのしま》と呼ぶ地先の島がある。そのいずれもが死者を葬る墓所であった。以前沖縄では人が亡くなると海蝕洞窟に葬った。洞窟内に外光が差し込むと光の加減で中は黄色い光に満たされる。

沖縄では古代から近代にいたるまで色の呼び名は赤白青黒の四つしかなかった。その中の青は赤白黒を除いた残りの漠然とした色を指す。黄色い光に満たされた死者の眠る洞窟、それを青の世界と感じていた。奥武島とは青の島の転化したものだ。

この仲松先生の説をきっかけに、私は「青」「奥武」（おう）というものに関心を持ち調べはじめました。そして私は、このような背景を持った青の付く地名は遥か遠く新潟まで各地に点在する、ということを発見したのです。

そのうちに、青と書いているけれども、どうも墳墓を示す青とは関係のない地名が出てくる。

それが古代の多氏《おお》に関係するものということに気が付き、多氏を調べ始めた。私は古代と民俗を一緒に論じたいと考えるようになりました。このように、だんだん古代史に深入りするようになったわけです。

大江 この「青」の思想は、谷川民俗学の根底で通奏低音のように鳴り響いています。

谷川 その頃から評論的なものを書かなくなりました。注文があってもなるべく断るようになった。その理由は社会的な状況の変化の要素が大きい。沖縄の本土復帰で、沖縄の社会が一応沈静化しつつあった。

一方、沖縄の民俗はたいへん奥が深いということが分かりました。それで、その深層を探るほうに集中すると同時に、沖縄の民俗を古代と結びつけて考えたいと思ったのです。

それからずいぶん時が経った一九九一年、私は『南島文学発生論』を出版しました。精霊とアニミズムの世界の中で生まれた琉球の呪謡を考察した本です。

かつての沸騰した沖縄の時代はとうに過ぎ去っていました。この時代の私の仕事になると、『叢書わが沖縄』を激賞した上村忠男は全然評価しない。「谷川は民俗に入れ込んだ」とか「のめり込んでいった」とか言ってね（笑）。

孤島文化論

日本はおおいなる沖縄島

大江　『孤島文化論』は一九七二年、「読売新聞」に一月二二日から二七日まで掲載されました。先生が本格的に執筆活動を開始されたのが一九七〇年ですから、これは初期の評論に当たります。比較的短い文章ですが、私は剃刀《かみそり》のような鋭利さを感じます。

谷川　それは、私自身沖縄に行って歩き回ったからです。柳田は、日本は大きな沖縄島である、と言っております。日本は世界に対して「孤島の民」の心情というものを持っている。海外に対する憧れ、それは裏を返せば自分に対する一種の自信のなさですね。

沖縄に行って地元の知識人と話をする時、私は沖縄のことを聞きたくてしようがない。ところが沖縄の知識人は逆なのですよ。東京の文化界のことをしきりに聞きたがる。東京の有名な人はこう言ったとか、谷川雁がこう言ったとか、そういう話に興味を持つ。彼らは沖縄の庶民がどうしたという話には、ほとんど関心がないし、取るに足らないと思っている。

でもそれは沖縄の知識人に限った話だろうか。いや、そうではない。日本文化そのものがそうではないか、と。たとえば日本人はパリとかニューヨークなどの文化の流れに関心を寄せ、目を凝らし、聞き耳を立てている。日本でいくらやっても名声が上がらないが、いったん海外で評判になれば日本でも評価が上がる。

そういう海外の評価を自分たちの文化の物差しとする。そうすると柳田の「日本はおおいなる沖縄島にすぎない」ということがよく分かる。それは孤島の心情なのだ。それで『孤島文化論』を書いたのです。

卑弥呼の時代から変わらぬ認識

大江　先生は「日本人は警戒心がなく、無類のお人よしである。それは日本人特有の認識形態の反映である」と書いておられます。それは「孤島の民の海外に対する把握の仕方が、願望という心情を土台にして組み立てられているからである」とあります。孤島に暮らす人の心理が日本列島全体にも当て嵌まる、というのはたいへん興味深いところです。

谷川　たとえば魏志倭人伝の頃から、すでにそうなのですね。男の王が統治していたが、その後倭国が乱れ、なかなか事態が収拾しない。最後に一女子を立てて王とする。これが卑弥呼です。卑弥呼はすぐに中国の植民地である朝鮮半島の帯方郡に朝貢使を出す。その朝貢使が郡の官吏とともに魏の都の洛陽に行くわけです。

それから卑弥呼が死んで、宗女、これは養女みたいなものでしょう、壱与《いよ》が王になってすぐ中国の都に人を遣わし朝貢をする。魏から晋に代われば晋の王のところに行く。海外の情勢に敏感に反応する。その頃からすでにそうなのです。それは日本の孤島の悲しさ、貧しさ、寂しさです。

日本の場合は国境が接していません。玄界灘で隔てられていますから。高句麗と中国のようには地続きではないのです。それで相手を知らないわけです。知っていれば決して相手に幻想を抱かない。

高句麗は隋から三回ぐらい攻められ、それをなんとか凌いでいる。だから高句麗は隋に対して幻想を抱いていません。ですが、日本は隋や唐に対して幻想を抱き、遣隋使や遣唐使を出している。そのような違いがあると私は思うのです。

大江　異国への憧れですね。

谷川　遠い国の権威を最大限に尊重する。遠くからたまに来る。だからマレビトという。皮膚の色が違い、髪の毛が金髪で、目が青く、言葉が異なり、背が高く鼻も高く、それから……というふうにして日本人は自分と違うものに対して畏敬の念を持つ。一方、自分と似たものに対しては、少なくとも尊敬の念は持たない。

自分に似ていないものに対する憧れと、似ているものに対する嫌悪とが日本人にはある。海外に対する願望は非常に強い。しかし、自分の欲しいものを積極的に海外に取りに行こうとはしないのです。海外の幸、恵みが日本に来るのを待っている。待ちの文化ですよね。

最初は中国に対して尊敬の念をはらっていた。荻生徂徠などは中国のことを本国とさえ言っていた。ところが中国がアヘン戦争でイギリスに負けると、中国は完全に見捨てられる。今度はイギリスが崇拝の対象になる。そして戦後はアメリカというように。

勝利者に服従し、敗者には侮蔑の念を抱く。だから日清戦争に勝てばチャンコロなどと呼んで、中国人は蔑視される。日英同盟とか、そういう海外に対して自分にプラスになるものを尊敬して、マイナスになると軽蔑する。そういう癖が日本にはあると思います。

ヤポネシアとは何か

大江　一方、先生は「孤島としての日本は海外に対してあくまで異質な存在であるが、ヤポネシアとしての日本は、世界の辺境として孤立してはいない」と書いておられますが、それはどういう意味なのでしょう。

谷川　ヤポネシアというのは私の造語ではなくて、島尾敏雄の作った言葉です。ネシアというのは島のことです。日本自体がミクロネシアとかポリネシアのように、太平洋に浮かぶ島々と同じような性格を持っている。それが島尾の考えです。

ヤポネシアの場合には国境とか国家というよりももっと庶民の生活、空間としての存在を重視しなければならない、というのが島尾の考え方だった。そこで私は「〈ヤポネシア〉とはなにか」という評論を書いたわけです。それは、三島が自決する年の昭和四十五年「日本読書新聞」一月一日号に出ている。

あの時は三島由紀夫と村上一郎も同じ紙面で対談している。彼らは革命とか蜂起とか物騒なことを言っているのです。そこの下の欄に私が島尾のヤポネシアのことを書いている。

「日本」は単系列の時間につながる歴史空間であるけれども、ヤポネシアは多系列の時間を綜合的に所有する空間概念である。日本がナショナリズムを脱してインターナショナルな視点を持つことは可能か。それは日本列島社会に対する認識を、同質均等の歴史空間である日本から、異質不均等の歴史空間であるヤポネシアへと転換させることによって可能となるのだ、という主張です。島尾敏雄の造語を私が再定義した。今の赤坂憲雄の言う「いくつもの日本」みたいなものです。

私がこの論文を発表する頃までは、日本は単一国家、単一民族という説が優勢だったのです。アイヌも別な民族として認められていない。沖縄などもそうです。それで私は、辺境の民も視野に入れて把握すべきではないか、と書いた。

創世神話を持つ幸福

大江　先生は『沖縄・辺境の時間と空間』で、「辺境」も文化の統一体であり、中央の文化に席巻された後も、目に見えない根の部分は残り続ける、と言っておられます。これは民俗学という学問の核心的な部分ですね。

谷川　もちろん今でもそれは変わりません。

大江　宮古島の狩俣の祖神祭のようなものは、まさに一つの宇宙観をもっています。

谷川　大都市東京に住んでいる人間は巨大な空間意識はあるけれど、時間の意識というのはせいぜい長くて五十年百年単位でしかない。しかも巨大な空間といっても、東京の人間のそれはアパートと職場の往復のような限られた空間でしかない。

一方、大神島は歩けば半日で一周できるところであるにもかかわらず、そこに住んでいる人間は固有の宇宙観、創世神話を持っている。しかも彼らの時間感覚というのは百年二百年どころではない非常に長いものなのです。辺境だから雑なものだ、ということではない。かえってそちらのほうが深い意味を持ち合わせているのではないか。

大神島の人は現世の始まりと終わりもわかっている。自分の行動の範囲がいかに狭くても、自らの創世神話を持ち、死生観を持ち合わせた人生自体は決して狭くはない。大きなものと繋がっているわけです。

人間が生活する上で、空間や時間の始まりから終わりまでを意識することが重要だと思うのです。詩人のポール・クローデルは、蝶が一匹飛ぶ時にも全宇宙がいる、と言っています。蝶のような存在でも全宇宙を必要としている。その意味で、孤島の人間も人生観、他界観を持つ限り、優れた生き方ができるのではないか。

ただ現世の生活を追ってやみくもに生き、死んでしまう、そういう我々のことを思えば、沖縄というのは決して日本列島より劣った存在ではない。その世界観も非常に明瞭だし、そういう意味では沖縄人は劣等感を持つ必要はない。それどころか優越的な存在である、ということを言いたいわけです。

大江　都会の人間は広範な知識を持っている。しかし、自分という存在は何かの断片に過ぎない、という気持ちがある。一方、大神島に暮らす人は全体の感覚があり、自分はそこに繋がっているという安心感がある。そういう意味では、よほど人間として高度な世界ではないかと。

谷川　大神島では、祖神祭でも夏プーズ祭でも、島の開闢以来の歴史を、祭りのいちばん神聖な場面で神歌の形で歌うのです。そういう島の歴史を祭りの度にたどることによって、それが自分の中に血肉化される。我々のように、ただ教科書なり本なりで歴史を学ぶだけで、自分と歴史とのつながりが実感できないのとは大いに異なる。都会の人間に比べ、大神島の人達のほうが遥かに高尚な存在であると私は思っております。

ツカサの持つ品格

谷川　この前、宮古島の北西にある伊良部《いらぶ》島の佐良《さら》浜に行って、私の主宰する「宮古島の神と森を考える会」のシンポジウムを開きました。

そこに出てきた「ツカサ」という神祭りに奉仕する女たちが、粗末な着物を着ているにもかかわらず、品がいいのですね。四十代か五十代が中心だと思うのですが、彼女たちは日本の高度成長も知らなければバブルの崩壊も知らず、それと無関係の貧しい生活をしている。それにもかかわらず、品位、品格というものを自ずと備えている。

そのことに私は深く感動いたしました。上品な言葉を使うとかそういうことではなく、その姿勢自体が非常に美しく品があると感じました。これはちょっと言葉では説明し難いことなのですがね。それがやはり『孤島文化論』のいちばん根底にある感情です。孤島の人がどうしてこんなに人間として深みを持ち、穏やかさ優しさを備え、品が良いのか。そのことをしきりに私は考えている。

孤島の持つ両面性

大江　『孤島文化論』では、島に暮らす人間は警戒心がなく無類のお人よしだ、と否定的に始まっていります。でも、最後のほうになってくると、島の人間は一つの宇宙観を兼ね備えている、と孤島の民を讃えている。

谷川　孤島の持つ両面といいますかね。それはあると思います。警戒心がなく無類のお人よしということですが、たとえば幕末に日本にやってきた外国人が日本の庶民を見て、絶賛している。庶民には、武士階級のように肩肘をはった警戒心がなく、我々外国人とも人間として素直に付き合ってくれる、と語っていますね。警戒心がないということにはプラスの場合もある。

大江　国境を接していないということが警戒心のなさにつながる。

谷川　それは大きいですね。中国人は他民族をけなす。遊牧民族から絶えず攻められていますから。満州、遼とか金とかモンゴルとかね。みんな中国に攻めてくる。中国の歴史はそれとの戦いの繰り返しですよ。万里の長城を造ったりして。

一方、日本はそういうことがない。もちろん細かくみれば、蝦夷に対する大和の姿勢のような事例はあります。特に京都の貴族あたりは蝦夷を野獣のような存在として見ていましたからね。

大江　沖縄人は本土から見下されている。そういう被害者意識を持っている沖縄本島の人達が今度は同じ琉球の八重山、宮古を見下す。その種の構造が沖縄に限らず日本のいたるところにある。

谷川　「人類館事件」というのが明治の末にありました。一九〇三年に開催された第五回大阪博覧会で、民間の展示施設として「学術人類館」が設置された。それは当時の記事によれば「異人種を集め、その風俗、器具、生活の模様を実地に示すという趣向で北海道アイヌ五名、台湾生蕃四名、琉球二名、朝鮮二名、支那三名など計三二名が、それぞれの国の住所に模した区域内に団欒しつつ日常の起居動作を見せる」というものだった。

それに対し琉球では抗議の声が上がりました。でもその怒る理由が「我々を生蕃アイヌと同一視した」というんですね。沖縄は自分達をアイヌ、生蕃と一緒くたにしたと怒る。沖縄の怒り方も中途半端です。そこにはアイヌや生蕃に対する優越感がある。

倒立する辺境と中央

大江　先生の「辺境は倒立した中央であり、中央は倒立した辺境である」という見方は刺激的です。最初私はずいぶん抽象的な言葉だと思ったのですが、『孤島文化論』を何回も読んでいるうちに実感を伴った話だと感じるようになりました。

谷川　自分を自分たらしめるものが辺境にある、という意識を辺境の人が持った場合、中央になるということです。これを倒立した中央と表現した。それは精神的な中央という意味です。

地理的な辺境が精神的な中央となり、地理的な中央が精神的な辺境となる。東京で生活しているとしても、それがその日暮らしの無機的な生活であるならば、それは辺境的な生活であると。一方、地理的な辺境にいても年中行事と一体化した生活であれば、そこには精神の秩序があり、精神的な中央となる。これは単なるレトリックではありません。私が沖縄で摑んだ実感です。

二十三　キリスト教について

キリスト教との出会い

大江　毎回この巻末対話では、その巻の主要な著作についてお話を伺っております。しかし、今回は本巻収録の文章を離れ、先生のキリスト教に対するお考えをお聞かせ頂きたく存じます。

谷川先生はキリスト教に関し、幼少時から特別の感情をお持ちです。青年期に先生は再びキリスト教に接近するものの、やがて違和感を持つようになられたと伺いました。

しかし、キリスト教の影響は先生の文章の随所に見受けられます。


谷川　私が青年期、キリスト教に接近したのは、幼児期における法悦体験が基になっております。

まだ私が小学校に上がる前のある日、友人に誘われて教会に行き「キリストの一生」という映画を見たのです。私はその映画にたいそう感動し、その晩からイエスに取り憑かれたようになりました。

毎晩「イエスの夢を見たい」と願いながら眠りました。でも、イエスは一度も夢の中に出てこないんですね。非常にがっかりしながら目を覚ます。そして、また次の日も夢に見たいと寝るわけです。

私はノートの切れ端に、イエスが十字架に架けられた絵を描きました。十字架に両手両足を釘打たれるところも描くわけです。そのとき何か自分も苦痛に感じる。そんな思いつめた気持ちで描くのです。ただ、イエスの髪のカールしたところが、どうしてもトランプのキングの顔に似てしまう。

それは一時的な感情の高揚に過ぎなかったのですが、自分がイエスと一体になった感じがしました。「幼児だけしか理解し得ない双葉のキリストへの親近」とでもいうのでしょう。それは一年か二年続いたと思います。しかし小学校に入る頃にはそれもなくなる。

キリスト教への再接近

大江　先生がキリスト教と再会されるのは青年期ですね。
谷川　私が旧制高校に入った頃から、日本は徐々に太平洋戦争へと傾斜していきました。その時、また自分の中にイエスが甦ってきたのです。
私は特別な反戦論者ではありませんでした。非戦論者というか、距離感をもって日本の太平洋戦争を眺めている人間の一人だったのです。ただ、新聞で戦死者の顔写真入りの報道が毎日のように出てきて、心を痛めました。
それで私は、戦争への道と違ったところで自分の一生の支柱を求めたい、と思うようになりました。当時は自分の先の人生が読めないんですね。戦後の若者は計画を立てることができて幸せだと思います。十年計画で一つのものをやる。ところが当時は、一年後のことすら分からず、計画が立たない。

その時の私は「悔いのない人生を送りたい」「もう一度あの幼年時の法悦が訪れてほしい」という境地でした。それで再びキリスト教に近づいたという次第です。

ところで、キリスト教にはカトリックとプロテスタントがありますね。プロテスタントのほうは聖書一点ばりなのですが、私が興味を抱いたのはカトリックでした。カトリックには聖書以外の伝承がたくさんあります。私はそういう伝承が好きだったんです。

ヨーロッパのキリスト教絵画を見ますと、必ず伝承が題材になっている。そこには、聖書には出てこないカトリックの説話が存分に描かれているのです。それが非常に楽しかった。その中には聖母マリアの話もありますしね。そういうことでカトリックのほうに興味を持ったのです。

これは戦後の話なのですが、私の田舎町にプロテスタントの牧師が来た。講堂の演壇でマイクを前にして、「神様！」と呼びかけ、滔々と祈るわけです。一般的にプロテスタントの牧師は雄弁です。沈黙が神との接触に必要なのに、あんなにおしゃべりしていいのか。あれは大衆に訴えているだけじゃないか。そんな印象を受けました。一般的に、カトリックではミサをする時、司祭はあまり饒舌ではない。

私はカトリックの沈黙というものに関心がありました。それから、戦争中でしたが「新しい中世」などといって、日本でも西洋の中世に強い関心が寄せられました。そこには日本の伝統を見直すという視点もあり、カトリックの思想書や文芸書がたくさん出版されたのです。モーリヤックとかベルナノスなど、いろいろ翻訳書が出ましたね。それとロシア正教のものも大分出ました。そういうことでカトリックに興味をもったのです。

カトリックへの違和感

谷川　でもだんだん深入りしていくと、どうもカトリックはイタリア、フランス、スペイン等を土台にしたラテン系の宗教だということを強く感じるようになった。カトリックには「公教要理」という信仰のマニュアルがあり、信者は小さい時からそれを毎日のように読んで信仰生活を続ける。それ自体がかなりヨーロッパ的な発想です。

ある時カトリックのミサ典礼書を読んでいたら、ローマの町が蕃族に攻められて、市民たちが嘆き悲しむ場面が出ていたのです。それがキリスト教の終末の日の叫び声として載っている。しかしこれはローマ市民の悲鳴であって、終末の日の叫びではない。それは日本人には関係のない話です。それが堂々とカトリックの教理書に載っているのです。こんなに思想的な落差があって日本に適応できるのか、との違和感がだんだん増してきました。

当時外国人の神父と話す機会がたびたびありました。私は太平洋戦争には批判的だけれども愛国心はあるわけです。ところが彼らはカトリック教会の温存ということだけを考え、日本のことなどさして関心を持たない。

そして、私がカトリックに再接近したいちばんの動機、幼児の時に味わったあの法悦感を追体験したい、という願いも叶いませんでした。カトリックや教会に対する重苦しい幻滅感。戦後、私は「日本人に合う信仰とは何だろう」と思うようになりました。

しかし、私の場合、それまでカトリックの思想にそうとう踏み込んでいるわけですから、まずそれを取り去る必要がある。その際いちばん役に立ったのはトルストイのロシア正教批判です。

ロシア正教はギリシャ正教つまり東方教会の流れです。カトリックは後に東と西で別れますが、ロシア正教とカトリックの信仰の原理とは非常に共通性がある。私はロシア正教に対するトルストイの徹底的な批判を読んで、私の頭からカトリック思想を消し去ろうとしたのです。

当時、春秋社からトルストイ全集が出ていました。それは戦前の全集で、ロシア語からの翻訳ではなく、一度英語に訳してそれを日本語に翻訳し直したものでした。当時はそういうものが多かったのです。でも大意はつかめる。

全集に「宗教論集」というのがありまして、それを耽読しました。トルストイはロシア正教に対しいろんな点で批判している。私自身トルストイみたいな感じになっていくわけです。

大正時代には、トルストイを読んで社会主義を志向するようになった人達が大勢いました。有島武郎や徳冨蘆花などもそうですね。

時代はすこし後、戦中戦後になりますが、私はその方向には向かわなかった。皆がマルクス主義などに走る中で、私は違うほうを向いていた。さまざまな本を読んで考えたりしましたが、満足できるものに行きあたらない。でも、西洋を真似してはだめだ、という思いが徐々に強まりました。カトリックもマルクス主義も所詮西洋の土壌に生まれた思想で、日本にはなじまないと感じていたのです。

そのような思索を経て、私は戦前の皇国史観とは別の日本を探そうと思いました。一九四五年が敗戦ですが、それから一〇年くらいかかりました。

一九五五年頃、私は平凡社の編集者として、のちにベストセラーとなる『風土記日本』のシリーズの準備をしていました。その時、「日本とは何か」「日本にいちばん合う信仰は何か」「日本の神とは何か」など、自分自身に対する問いを、自分なりに解いていこうと思った。その契機は柳田国男の『桃太郎の誕生』を偶然読んで、民俗学への興味を覚えたことです。

この本には驚きました。私も小さい頃から桃太郎やかちかち山など、さまざまなおとぎ話に親しんできました。でもそれとは違う桃太郎やかちかち山が出てくるのです。それぞれがバラエティーに富み、意表をついた筋の展開になっている。日本人はこんなに創造性が豊かなのか、と心から感心しました。そうやってだんだん民俗学に入っていくわけです。

小さきものへの愛

大江　先生は隠れキリシタンを大切に思っておられます。これはキリスト教への共感というよりは「小さきものへの愛」という感情が先立っていると推測いたしますが如何ですか。
谷川　私はアンチキリスト教ではありますが、アンチキリストではない。庶民と付き合うイエスは私に残りました。イエスが付き合ったのは、当時いちばん嫌われていた徴税人や娼婦、浮浪人など下層の人々です。イエスには彼らに対する深いシンパシーがある。それは庶民を対象とする民俗学の世界と共通しています。こうして見ると、民俗学に入った契機は間接的にはイエスの教えの影響だと言えますね。

　のちに私は「小さきもの」の世界を繰り返し書いています。聖書には「懼《おそ》るな小さき群れよ」（ルカ伝十二章）というイエスの言葉があります。そこでイエスは「我を信ずる此《こ》の小さき者の一人を躓《つまづ》かする者は　寧《むし》ろ大《おおい》なる碾臼《ひきうす》を頸《くび》に懸《か》けられ、海の深処《ふかみ》に沈められんかた益《えき》なり」（マタイ伝十八章）、つまり小さい者をつまずかせる人間など、大きな石臼を首に掛けて、海の底に沈めたほうがましである、という激烈な言葉を吐いているわけです。

　私にとって、日本とイエスを結びつける「小さきもの」は隠れキリシタンでした。禁令により聖書も持たず、記憶だけに頼った彼らの伝承は誠に荒唐無稽です。しかし、その中には煌めくような表現や信仰の告白がありまして、私はそれに思い入れをし、愛惜してきた。私は教会に対して強い違和感を抱いています。しかし、イエスというのは今になっても否定できません。否定する気持ちにもなりません。

キリスト教が日本に根付かぬ理由

大江　日本でキリスト教が広まらないのはなぜでしょうか。

谷川　それは日本の風土に合わないからでしょうね。キリスト教はおそらく日本には適応できないのではないか。

明治の初年にキリスト教徒はおよそ百万人いました。それが戦時中も百万人、今も百万人だそうです。ほとんど増えない。日本には日本の伝統による「魂のコア」というものがあって、キリスト教はなかなか受容されないんですね。

韓国では一村全部キリスト教になるという場合もあるんです。韓国の宗教の中で、キリスト教人口は今でもいちばん多いんじゃないですか。韓国民は愛国心が強いですから、その辺どう心の折り合いをつけているのかよくわからない。日本とちょっと違うような気がします。

日本のカトリック教徒は皆従順なんですよ。ローマに対してほとんど批判しない。戦後、南米で「解放の神学」という、カトリック左派みたいなものが生まれました。カトリックが共産主義者と一緒に反政府的な行動を果敢にやる。日本のカトリックではあり得ませんね。

井上洋治というカトリックの神父がいます。彼はフランスの修道院ですごく苦しんだ。そこでは、極東の一小国の信者など、ほとんど柔順な仔羊の群れくらいにしか考えていない。西洋には、ちっぽけな東洋の信者たちを拒絶する、鉄のような頑固な伝統の扉があるんですね。

井上神父は今、法然に強い興味を持っている。マリア信仰と繋がるものとして観音信仰を見、野辺の地蔵さんに共感を抱く。そういう珍しいタイプの人なのです。私はそこに、かろうじて日本人のカトリックの良心があると思っています。

大江　先生のお話を伺って、なるほどと思ったことがあります。カトリック正統派は、『天地始《てんちはじま》之事《りのこと》』という隠れキリシタンが伝承だけをもとに作った経典について、「荒唐無稽であり誤りだ」と非難する。逆に谷川先生は、その隠れキリシタンたちに心をお寄せになった。それは徴税人や貧しい者達にイエスが抱いた気持ちと同じではないか。

谷川　以前の巻末対話でもお話ししましたが、一八六四年に長崎市の大浦に初めて天主堂が建立された。その翌年の三月、フランス人のプティジャンが神父を務めるその天主堂を、数名の民が訪れる。そしてその中の一人の女性が「私とあなたは同じ胸をしています」と、自分たちがカトリック教徒であることを告げるのです。

禁教下、どこかでカトリック教徒が信仰を守っているかもしれない。そう思っていたプティジャンは大いに感動する。しかし彼らが経典としていた『天地始之事』を読んで、「これは誠に荒唐無稽で、取るに足りないものである」と一笑に付すんですね。

カトリックの教会は今もそう思っている。キリスト教史家の片岡弥吉は『天地始之事』にわりと理解のある人ですが、あれは教会の教えから外れたものだ、と書いています。

でも『天地始之事』には、ごく一部ながら非常に美しい日本語表現があるのです。文字もろくろく知らぬ人達の口承がもとであるにもかかわらず、それが、今までの他のいかなるカトリックの信者たちも表現し得なかった、美しい表現を持っている。ですからそういうことを考えると、『天地始之事』を口承した隠れキリシタンの思想は、日本の風土にいちばん受肉したのではないか。

大江　その受肉の意味について。

谷川　受肉とは、肉体を持ったことを意味する宗教用語なのです。神が肉を具えるとイエスになる。それが受肉ですね。観念だけでなく、日本の風土をいちばん深く耕し、つまり信仰を肉づけし表現したのが隠れキリシタンだ、という思いが私にはあるのです。

ニヒリズムとアナキズム

大江　聖書にはイエスが、時に激烈な行動をとったことが記されています。

谷川　行動の激しさはアナキストの行動と似ています。たとえばユダヤの神殿も否定する。パリサイ人を激しく非難する。すべて否定していくわけです。残るのは小さきもの。イエスに付き従うのは漁師や労働者、放蕩息子、そういう者達ですね。この世のアウトローです。その彼らがイエスに付き従う。ですからイエスはアナキストと言ってもいいのではないか。権威を認めないのですから。しかも神を信じていたから、神の下《もと》のアナキズムと言っていい。

ドフトエフスキーはロシア正教ですけれども、彼の思想はニヒリズム、あるいはアナキズムと紙一重です。

『カラマーゾフの兄弟』では、ニヒリストのイワンや篤信家のアリョーシャなどのように、ドフトエフスキーが自分の考えをいくつにも分けて登場人物に仮託していますよね。

私は、ニヒリズムやアナキズムをくぐって信仰に達するというプロセスがない限り、近代思想の持つ無神論的概念に対しての対抗は難しいと考えます。

トルストイは神の概念を表すのに「大文字の He がいちばん相応《ふさわ》しい」と言っている。大文字の He がいないと、ニヒリズムの考え方が起こってくる。それがアナキズムに繋がる。

またドフトエフスキーは、神がいなければ人生は虚無であり、何をやっても許される、と言っています。大文字の He の存在が、人生が恣意的なものになるのを押し止めているのです。

柳田・折口とニヒリズム

谷川　ところで、民俗学というのは民間伝承を重視しそれを研究する学問ですから、アナキズムとかニヒリズムとは縁遠い世界です。そのため近代思想に民俗学が対抗できるかというと、そこが疑問なんですね。

柳田や折口の学問を研究していますと、両人はニヒリズムを通過した精神の構造を持っていると思える節がある。単に民間伝承をありがたがるのではない。民間伝承を研究しながら、その根柢に、近代思想のニヒリズム、あるいはアナキズムに堪え得るような思想を持っているのではないか。私はそんな印象を受けます。そこが民俗学の柳田、折口と、その弟子たちを隔する一線ではないかと思うのです。

私自身、薄々と気が付いてはいるのです。しかし、私は柳田や折口のような形で民俗学の成果もあげていないので、ニヒリズムやアナキズムに深入りできていない。そういう中途半端さがあるわけです。だけれども、必要だということは感じます。つまり近代において、それを抜きにして神に到達することは難しいのでは、と。

今、ごく素朴なキリスト信者がいたとします。その彼が現代社会における世俗的な罪悪に対抗し、信仰を維持するためには、それに対する強い精神がなければなりません。彼は教会の信者として純粋な一生を全うすることはできるかもしれませんが、教会を取り払ったような世界で対抗するのはなかなか難しい。でもイエスが持っていた「神への愛」には、そういうものを突破し得るアナキスティックな要素があるのではないか。そんなことを考えています。

幼児体験が人生の支えに

大江　「双葉のキリストへの親近」と「法悦の幼児体験」が、先生の人生の方向を定めた、という気がします。

谷川　私のこれまでの九十年の人生において、黄金時代というのは六歳前後のほんの一、二年です。あの黄金時代をまた味わいたい、と、さもしい根性をおこしたのが運のつきでした。それがうまく行かず、黄金の時代はおろか、銅の時代、鉛の時代、そしてもっとひどい時代を体験する羽目になるのです。

そうは言っても小さい時の体験が人生の支えになっている。キリストは、「もし汝ら翻《ひるがへ》りて幼《をさ》児《なご》の如くならずば、天国に入るを得じ」（マタイ伝十八章）と言う。幼児のような気持ちでないと天国に入れない、と言うのです。幼児は、善とか悪を分別する力を持ちません。幼児の世界とはそういう無力で無垢なものです。

神は幼児虐待という非合理を許すのか

大江　『カラマーゾフの兄弟』の大審問官の章で、イワンが幼児虐待の話を持ち出します。何の罪もない三、四歳ぐらいの子供が親に折檻される。暗いところに閉じ込められた幼児は、小さい手を合わせて「神ちゃま」と祈る。ドフトエフスキーは、神が実在するとすれば、なぜこのような非合理があるのか、とイワンの口を借りて問題提起している。私も強く心を揺さぶられます。この答えは何なのか。

谷川　それはこの世の不条理の典型です。ユングが、人類は非道と恥の歴史だと書いています。人が知恵の実を食べて楽園から追放される。それ以来ずっと非道と恥の歴史の連続なんですね。そういう中に幼児を虐待する親の問題がある。

たとえば現在も紛争の絶えないイランやイラク、アフガニスタンで、何の抵抗もできない子供たちが殺されるわけでしょう。これは不条理です。しかし人間の歴史というのはそれで来たのだと思います。

大江　旧約聖書のヨブ記では神が人間を試すわけですが、ヨブは過酷な試練の意味を理解できる人間です。しかし、三、四歳の幼児の虐待を、将来のすべての大団円のための一つの道筋として神が許している、というならば、それはあまりにも非合理ではないでしょうか。

谷川　救済への道筋として幼児虐待を認める、という論理は成り立たない。今の日本でも幼児虐待がなされています。二、三歳の自分の子供に食事も与えない。それだけではありません。親は子を殺し、また子は親を殺す。そういうあさましい出来事が、現在頻々として起こっている。これは日本の問題であるし、人類全体の問題でもある。だからそういう意味では、不条理というものを超える力を求めねばなりません。

親鸞の悪人正機説

谷川　そこで、何か信仰がなければだめだ、ということになります。私はここで浄土真宗の悪人正機説を考えてみたい。

親鸞の教えは、善人よりも悪人が成仏する、というものですからね。子殺しの親、親殺しの子も成仏しなければいけないわけです。だけどそれを何か心情で認めるというのは、私にはなかなか難しい。親鸞の教えが今ブームになっています。悪人正機説というのは分かるのですが、それもいろんな問題があるような気がします。

イエスの場合、悪人に対しては「悔い改めよ」でしょう。キリスト教では悔い改めれば悪は許される。一方親鸞の場合は、悪を重ねるほど救われるみたいな妙な論理があるわけです。救い難い存在であればあるほど救われる。

大江　それは、自分が犯している悪を認識しているからこそ反省ができる、という意味ではありませんか。

谷川　悪人であっても反省があれば救われる、というのなら分かります。しかし、人間は浅ましい存在であり凡夫である。だから反省がむずかしい。しかし、それがなくても救われる、というのが親鸞の考えではないですか。増悪論、あれが親鸞の思想でいちばん困ったことです。

親鸞は悪いことをしたほうがいいとは言いません。しかし、まかりまちがえれば、弟子たちの間では、たとえば女を犯したほうがいい、三人犯しても一〇人犯してもいい、というようになっていく。そういう妙な論理がいいと言い切れるか。

サリン事件の犯人、あれは悪人ですよね。サリンをばら撒いて人を殺したんですから。あれも許されるのか、親鸞の教えとして。浄土真宗はいちばん深い思想であるがゆえに、それを説明するのがもっとも難しいのではないでしょうか。

イエスの「汝ら悔い改めよ」というのはよく分かります。悪いことをしても、悔い改め、違う人生を歩めばそれでいいんだと。だけど凡夫の衆生《しゅじょう》を相手とする浄土真宗はそうではないような気がします。その辺りは分からないですね、私には。

ナイフで通行人を次々に刺し殺す、この前の秋葉原の事件のようなものをしでかしたあの男は許されるのか。それこそまったくのアナーキーでしょう。それを親鸞はどう考えるのか。

増悪論というのは親鸞も悩んだと思うし、浄土真宗の信者も悩んでいると思いますけれど。親鸞は他力ですから行《ぎょう》というのを認めないでしょう。自力で行をするとか修行するとか、自力で更生するとかを認めない。みんな前から決まっていたことであって、自分ではどうにもならない。

自分は凡夫であると自覚し、それに徹して心を改める、というのであれば分かります。だけど自覚のない人間までを悪人と呼び、それまでをも許すということになるとね。それこそ弥陀の力があるからそれができるんだ、というかもしれませんが、私はそこまで割り切れません。私の理解の仕方がまちがっているかもしれませんが。

殉教者セバスチャンと加害者意識

大江　先生は、中世のヨーロッパで好んで描かれた、矢を無数に刺された殉教者セバスチャンの絵、その絵に対する加害者意識と、磔刑のキリストと同化した被害者意識のどちらも自分は持ちあわせている、と言っておられます。この加害者意識には人間の根源的な感情があると思うのですが、如何でしょうか。

谷川　人間には狩猟本能があると思います。獲物を追い詰めて殺す。その前に獲物をいたぶったりして相手が苦しむのを見て、それが快楽になる。

大江　鹿狩りが狩猟の最高の醍醐味だ、と聞いたことがあります。

谷川　追いつめられた鹿が狩人の目を見ながら、恐怖のあまり動けなくなる。その鹿を射る時の快楽が狩人の血の中にあると私は思う。狩人の苛虐的な意識、そして追い詰められた鹿の気持ち、一方がサディズムならば他方はマゾヒズムです。
以前、動物の本を読んでいたら、小鳥がイタチやテンに襲われる時、かえって小鳥が近づいてきて挑発的な行動をする、ということが書いてありました。被虐的な立場に立つ者が自分を襲う加害者に対してそうする。
　聖セバスチャンの絵を見ますと、男性でありながらふっくらと肉付きのいい、どこか女性的な感じで描かれる場合が多いのです。男性であってしかも女性的な体を持っている。そこに被虐的なものを感じます。

大江　ちょうど今から五年前に熊本で全国地名研究者大会があった時に、私は先生にお供して細川ガラシャの墓など、熊本市内を見て回りました。熊本県立美術館にも足を運び、そこのテラスでお茶を飲んだ。
　先生がふと壁のレリーフに目を遣り、「ああ、あれはセバスチャンですね」とおっしゃったのですが、後で先生がセバスチャンに対して特別の思い入れをお持ちなのを知りました。

谷川　これは私だけじゃなくて、柳田国男も三島由紀夫もセバスチャンのことを書いています。戦国時代から江戸初期にかけての日本のキリシタンはセバスチャンがすごく好きなんですね。どういうわけか、日本ではセバスチャンを描いたカードや絵がよく売れる。日本のキリシタンはセバスチャンに対し、特別な愛着をもっていました。セバスチャンのセを取ってバスチャン。あとで潜伏キリシタンのことをバスチャンと呼ぶようになる。

日本のキリスト教の信者が、加害者的な意識を持っていたとは思えません。逆に彼らは絶えず付け狙われている。今にも捕縛されて殺害されるかもしれぬ、そういう恐怖の中の快感のような感情を持っていたのではないか。その種のものがカトリックの信仰にはあります。

ニヒリズムを超えるもの

谷川　フランクルの『夜と霧』、これはアウシュビッツ強制収容所の話ですが、そこでも同様の感情が働いているように思いましたね。しかもどんな極限状況でもまだ希望がある、ということをフランクルは盛んに書いている。むしろ希望が自分のほうにやってくるのだ。自分が希望を持つのではなく、希望が自分を捉えるのだと。

これが神ということでしょうかね。いつガス室に送り込まれるかもしれぬ人間にも、人生はいいものだという感じが残る、と書いている。罪なくして強制収容所に入れられた、明日をも知れぬユダヤ人が、「この夕焼けは何と美しいんだろう」と、空を眺めていた。だから極限状況の中で味わった信仰もあるんですね。

ニヒリズムを超える何か。人間には超えようとする意欲が備わっているのもまた事実なのです。彼は、人生は意味がないと思って、刹那的な行為をする人が早く死ぬ、と言います。人生の意味を極限状況でも見出すことが必要である、と彼は述べているのです。

大江　一方、ドフトエフスキーは、神のいない世界の恐ろしさを垣間見、それを乗り越えるため必死にもがきました。

谷川　死刑判決を受けたドフトエフスキーは、刑場で目隠しをされ、柱の前に立たされる。そして、銃殺されるその直前に皇帝の恩赦が下る。これは皇帝の仕組んだ茶番ですよ。人を愚弄しているわけです。その前夜に死刑の執行を許すのであれば分かりますがね。

その後シベリア送りとなり、『死の家の記録』にあるように、囚人たちの中でひたすら聖書だけを読んでいるわけでしょ。内村剛介的な生活ですよね。でも剛介は独房だから他の囚人と一緒に暮らしてはいない。ドフトエフスキーは囚人たちと一緒に暮らしている。

入院生活で実感した「庶民」

大江　それで、ドフトエフスキーもシベリアで、庶民のものの考え方が初めて分かった。谷川先生にも登戸病院での入院生活の折の御経験があります。先生は昭和四十二年に結核で川崎市の病院に入院されました。

谷川　確かにそこで庶民というものがよく分かりました。当時の川崎というのは労働者の町で、ほんとうに柄が悪かった。

登戸病院の玄関まで行く道が結核病棟の下を通る。結核病棟の大部屋には、元気のいいのがいっぱいいて、病棟の三階ぐらいから、道を歩いている外来の患者に癇《かん》癪《しゃく》玉《だま》なんかを投げつけるんだから。

午後九時になると消灯ですが、彼らは真っ暗闇の中で酒盛りをするわけです。焼酎を飲みながら茶碗を叩く。また、病院内で競馬の賭けをやるんですよ。患者の中にノミ屋がいて、賭けを完全に仕切っている。私設馬券の払い戻しをするのも患者です。廊下には「ノミ行為はやめて下さい　院長」という張り紙まであった。

無頼の徒が大勢いました。頬に傷がある。中でも運転手あがりに理屈屋が多かったですね。相手の車と接触した時にこちらは絶対に正しいと言わなければ、補償金を取られるでしょう。だからすごいんですよ、屁理屈を言うのが。ところが柄に似合わず、小鳥を飼って餌などをやっている。とにかくあそこで庶民というのが分かりました。

庶民の論理

谷川　病棟に本棚があって、療養の仕方を書いてある本がたくさん置いてある。それを入院している人がみんな読むわけです。その本がだんだん目減りする。返さない人がいるから。だから私が図書の担当になった時に、新しい本を充塡したいと思った。それで皆に「月に十円ずつ出して本を買おうじゃないか」と提案したのですが、患者総会で否決された。癪《しゃく》にさわったからもう一遍やったが、また否決された。わずか十円なのに出さないんです。三回やっても否決されてとうとう僕は止めました。
ところがある人が言うんですよ。「谷川さんそれは無理ですよ。だいたいみんなは病院から出たいと思っている。病院は仮の生活なんだ。病院に長く居るつもりはない。だからそれは無理でしょう」と。
彼らは平気で病院を抜け出して、近くの焼肉屋で百円くらい出して食べるんですよ。それからまた大衆小説なんか好きで、近くの本屋に行って買ってきて読むんです。それにはお金を出すのに、わずか十円のお金を投資することは拒否する。これが僕にはどうしても分からない。

大江　かつて私の小学生の息子が、私の編集していた『魂の民俗学—谷川健一の思想』の校正刷でそこのくだりを読んで、「谷川先生は真面目過ぎるんじゃないか」と。校正紙の裏を計算用紙に使っていたものですから読んだんですね。

谷川　私自身、浮き上がったようなインテリの悲哀というものを感じました。

大江　彼らは先生をどう見ていたのでしょう。

谷川　一応私のことは大事にしてくれました。でも、よほど事態が悪化しない限り大衆というのは決起しませんね。みんな自分を守ろうとしている。インテリは素早く行動を起こす。でも大衆は立たない。
ベトナム戦争の時でもそうでしょう。自分の親兄弟が殺されたり、極端なことを言うと妹が犯されたりした時に立ちあがるんですよ、あの連中は。自分の身にそのようなことが起こらない限りは動かない。だからべ平連運動は、あまり賛成できませんでした。徴兵を拒否して逃げようとするアメリカ兵を助けるのは分かるけれど、ベトナムの人民の感覚とは別物です。

彼らは攻めてくるアメリカ軍に抵抗するため、竹やりを仕込んだ落とし穴を何百と作るわけでしょう。それは並大抵の精神ではない。銃をもってパンパンと撃つようなものではない。そういうのが大衆なんだな。

大江　論理の世界ではない。

谷川　そう。秩父困民党が逃げる時、畑を踏み荒らすんですよ。その時農民が「大事にしている畑を踏みつけやがって」とすごく怒る。三好十郎が劇の中で書いていました。

また、中村きい子という鹿児島の女流作家が書いていたんですが、西南の戦役で西郷軍が負けて日向から逃げ帰る時、農民が種を蒔いてい

谷川健一先生（右）と編著者

るのを見かける。敗残兵たちはそれを見て「自分たちが斬ったり斬られたりしている間にも、農民は種を蒔くことを忘れなかった」と感動するわけです。

農民は大地と結びついているんですね。武士が斬ったり斬られたりしても、そんなものは農民とはなんの関係もない。秩父困民党がいかに反政府的義侠であれ、それは迷惑なんだよね。それが庶民なのです。多少そういうことが分かりましたよ。

私は登戸病院の彼らを軽蔑するつもりはまったくありません。むしろ教えられることが多かった。無頼な連中がそろっていた。だいたい当時の川崎はひどかったですよ。ほんとうに。南武線の中では皆朝から競馬新聞を広げている。川崎に着けば酔漢が車道に寝転がっていて、そこを車が避けて通る、などということもありました。だから、夜歩くのは怖かったですね。

私は敢えてその川崎に地名研究所を作ってみせる、と思った。文化人の大勢揃っている藤沢あたりなら、この種の話は通り易いでしょう。だけどこの不毛の土地に種を蒔いてやろうと思った。やはり聖書に誑《たぶら》かされたんですね（笑）。

川崎に日本地名研究所はできたが、全然根付かないんです。川崎の商店や実業家は一円も出さないし、何の協力もしない。不毛の地だからこそ文化の種を蒔いてやろう、と思ったのが運の尽きですよ。結局それはインテリの望みにしか過ぎませんでした。

まあ、確かにイエスは、不毛の土地に種を蒔いても枯れる、と述べているわけですからね。イエスの言うとおりでした。

二十四　日本人の魂のゆくえ

魂と麻糸

大江　谷川先生の民俗学の中心テーマの一つは日本人の死生観だと思います。言い換えれば「死後の魂はどこにいくのか」ということで、これは柳田国男や折口信夫も論じた重要な問題です。まず魂とは何か、ということからお伺いしたいのですが。

谷川　折口信夫は「タマ」と「タマシイ」の区別について、次のように述べています。タマは抽象的な存在で、体に這入ったり出たりするものを意味したが、時代が経つと、タマのかたどりである石や動物の骨など、丸くて中空な魂の容れ物のほうを指すようになった。そして抽象的なタマのほうをタマシイと呼ぶようになった。タマシイは、活用する力、生きる力の意を持つ。

百人一首に「玉の緒よ絶えなば絶えね　ながらへば　忍ぶることの弱りもぞする」という式子内親王の歌がありますが、玉の緒とは中空の玉をいくつも連ねる時の紐であり、麻糸が使われていました。それを首飾り、腕輪や足輪にする。玉を連ねる麻の糸が切れるのは人の命が絶えるのと同じ、と古代人は考えました。彼らにとって首飾りは装飾ではなく、自分の魂を体外に出さないためのものでした。ではなぜ麻糸なのか。

　古事記の「崇神記」に三輪山伝説が出てきます。夜な夜な美しい青年が女のところに通ってくるが素性がわからない。それで父母が「巻子紡麻《へそお》を針に貫きて、その（男の）衣の裾《すそ》に刺せ」と教える。翌朝、見ると麻糸は戸の鈎《かぎ》穴を通って三輪山の社に留まっていた。それでその青年が神の子と知った。つまり大物主命であったわけです。ここに出てくる「巻子紡麻」とは麻糸を輪状に束ねたものですが、その形状が臍《へそ》の緒に似ているために「巻子紡麻」と呼ばれるようになったと思われます。また麻糸は赤子の誕生の時に臍をしばるのにも使われました。このように麻糸と臍は密接な関係があるのです。

　先島諸島の宮古島に行ってわかったことがあります。宮古島では頭のつむじをピスと言い、臍をプスと言う。プスは古代の日本ではホゾと言うんですね。「ホゾを噛む」のホゾです。

　その宮古島では、ピスとプスは生命の息を体内に吹き込むところと考えられていました。「つむじ曲がり」や「へそ曲がり」という言葉は、どちらも意味は同じですが、これは生命の出入口が正しく渦を巻いていないことを意味します。魂が渦を巻きながら入るのは、輪に巻いた麻糸の束を連想させる。ですから麻糸を輪に巻くことによって、魂を体内に留めることができると考えたのです。

　八重山では子供が急にぐったりした時など「マブイごめ」をします。マブイというのは八重山で魂のことを言います。麻糸を輪にしてそこに魂を追い込む仕草をし、その麻糸の輪を子供の首や手首に懸け、魂を封じる。

そのように、麻糸とタマは切っても切れない縁があって、それが首飾りの霊力に繋がっていると私は思うのです。

非人格的なタマ

谷川　タマは非人格的、非意思的な存在です。最初に非人格的なタマという概念があり、それが大国主命のような神に進化していく。これは折口が言っています。神様となるとある程度人間くさくなる。

大江　我々の持っているタマも非人格的なのですか。

谷川　ええ、そうです。非人格的なうえに、浮遊しやすい。たとえば、全国各地にある説話に、ある奢った金持ちが、餅を的にして弓を射たら餅が白い鳥になって飛んでいったというのがある。餅は丸いですから、それを魂と見立ててこの説話が生まれたのだと思いますけれど、これには稲魂が浮遊しやすいということが背景にあると思います。

奄美大島の龍郷《たつごう》村の秋名《あきな》で、旧八月に節小屋《しゃちがま》という、新しい稲藁で葺いた仮小屋の屋根を、歌いながら揺りつぶすアラセツ（新節）の行事があります。これは稲魂が非常に移り気で飛び去りやすいので、稲魂を小屋に籠らせ、再生させる意味があると私は考えています。

大江　タマは非人格とのことですが、誰それの霊が崇《たた》るという場合、その霊には人格があるのでは。

谷川　御霊《ごりょう》は死後の魂で、生者に祟る。あれはもともと非人格的な性格を持っていました。死んでも成仏できない魂が非人格的な死霊になる。あとで佐倉惣五郎とか崇徳上皇、平将門、菅原道真などの人格と結びついた。最初から特定の人物の御霊というわけではない、と私は考えています。日本では、異常死した人の魂や御霊などは能動的な存在です。キリスト教では、御霊というのはあり得ません。たとえば、敗死した人の魂が祟るということはないと思います。

沖縄では異常死したものはみなキガズンと言います。怪我死と書いてキガズンです。夭折《ようせつ》、事故死、行き斃れ、自死、刑死など、要するに天寿を全うしなかったものは皆キガズンです。これは祟る。

平家物語に出てくる斎藤実盛《さいとうさねもり》も祟るということになっている。実盛に関する言い伝えに、加賀篠原の戦いの時、乗っていた馬が稲の切り株にけつまづき、実盛は打ち取られて死んだ。それを恨んだ実盛が稲を食い荒らす害虫・稲虫（ウンカ）になった、というのがある。それが農村の虫送り行事である「実盛送り」になったわけです。

でも実盛が恨みを呑んで死んだ、などと考える必要はない。そもそも実盛は恨んで死ぬようなタイプじゃないでしょう。年寄りなのに化粧したり髪を染めたりして出陣したという程度の男ですから。もっとも平家物語には馬がけつまづいたり実盛が祟ったり、という話は出ていませんがね。

死者はやがて無名の魂となる

大江　私の霊魂のイメージは、たとえば、百何十年前に死んだ誰それの霊、という個別的なものなのですが。

谷川　日本人の霊魂観というのは、やはり最初は無名的なんです。それがあとで個人的な名前がついたと私は思います。死んでから五〇年すれば、今まで戒名がつけられていた個人の、その戒名がなくなる。五〇年が供養の節目で、遺族が故人に対し「もうこれから供養してくれと言うなよ」と言う。これを「問い切り」といいます。それで柳の木をお墓に植える。

私も実際、遠野の土淵でその柳を見たことがあります。遠野の伝承を柳田に語った佐々木喜善の家の向かいがダンノハナという墓地で、石塔がずっとならんでいる中に柳の木が一本植えてありました。ああ、これが「問い切り」かと思いました。

生者は死者が自分にうるさく供養を要求するのが面倒くさいんですね。それで「問い切り」という現金な言い方をして死者を無名の魂に帰すんです。その前は戒名があるので、個人のにおいがしますけれど、いずれは無名の世界に帰っていく。つまり仏から神になる。

神は無名の魂である、という考え方がありましてね。無名のたくさんの祖先の魂の中に新たに一つの魂が加わる、という程度のこととなる。タマは日本人総体の霊魂と考えていいと思うのです。個人個人じゃない。集合的無意識ですね。

大江　「問い切り」は感覚的にわかるような気がします。たとえば一般的に、亡くなったひいお爺さんの記憶などほとんどない。ただ供養はしないといけない気もする。

谷川　それは、五〇年間は法事をやる、という習俗があるからです。お金もいるし、人を呼んでお斎《とき》もやらなくてはいけない。そういう出費はもうたくさんだと思って「問い切り」がでてきたと思いますね。

だいたい、五代前はわからない。柳田さんも書いています。ひいお爺さんで四代目です。五代というと、一世代を三〇年として一五〇年くらいですね。今から言えば江戸時代の終わり頃。それから先はわからない。元禄以前の墓石はほとんど自然石です。戒名など書いていなくて、ただ置いてあるだけ。個人の名前、戒名を書くようになりはじめたのは元禄あたりからです。

折口の歌に「人も馬も道行きつかれ死ににけり、旅寝かさなるほどのかそけさ」というのがあります。つぎからつぎに旅人が行き斃れて死んだという。どこの誰が死んだというのではなくてね。無名の世界ですよ。

ケガレとハレ

大江　ケガレの「ケ」に関する従来の解釈と谷川先生のお考えとは異なります。

谷川　日本では古来から「ケ」という言葉が使われてきました。「ケ」というのは「気高い」の「ケ」です。

ケガレには諸説があります。たとえば、桜井徳太郎は「ケ」を食物や作物の持つ根源的なエネルギーと考えています。動物でも植物でも身体にもともと持っている固有のエネルギーであり、それが枯れるのが「ケガレ」、つまり「気枯れ」あるいは「毛枯れ」であると主張しています。しかし私はその考えに同意できません。

私の見解はこうです。「ケ」は霊威であり、対象に容易に付着したり離れたりする。「ケ」が人に付着すると人は元気になるが、離れると元気をなくす。古代の葬送儀礼であるモガリの時は、「ケ」がまた還ってくることを期待して、歌い踊りながら酒宴を開くが、その効果なく「ケ」が戻らないと完全な死となる。

この「ケ」が離れることをケガレと言いました。カレは離れるということです。「ケ」が体から離れると人は気持ちが萎えていく。その極点が死です。

沖縄では「セ」とか「セジ」と言います。これは『おもろさうし』にも多くの事例が載っています。セジというのは霊威であり、非人格的、非意思的です。人にくっつきやすく離れやすい。そのように絶えず浮遊しているのがセジです。

大江　柳田国男は日本人の生活に「ハレ」と「ケ」という概念を見出しましたが、谷川先生はそれに「ケガレ」を加えて考えておられます。

谷川　「ケ」は日常的であり、「ハレ」は非日常的です。日常からはずれた時に「ハレ」がある。だから日常では悪とされることが「ハレ」では善になる。酒を飲み過ぎるのは日常では悪だが、お祭りでは酩酊しないとだめですよね。打ちこわしは日常では悪だけれど、ハレの時はそれがいいんです。みんなが神社に勢ぞろいして打ちこわしを祈願したりする。

先ほどの「ケガレ」も「ハレ」同様、非日常です。「ケガレ」と「ハレ」は一見対極にあるように見えて実は合うんです。

たとえば、日本書紀に天若日子《あめのわかひこ》が死んだ時に喪屋を作り、モガリをした話があります。カワセミやミソサザイなど水辺の鳥たちが葬儀に登場するのですが、川雁は持箒者《ははきもち》となっている。折口信夫は、喪屋の持箒者は身体の外に脱した死者の魂をかき集め、元の体に封じようとする役割だと言っています。

一方、古語拾遺には海神の娘の豊玉姫が出産の折、浜辺の産屋で天忍人命《あめのおしひとのみこと》が箒《ほうき》で蟹を掃った、ということが出ている。これは本来、体の外に抜け出やすい新生児の魂を箒でかき集めることを意味したのではないか。葬送と誕生、死と生という両極に位置する「ケガレ」と「ハレ」の儀礼が奇妙に一致するのです。

キリスト教の霊魂観との違い

大江　キリスト教の霊魂観と日本の霊魂観の違いは何ですか。

谷川　これは歴然としています。キリスト教では死者は生前とまったく違った世界に住むのです。現世と他界はきっぱり分かれている。たとえば、ある人間が死んだ場合、あの世では現世の固有名詞が完全に消えるのです。他方、日本人の他界は現世の延長であり、現世と相似形です。しかも他界の魂は、盆正月、春秋の日などの節目に帰ってきて現世の人間と親しく交わる。そういう循環的な世界を営んでいます。

キリスト教の場合、終末の日が近づいて死者が墓場から復活するのですが、その時に身体も必要なので土葬にする。日本にはその種の復活概念はありません。

大江 キリスト教では他界で霊魂の固有名詞が消えてしまう。ですから、その霊魂は復活の時、元の遺体にもどってくるわけではない、ということになりますね。

谷川 元の身体は土葬して温存してあるわけです。ということは元の魂が帰ってくることになりますね。そうなると魂にも固有性があるような気がするんだよな。私にはわかりません。

大江 日本人がよく「自分たちは無神論だ」という割に葬送儀礼が廃れないのは、魂の存在に対する確信があるからだと思うのですけれど。

谷川 それはむしろ葬式仏教の影響でしょう。今では葬儀の日に初七日もやってしまう。あれも不思議な話でね。お坊さんも忙しいですし、遺族も手数が省けるということでしょう。

むしろ自然葬などをする人たちのほうに、魂に対する確信があるかもしれませんね。日常仏壇に手を合わせるのも魂の存在を信じた振る舞いですよ。

常世と妣の国

大江 先生の民俗学の核心部分に、常世の問題があります。

谷川　私は他界が懐かしい場所であってほしいと思っています。私には常世に対する信頼感のようなものがあります。地獄に行って閻魔《えんま》大王に舌をぬかれたり、鬼に骨を砕かれたりするのはいやですからね。私は、死んでなお刑罰を受けねばならぬような他界を信じていません。

もちろん常世というのは、願望でしかない幻影だと思います。でも、そういうものがあると信じていれば気が楽です。いざという場合にどうかはわかりませんけれど。

大江　谷川先生は「妣《はは》の国」に憧憬の念をお持ちです。

谷川　古事記に出てくる「妣の国」の「妣」というのは死んだ母だけじゃなくて、そのまた母の母、そのまた母というふうにずっと遡っていく。それはゲーテの『ファウスト』に出てくる「空間も時間もない母たちの国」のように、神話の世界までつながっていくと思うんですね。

やっぱり、私はスサノヲの系統。常世への憧れがあります。自分のことを考えてみると、私の母はそんなに理想的なものじゃない。だけど母が常世にいると思うと母は純化される。

沖縄の青の世界

大江　常世は永遠の魂の住処《すみか》というイメージがありますが。

谷川　そうではありません。沖縄では墓をヨウドレと言う。夕凪に近いような死後の世界を想定しています。しかし、それは一時的な休憩であって、また生まれ返ってくる。それを奄美では「ユノリ」と言います。ユノリとは「世ナオリ」のことです。九州ではナオルは移るという意味。

つまり、ユノリは常世の国から現世に移ってくることを意味する。ですから、常世というのは魂が永遠にいる場所ではありません。いつ現世に帰ってくるか、それはわかりませんが、日本人には生まれ返るという思想があるのです。

大江　沖縄では他界が身近なところにありました。

谷川　沖縄では以前、人が亡くなれば海蝕洞窟に葬ったのです。外光が差し込むと洞窟内は黄色い光に満たされます。沖縄では赤白黒以外の漠然とした色は、黄色も含めて青と呼んでいました。それでその世界を「青の世界」と呼んだ。仲松弥秀さんはそう考えました。

仲松さんは沖縄の民俗学研究に大きな功績を遺した人です。私も親しくお話を伺いました。仲松さんによれば、沖縄本島とその属島には奥武島《おうのしま》という地先の島がいくつもあり、そのいずれもが死者を葬る場所でした。「あお」の発音は「おう」に変化する。それで「青《あお》の島」が「奥武《おう》島」に変化したと推測したのです。呼べば答えるような近くの島に死者を葬った。

実は「青の島」の痕跡は本州の日本海沿岸に広がっています。ですから沖縄に限らず、古代人は、死者は自分の共同体の近いところにいる、という感覚を持っていたと思います。

古代人の宇宙観

谷川　古代人は、仏教でいう十万億土のような遠いところに死者の世界があるとは考えませんでした。古代の宇宙は狭いのです。沖縄の民謡に「テダバンタ」「ツキバンタ」という言葉が出てくる。バンタというのは端っこ。つまり太陽の端、月の端というのは宇宙の端という意味です。そこまで死者の棺を運んでいくという挽歌があります。ですから、テダバンタ、ツキバンタは、歩いていけるような近いところなのです。それが古代人の宇宙観です。

たとえば、大和国中《くんなか》の場合は、東は三輪山の檜原神社のある檜原の北の穴師《あなし》。西のほうは二上山の北の穴虫峠あたり。これが東と西の端だった。太陽は三輪山の穴師から出て、二上山の北の穴虫峠に沈む。そういう、村そのものが宇宙である時代があったと思いますね。

琉球王府の『おもろさうし』には「太陽《テダ》が穴《アナ》」とか「東《アガルイ》の太陽穴《テダガアナ》」という言葉が出てくる。太陽の出る穴。しかし、それは観念的な表現ではありません。実際、沖縄の宮古島市平良に「太陽《テダ》の洞窟《ガガマ》」があります。九十近い老婆がそこを守っていました。私はその老婆の案内で万古山《ばんこう》の御嶽《たき》の近くにある洞窟の入り口まで行きましたよ。

太陽の洞窟は宮古島の属島の来間島《くりま》にもあります。太陽は来間島の東の洞窟から出て、夕方、西に沈み、夜中に島の底を回ってまた朝、東の洞窟から昇るのです。その東の洞窟を「太陽《テダ》が洞窟《ガマ》」と言い、鷹が守っているという。そのように宇宙は極めて小さかった。

聖化されるニライカナイ

大江　沖縄の他界観念の一つであるニライカナイも、かつては近くにあったわけですね。

谷川　ええ。ニライカナイは「青の島」の延長だったと思うのです。そこは祖霊であり神でもあるものが住む場所だった。でもニライカナイ自体が聖化されていって、神の島となり、だんだん遠いところになってしまう。それで死者の行く場所として後生《ぐしょう》という世界を別に作ったのです。

後生という言葉は仏教からきているけれども、仏教とは関係がありません。単に死者の行く世界をそう呼んでいる。久《く》高《だか》島や津《つ》堅《けん》島では島の一角に後生という風葬墓があって、そこに亡骸をボンボン投げ入れるわけです。つまり後生は神のいる場所ではないのです。神と祖霊とは引き離されている。神の島はニライカナイ、死者の世界はグショウ。

一方、先島諸島の八重山では、ナビンドウという洞窟があり、神、妖怪、祖霊の三者が一体になったようなものがいると考えられていました。そこは海の彼方のニルヤに通じているといいます。沖縄本島と違い、祖霊と神と妖怪が混然一体となっている。ですからニライカナイは、あとでできた近代的な観念のように思えますね。

大江　沖縄のニライカナイと本土の常世の観念とはどう違いますか。

谷川　常世というのは、現世の人があの世に対して持つ一種の願望です。ところがニライカナイは、そこに行きたいという願望の対象ではありません。反対にニライカナイが持っている「ニライセジ」がこの世に贈られてくる、という感じのほうが強い。人々に富と幸福をもたらす神の島、というイメージです。

ニライカナイには人間世界に対する神の視線が感じられる。他方、常世は神あるいは祖霊の世界に対する人間側からの視線。そういうふうに、視線が逆なのです。

妣の国―常世は、スサノヲが行きたいと泣き叫ぶくらいに思慕する世界でした。だけど、沖縄の人がニライカナイに行きたいと熱望する話は聞いたことがない。むしろニライカナイから人間界に火や水、あるいは害虫など万物がやってくるという源泉的な存在なのです。

常世とは何か

大江　我が国の古代においては、常世は憧れの場所ですね。

谷川　もともと常世は祖霊の住む島というだけでなく、穀物や果物がいつも実っているところと思われていました。古事記や日本書紀に、田道間守《たじまもり》が「非時《ときじく》の香の木の実」(いつでもよい香りのする果実)を採りに海の彼方の常世に行って戻ってきた、という記事があります。

常世はあとでは、永遠に快楽が得られる世界、蓬莱島に変わります。この考え方は道教や仏教が入ってからのものです。だから常世観念もだんだん変わっていくのです。

大江　柳田国男が『鼠の浄土』で日本人の常世観の変遷を述べています。もともと日本人の「根の国」は生死の別なく魂の行き来できる島地であったが、いつとはなしに幻の楽土と化した。それで限られたものだけがその地に行けるのだろう、ということになり、亀を助けた浦島太郎の龍宮訪問となる。また山中であれば、鼠に握り飯を与えたお爺さんが地下の鼠の国に案内される「おむすびころりん」の話になる。

私はこの説が面白くて大好きです。海辺の民はわたつみの奥底に、山の民は地中に常世を想像している。

谷川　海人族の場合は、やはり海の彼方に他界があった。海上他界です。山民の場合は山の彼方、山中他界ですね。折口は海人族の信仰が徐々に内陸に入ってきた、と一元論的に説明しています。でも信州井戸尻《いどじり》の縄文土器なんかを見ますと、私は海の連中が山に来てあのような土器を作ったようには思えないのです。内陸部で狩猟生活をしてきている人々が作ったと考えるのが妥当です。山の人間に海のことは想像できませんから、山の人間なりに他界を考えなければいけません。『遠野物語』などを見てもそうですよね。ですから別々の他界があった。だけど内容的にはそんなに違わなかったと私は思います。

ところがアイヌは、あの世に行くとすべてが逆だというのです。この世が真夏の時はあの世は真冬。こっちが昼の時は夜。こっちが歩いている時はあの世では寝ている。全部逆です。

しかし、宮古島や沖縄では、現世と他界はまったくの相似形です。現世で警察官だとあの世でも警察官。この世で葬式を出す時あの世でも葬式を出す。

大江　ここまでお話を伺ってみると、常世の観念についてはいろいろと変遷があるものの、古代日本人の世界観の独自性を強く感じます。

谷川　ほんとうにそう思います。一方はいつも穀物や果実が実っているような、南につながる遥かな空間。もう一方では無限に遡る祖霊たちの時間。この時間と空間の交差したところが常世なのです。日本人以外にこのような他界観を持った民族はいません。

私は常世こそが日本人の思想の原点なのだと確信しています。

二つの民俗文化の融合

大江　先生の『青銅の神の足跡』の序説として「耳と目の結婚」という文章があります。日本の先史時代、タカギ（高木）の神、別名タカミムスビ（高御産巣日）の神を奉斎する北方文化を担う民族と、アマテラス（天照）を奉斎する南方渡来の種族が婚姻を重ね、融合していったという説です。

谷川　古事記によれば、天孫降臨の時にタカギの神がアマテラスに命じ、ニニギノミコト（邇邇藝命）を派遣する。つまり指令者はタカギの神で、北方系です。他方アマテラスは、農耕に関係が深いですから南方系ですね。タカギの神の命令を受けてアマテラスがそれを具体化した。そのように分担が分かれるのです。別の言い方をすれば、北方系と南方系が融合しているわけです。

大江　アマテラスから遣わされるニニギノミコトは、笠紗《かささ》の御崎で神阿《かむあ》多都比売《たつひめ》つまりコノハナノサクヤヒメと結婚する。阿多というのは隼人、これは海人族です。日本書紀によれば、そこで生まれたのが山幸のヒコホホデミです。そのお兄さんのホスセリは海幸。うまくできているんですよ。子孫が海と山の二つに分かれるのですからね。

万物が魂を持つ世界

大江　先生は「民俗学とは神と人間と自然の交渉の学」だと言われましたが、人間同様、神にも自然にもみなタマはあると考えてよいでしょうか。

谷川　それはあります。森羅万象あると考えてよいと思いますね。それは古事記や日本書紀その他古代の文献の中に出てきます。

日本書紀には「葦原中国《あしはらのなかつくに》は、磐根《いはね》、木株《このもと》、草葉《くさのかきは》も、猶能《なほよ》く言語《ものい》ふ。夜は熛火《ほほ》の若《もころ》に喧響《おとな》ひ、昼は五月蠅《さばへ》如《な》す沸《わ》き騰《あが》る」とあります。

これは天孫降臨以前の葦原中国の状態を述べたものです。

また出雲国造神賀詞《いづものくにのみやつこのかむよごと》には「豊葦原の水穂の国は、昼は五月蠅《さばへ》なす水沸《みなわ》き、夜は火瓮《ほべ》なす光《かかや》く神あり、石《いは》ね・木立《こだち》・青水沫《あをみなわ》も事問ひて荒ぶる国なり」とあります。

草も木も石ころも昼間はウンカのように騒ぎ立て、夜は炎のように燃え上がる。そういう神々がいた。この辺は非常にいい文章ですね。シャーマニズムの世界を活写しています。もの自体が、アニマ、霊魂を持ってるわけですよ。炎が自然に燃え上がるのではなくて、意思を持って生き生きと燃えるわけです。蛍火のように輝く神がいる。蛍自体神であり、霊魂である。そういう時代があった。

そして、絶えず相手に悪さをして邪魔をし、邪魔されると抵抗する。「事問ふ」は「言問ふ」で、ぶつくさ不平を言い、異議申し立てをすることを言います、ブツブツ不平を言う。木の葉もブツブツ言う。ぼやぼやしていたらやられるので、絶えず身構えてね。

和泉式部に「ものおもへば沢のほたるも我が身よりあくかれいづるたまかとぞみる」という歌があります。恋を祈る宮、貴船の社に参ったおり、みたらし川に飛ぶ蛍を見て、我が身から迷い出た魂のように見える、と言う。ましてや古代にはそういう世界もあったと思います。

平成二十三年三月、日本は大震災に見舞われました。科学技術の進歩で人間が絶対的に自然に勝利し得たと思った矢先に大破綻が来る。もっと人間が謙虚にならないといけない。

自然の一員でしかない人間の存在の危うさを、はっきり認識すべきです。そういう認識がなくなった時に危機が訪れる。日本はまさにそういう時期だと思うのです。

一神教とアニミズム

大江　谷川先生の第二歌集の題名は『青水沫《あをみなわ》』です。これは先ほどおっしゃった出雲国造神賀詞に出てくる言葉で、水の飛沫も言問うという。先生の心の奥はアニミズムと繋がっています。

谷川　唯一神だと、神と人間の間には越えることのできない絶対的な秩序がありますよね。けれども日本のように神と人間が一緒の世界もあるわけです。私は、あとの世界を採りますね。神と人間が同じレベルにあったほうが楽しく、気が楽です。

キリスト教もあまり厳しいと信者も付いていけなくなる。だから結局は、一神教といっても母なるものが必要となり、聖母マリアをつくった。もともとキリスト以前にあった土着の聖母崇拝がその源流です。
プロテスタントはマリアを崇拝しません。しかし、カトリックは長い経験から、イエスのような厳格な戒律だけではもたないと分かっていた。それで無原罪の聖母マリアを信仰の対象とした。やはり、母性的なものがほしいのです。
西洋の場合、神と人間を強引に切り離す思想もある。するとニーチェのように「神は死んだ」ということになり、超人の世界になる。でも私には厳しい世界は住み心地がよくありません。気楽じゃないと長く付き合えない。

大江　実は今日、谷川先生から魂の問題についてお話を伺い、頭の整理をしようと思っていたのです。しかし、先生御自身の中にも魂に対していろいろな視点があることが分かりました。日本人の死生観というのは多様な観点が混じりあっている。それを前提にものを考えていかないといけない。そんなことを強く思いました。

谷川　一神教のイデオロギーの中にも無理があるのです。そもそもイエス自体に無理がある。魅力的な人物ではあるけれどね。イエスをキリストだと言うからおかしくなる。それは無理なんだ。キリストは特別な聖なるもの、聖油を塗られた者でしょ。イエスという実在の人物ではありません。まあ、今日はこのくらいにしましょう。

大江　谷川先生、長時間にわたりありがとうございました。

第二部　魂の民俗学と私

見るべき程のことは見つ

キリストの磔刑像にわが心奪はれしははや六歳のとき　『青水沫』

谷川先生はまだ小学校にも上がらぬ前、強烈なキリスト教体験をしてをられる。友達に誘はれキリスト教布教の宣伝映画を見てからと云ふもの、イエスの面影が離れない。近所の信者の家で、重い十字架を背負ひつつゴルゴダの丘を登るイエスの絵を目にした時、その苦痛を思ひ、それが自分の苦痛となる。自分がイエスと一体となつた気がしたといふ。しかしその思ひも小学校入学時には消えてしまふ。

十字架にかかれるイエスをみつめをりハシブトカラス不信の眼して　『青水沫』

青年期その法悦を追体験すべく再度キリスト教に接近するが、西洋中心の教義に違和感を覚え距離を置くやうになる。先生は後に「私はキリスト教を捨てた人間です」とも言つてをられる。

しかし谷川先生はキリスト教と絶縁したわけではなかつた。

平成二十五年五月に完結した『谷川健一全集』（全二十四巻　冨山房インターナショナル刊）で、解題に代はる「巻末対話」のお相手として私は谷川先生に毎回お話を伺ふ役を賜つた。全集の実質的な最終巻となる第二十三巻の「巻末対話」のテーマは「キリスト教について」（本書、第一部二十三）である。これは大江が谷川先生に特にお願ひしたものだ。谷川先生の思想において、キリスト教の影響を無視することは出来ないと考へたからだ。

先生は、珍しくニヒリズムについて話され、「柳田や折口もニヒリズムを経験した形跡がある」と指摘した。そして「彼らの民俗学が近代思想に押し潰されない強さの理由もそこにある」と言はれた。

谷川先生はニヒリストと云ふわけではない。ドフトエフスキーに共鳴し、「人生の虚無に対抗出来るのは神しかゐない」とも述べられてゐる。しかし、先生の心は揺れ動く。

『カラマーゾフの兄弟』で、無神論者のイワンが幼児虐待の話をする。「無心に神を信じる何の罪もない三、四歳ぐらゐの子供が親に折檻される。神が実在するとすれば、なぜこのやうな非合理があるのか」。私がこの話を持ち出すと、谷川先生は苦しさうな顔をされた。

谷川先生は『日本人の魂のゆくえ』（平成二十四年六月　冨山房インターナショナル刊）に収録されて

ゐる私との対談（本書、第一部二十四）で、「私は他界が懐かしい場所であつてほしいと思つてゐます。私は、死んでなほ刑罰を受けねばならぬやうな他界を信じてゐません」と述べられた。「常世は私の願望です」とも言はれた。その「願望」といふ言葉の裏に私はニヒリズムの影を感じた。

平成二十五年八月二十三日の朝、先生は御自宅で倒れられ、その翌朝亡くなられた。その儚さは朝顔におく露のやうであつた。

八月二十八日、谷川先生の葬儀で私は最後のお別れを申し上げるべく、御遺骸を拝した。先生は大きなお身体で柩一杯に収まつてをられた。「やあ、大江さん」といつもにこやかに声を掛けて下さつた先生が無言で横たはつてをられる。

その時私は気付いた。ああ、これは英雄のお顔だ。全ての逡巡は消え失せてゐる。その表情は、平家一門の最後を見届けた後、「見るべき程のことは見つ」と言ひ放ち、壇ノ浦に身を投じた平知盛のやうに思へた。

谷川先生は民俗学者である以上に巨大な思想家である。その先生の力の源は、創造のために破壊を厭はぬ古代ギリシャのディオニソスが体現する、あの巨大な生命の律動なのだと私は思ふ。善悪の道徳観を遥かに超えていくその逞しさは、まさに生の絶対的な肯定なのである。

第一歌集『海の夫人』における彦火火出見命《ひこほほでみ》と豊玉姫の神話的悲劇も、第二歌集『青水沫』におけるアニミズム礼賛も、まさに絶対的に肯定された生の巨大な律動のあかしだ。

民俗学、古代史、地名、短歌など様々な分野で戦ひ続けて来られた谷川先生。見るべき程のことは見つ。先生の中に潜んでゐたニヒリズムは最後に居場所を失つた。堂々と横たはる誇り高き巨人・谷川健一先生の足元に、私は爽やかに香る一輪の白菊を手向けた。

魂の民俗学――谷川健一の根柢にあるもの

宗教的あるいは霊的なものに敏感なのは柳田國男、折口信夫など優れた民俗学者に共通する資質だ。谷川先生がまだ小学校にも行かぬ頃、近所の一歳上の子に誘はれて日曜学校の主催する映画会に行つた。「イエスの一生」といふ啓蒙的な映画なのだが、水俣の自然の中で育つた自分には無縁な、愛、殺戮、殉教などと云ふ世界が次々に現れ、衝撃を受ける。するとその晩からイエスのことが頭から離れない。自分にとつてイエスは大人でなく年少の先輩で、その賢く優しいといふところに深く共鳴した。谷川少年は近所の信者の家の十字架の道行図や父親の部屋にあつた世界美術全集の磔刑図を見ては、十字架に釘で打ち付けられるイエスの痛みを自分の痛みのやうに感じる。その興奮状態は一年くらゐ続いたといふ。

谷川先生は柳田や折口同様、「日本人とは何か」「日本人にとつて神とは何か」を考へ続けた。それは必然的に日本人の死生観に行き着く。専門家ではない私が民俗学に惹かれるのも、死生観が自分自身の問題だからだ。谷川先生の仕事の領域は民俗学、古代史、沖縄、地名研究、短歌、小説など多方面にわたる。しかし、これらすべての根柢にあるのが魂の問題なのである。

平成十六年の夏、谷川民俗学の全貌を明らかにすべく私が谷川先生に十三時間に及ぶインタビューをさせて頂いた際、私は書名について「魂の民俗学―谷川健一の思想」は如何でせうか、と先生に提案した。それまで先生の研究は「金属民俗学」や「青の民俗学」などいろいろな呼び方がされてゐた。それは先生の業績のある一面を言ひ当ててはゐるが、その全体像を言ひ表すには別の呼び名が相応しい、といふのが私の考へだつた。

谷川先生は一瞬戸惑ひ、「『魂の民俗学』といふ言ひ方は初めてだ。考へてみる」と言はれたが、その数日後、「良いタイトルだと思ふ」とお電話を下さつた。谷川先生はこの本を全集刊行の先駆けと位置づけ、私の提案通り『魂の民俗学―谷川健一の思想』（平成十八年二月　冨山房インターナショナル刊　大江修編）として出版する運びとなつたのである。

先生は東大を卒業後平凡社に入社、自ら企画した『風土記日本』『日本残酷物語』がベストセラーとなるなど、編集者としての非凡な才能を遺憾なく発揮する。しかしその後、結核による入院生活が長引いて退職。昭和四十四年、展望の開けぬ療養生活に見切りをつけて病院を飛び出し、初めて沖縄の地を踏んだ。それから十年間、毎月旅に出、そこで得たものを原稿に書くといふ生活を繰り返す。ルポルタージュ、民俗学、古代史、小説など当時の仕事は広範囲にわたるのだが、谷川民俗学のテーマは既にここに網羅されてゐると言つて過言ではない。

私は沖縄に足を踏み入れて後の谷川先生が、ゲーテの『ファウスト』と二重写しになる。人類に課せられた奥義に到達すべく学問を究め尽したファウストは、それに飽き足らず、悪魔メフィストフェレスの助力により魔界に降り立ち、時空を超えて様々な体験を重ねる。

私は先生の処女作『魔の系譜』（昭和四十五年　紀伊國屋書店刊）に着目する。先生はファウストの如く、歴史の暗闇に潜む「情念の魔」の世界に単身入りこむ。

その中で取り上げた崇徳上皇は、様々な政治的軋轢のため讃岐に配流、遂には世を恨み、自分の舌をくひ切つたその血で大乗経の奥に呪詛の誓文を書き付けるなどした挙句、悶絶しながら死ぬ。その後魔界の王となり、淡路の廃帝（淳仁天皇）、後鳥羽院、僧玄昉、為朝など、政治的に無念の死を遂げた者達とともに天下擾乱の謀議を企てた。そんな話が巷間に流布したのである（「太平記」「源平盛衰記」等）。それは敗者が生者を支配するといふ不思議な世界だ。先生が「マイナスの意味でのユートピア」と呼ぶ地下の世界が、地上の支配者の脅威の対象となるのだ。後年の権力者達も、崇徳上皇の怨念に異常なほどの恐怖心を抱く。

慶応四年八月二十六日、明治天皇の勅使が讃岐の崇徳帝の御陵に参拝して帝の御神霊に還御を乞ひ、神輿を奉じて九月五日京都に還る。それは戊辰の役で朝廷方が奥州諸藩と一戦を交へんとしてゐた時で、崇徳上皇の霊が奥州諸藩に味方するかもしれないと朝廷が怖れたからである。実に帝の死後七〇五年めのことだ。そして敗者の怨念を怖れる古代的とも言へる感情は現代まで続いてゐる、と谷川先生は指摘する。

また、琉球歌謡中の呪ひの言葉に着目した『南島文学発生論』（平成三年　思潮社刊）は、「いかさまに思ほしめせか」など万葉集の挽歌の常套句が、それまで言はれてゐたやうな悲嘆の心情でなく、若死や自殺、他殺、水死など、事故死した者への呪詛に由来するといふ意外な事実を明らかにしてゐる。これも谷川先生の特異な資質のなせるわざだ。

平成十六年十一月、谷川先生の主宰する「宮古島の神と森を考へる会」に誘はれ、私は初めて宮古島を訪れた。その数日前、先生は「これを読んで感想を聞かせて下さい」と一冊の本を私に手渡した。それが『神に追われて』（平成十二年　新潮社刊）であつた。同書は小説の形を取つてゐるが、ノンフィクションである。宮古島のごく普通の女性に神が憑き、死に直面させられたり気が狂ふほどの苦難を味はつた末、カンカカリヤ（霊能者）になつていく過程を描いたものだ。このやうな理不尽ともいふべき試練の体験は、琉球の霊能者に共通してゐる。

宮古島でお目に掛つた先生は、私を待つてゐたやうに「あの本はどうでした」とお聞きになつた。私が「これほど恐ろしい本を知りません」と感じたままに答へると、先生は満足さうにうなづいた。神から逃れやうとしても神が追ひかけてくる恐怖。霊的なものに敏感な谷川先生でなければ書けない本である。

常世、妣の国など谷川先生の本質に関はる話はまだまだあるが、本稿では広大な谷川健一先生のお仕事の一部分のみを取り上げた。しかし、単なる断片ではない。「魂の民俗学」といふ言葉が日本人の死生観への強い志向を示すのはもちろんだが、それは谷川先生の心の奥底にある、暗い情念への共鳴、霊的な感性、狂気をも反映してゐる。それを感じた者の前に巨大な谷川民俗学の奥深い世界が姿を現すのだ、と私は思ふ。

『谷川健一全集』全二十四巻（冨山房インターナショナル刊）は平成二十五年五月末に完結した。谷川先生はそれを見届け、八月二十四日常世に還られた。そこは陰鬱な場所ではなく明るい冥府のはずだ。先生が願はれた通りに。そして魂の救済を得た『ファウスト』の結末のやうに。

谷川健一先生と常世

たちばなの実のしたたりの地に落ちて昔は残るにほひかすかに

これは谷川健一先生のお歌だ。谷川先生との対談で常世が話題になると橘の香りに話が及ぶ。「日本書紀に、垂仁天皇の命を受けた田道間守《たじまもり》が『ときじくのかぐのみ』を求めて常世の国に行き、それを持ち帰つたものの天皇の死に間に合はなかつた、といふ記述があります。四季を通じてよい香りのする実といふから、これは明らかに柑橘類ですね。柑橘類がたわわに実る常世といふ想ひは、南方から渡つてきた日本人の遥かな記憶です」。

そこで先生は

五月待つ花橘の香をかげば昔の人の袖の香ぞする

の古歌を引かれる。

「いい歌でせう。私は小さい時に母の袖にすがつて外出した時のそれを想ひ出す。私の場合「昔の人」は自分の母です」。

「常世には二つの観念があります。いつも穀物や果実が実つているやうな、南につながる遥かな空間。もう一方では無限に遡る祖霊たちの時間。この時間と空間の交差したところが常世なのです。日本人以外にこのやうな他界観を持つた民族はゐません。私は常世こそが日本人の思想の原点なのだと確信してゐます」。

「私は他界が懐かしい場所であつてほしいと思つてゐます。私には常世に対する信頼感のやうなものがあります。地獄に行つて閻魔大王に舌をぬかれたり、鬼に骨を砕かれたりするのはいやですからね。私は、死んでなほ刑罰を受けねばならぬやうな他界を信じません」。

「日本神話では妣《はは》の国、常世、根の国が混然一体となつてゐますが、特に妣の国に対しては、母を恋ひ慕ふ永遠の感情が流れてゐるのです。妣の国は日本の永遠の憧れであり、哀しみの、あるいは喜びの源泉であると思ひます」。

私はここに谷川先生の民俗学の根源を見る。それはあたかも妣の国を慕ひ続けた素戔嗚尊《すさのをのみこと》を髣《ほう》髴《ふつ》とさせる。素戔嗚はいつも母を恋ひ慕ふ。天照大神の怒りを買ひ高天原を追放された素戔嗚は、青草で編んだ蓑笠を身につけ、泣きながら妣の国に向かふ。その素戔嗚をあたかも自分自身のやうに思はれるのが谷川先生なのだ。

谷川先生は平成二十五年八月二十三日に御自宅で倒れられた。深夜、最先端の集中治療室、瞑目して安らふ先生の枕辺に淡く漂《ただよ》ふのは橘の香り、遠く微かに響くのは渚に寄せる常世浪か。旅立たれたのは翌朝である。

谷川先生の愛《め》でられた歌二首

常世べにかよふと見しはたちばなのかをる枕の夢にぞ有りける　林櫻園
（熊本生れの神風連の思想的指導者。明治三年没）

子らに恋ひ朝戸を開き吾が居れば常世の浜の浪の音聞ゆ　浦島子
（浦島が海神の娘に送った歌。「丹後国風土記」逸文）

谷川先生との対話を懐かしむ

谷川先生が亡くなられて三か月になる今、この追悼文を書いてゐる。先生は日本人の魂のゆくへについて思ひをめぐらされた。その中でも、あの世とこの世の境は渚であり、死者の魂はまたこの世に還つてくるといふ循環の思想に共感を抱いてをられた。あの世とこの世の敷居は低い。先生はさうお考へだつた。

「全集が完結するまで死ぬわけにはいきませんよ」と谷川健一先生は笑ひながら話してをられた。いつも『谷川健一全集』の「巻末対話」のお相手をさせて頂いた私は、「全集完結で先生が筆を置かれては困ります。まづ百歳まで執筆をつづけて頂いて、そのあと悠々自適といふことで」とお話するのが常であつた。本当に、私はさう考へてゐた。九十歳を過ぎられてからも頭脳明晰、全集の私との対話では、手元に何の資料も置かぬまま、微笑みながら私の眼を見つめ、固有名詞も忘れることなく、滔々とお話しされた。話題は次から次へと広がつていつた。

私は宮城県の生まれだが、中学、高校時代は公務員の父の転勤に伴ひ山口県に住んでゐた。下関市にある安岡といふ響灘に面した郊外の町で、私達の住む官舎の脇を走る国道一九一号線を越えて百メートルも行けば、そこは砂浜の広がる海岸だつた。

官舎の三階の北側の窓から、明るい陽射しを受けて輝く響灘に六連島《むつれじま》と藍島《あゐのしま》が見え、その背後には工場群が吐き出す薄汚れた煙に覆はれた北九州の街が遠望された。家の前の国道を長門市青海島行きの定期バスが走つてゐた。「きれいな名前の島だな」と中学生の私は思つた。それから十年後、私は宮城県の仙台市に本社のある会社に勤め始めた。そこの取引先の企業が新潟県の南西端の青海町といふ所にあるのを知り、「山口県と新潟県は遠く離れてゐるのに、「青海」といふ地名とまたここで出会ふとは」と私は面白く感じた。

しかし、谷川先生の御本を読んで、それらすべてが同じ脈絡にある場所といふことを知り、大変驚いた。新潟県青海町に青海神社があり、山口県長門市青海島にも、また下関市六連島にも青海神社がある。そして六連島の四キロ沖合にある藍島は、沖縄で云ふ「奥武島《おうのしま》」ではないかと先生はおつしやる。

沖縄ではかつて遺体を海蝕洞窟に葬つたが、その洞内は外部から差し込む光の加減で黄色い光に満たされていた。沖縄では古代から近代にいたるまで、色の名は赤白黒青の四色しかなかつた。そして赤白黒以外の漠然とした色は青と呼ばれた。だから洞内の淡い光も青と言つたのである。それは死者の世界の色だ。その風葬のための洞窟は地先の小島に求められた。それでその小島を「青の島」「奥武島」と呼ぶやうになつた。

谷川先生は沖縄の学者仲松弥秀の唱へるこの学説に強く惹かれた。いはゆる青の文化は海人族により、琉球から九州沿岸を経て本州沿岸沿ひに運ばれた。この青の観念の論考は谷川民俗学の核心部分の一つを形成してゐる。

谷川先生が調査のため初めて沖縄に渡られた昭和四十四年、中学生の私は下関で青海島行のバスを眺めてゐた。「青海」に白い砂浜に青い海を思ひ浮かべてゐた当時の私は、その「青」が死者の世界の色とは夢想だにしなかつた。

普通の生活者に身近な地名が、遠く古代の精神生活にまで繋がる。地名は時間と距離的空間をも内包した、人間の営みを反映する極めて有機的な何かである。決して記号などではない。このことを考へれば、我々が何千年にもわたり歩んできた道を教へてくれる生きた文化財と言ふことが出来る。

地名について谷川先生は「大地に刻まれた人間の過去の索引である」とおつしやられた。また「時間の化石」とも表現された。例へば隠岐、対馬と云ふ地名は魏志倭人伝に記録されてゐる。驚くべきことに現代の我々は弥生時代の人間と同じ地名を使つてゐるのである。

谷川先生によれば、昭和三十七年に施行された住居表示に関する法律により、最初の五年間で市街地の地名の四割が抹殺され、改変されたといふ。また平成の大合併により、陳腐なカタカナ地名や、思ひ付き地名が続出した。しかし政府はそれを放置したままでゐる。これを文化の破壊と言はずしてなんといふか。譬へて言へば、弥生時代の銅鐸を廃品回収に出し、天平時代の仏像を粗大ごみとして廃棄するやうな愚行が政府の法律に基づき押し進められ、国民の大部分もそれに加担したのである。

私は谷川先生の最高のお仕事は『青銅の神の足跡』と『白鳥伝説』だと考へてゐる。とりわけ前者を発展的に展開させた『白鳥伝説』は、古代統一国家成立にからむ物部氏一族の壮大な叙事詩であるとともに、縄文時代にまで遡る蝦夷の意識の連続性を明らかにした古代史の金字塔である。

神武東征以前の物部氏については古事記や日本書紀に断片的にしか触れられてゐない。まして現代の我々には、縄文時代における先住民、原住民の意識など知るすべもなかつた。それまで古代史の研究は発掘と文献にのみ頼つてゐた。谷川先生はそれを、地名、古伝承、神社、氏族といふ四つの鍵を手掛かりに解き明かしたのだ。この四つを発掘の成果や文献と照らし合はせ、複合的に検証していくことで、実に合理的に古代の深層が明らかになつていくのである。まさに谷川先生の天才たる所以である。

しかし、ここまで書き進めてきてふと思つた。これはどう考へても追悼文と言へぬ。まるで全集の巻末対話の続編のやうだ。『谷川健一全集』の巻末対話はいつもこんな心持ちで進めてきた。先生は今も私の傍らに居られる。私はこれからも谷川先生と対話を続けていけるやうな気がしてゐる。

だがそれは私だけでは終はらない。百年後、あるいは二百年後に『谷川健一全集』を紐解く青年が谷川先生との対話にのぞむ時、遥か彼方の水平線から空を染めつつ姿を現す太陽のやうに、先生の思想はその若者の心を赤々と照らし始めるのだ。

隠岐や対馬といふ地名が現在に至るまで数千年の命を保つてゐる如く、先生の思想も生き続ける。それは、自らを常世人《とこよびと》と呼んで笑つてをられた、天才谷川先生の永遠の特権である。

谷川先生との対話の楽しみ―『谷川健一全集』巻末対話を終へて

平成十八年に『谷川健一全集』（全二十四巻　冨山房インターナショナル刊）の計画が持ち上がつた際、谷川先生から「全集の各巻末に私と大江さんの対談を載せませんか」とお話があつた。普通の全集だと各巻毎に解題が付く場合が多いが、「それではありきたりで詰らない」とのこと。私は民俗学や地名研究の専門家ではない。「毎回その巻に相応しい方に対談頂くのが良いのでは」と申し上げたが、結局私が「巻末対話」の聞き役を務めることになつた。

谷川先生にお話を伺ふ楽しさは私の手掛けた『魂の民俗学―谷川健一の思想』で既に経験してゐる。平成十六年の八月、宮城県の蔵王山麓にある遠刈田温泉で、二泊三日、十三時間にわたりお話を伺つた。先生の幼児期の強烈なキリスト体験や編集者時代のこと、主要な著作の背後にあるものなど、様々なことをお聞きした。まだ全集の構想もなかつた頃で、仙台で本の編集、出版を手掛ける南北社の玉田尊英社長の御助力により実現した。

きつかけはかうである。知り合ひの民俗学者赤坂憲雄さんと私とで「偉大な谷川民俗学が我国で正当な評価を受けてゐない。それは由々しきことだ。谷川先生の民俗学の全体像を明らかにし、世に知らしめる本を作らう」と云ふ話になつた。

当時、仙台に住んでゐた私が東京の谷川先生をお訪ねし、趣旨を御説明した。私自身谷川先生に強く惹かれてゐることなど申し上げつつ、「赤坂憲雄さんが聞き手となつて谷川先生のお話を伺ふ形の本にしたい」と申し上げた。谷川先生は「赤坂君は学者として私と考へが異なるところがある。逆に大江さんにはさういふしがらみがない。大江さんが聞き手になるなら引き受けませう」と話されたのだ。

谷川先生とお話しするのは実に楽しい。それは私のあまたの関心事項と谷川先生のそれと重なる部分が多いからだ。まづ日本人の死生観に関する共通の問題意識がある。日本人とは何か、といふ本質的な問題である。これは私が大学時代、柳田國男を読んでから思ひ続けてきたことだ。それ以外に古事記、日本書紀、万葉集、松尾芭蕉、福田恆存、小林秀雄、保田與重郎、本居宣長、白川静、三島由紀夫、ドフトエフスキー、シェークスピア、神道、キリスト教などいろいろある。それら共通の関心事項があるから、対話に広がりがあり、興味が尽きないのだ。

平成十四年、私は、勤め先の会社が主宰する文化講演会の企画担当者として、開催地の盛岡で初めて先生にお目に掛つた。お帰りのタクシーに御一緒させて頂いたをり、私は自分が深く関心を抱く白川静の漢字学や三島由紀夫の『豊饒の海』を話題にした。すると先生はそれぞれに対し、深い認識をお示しになつた。私はこれらの話題で本質的なお話をされる方に初めて出会つた。

それから一週間ほどして私宛に分厚い書類封筒が届いた。裏を見ると谷川先生のお名前がある。

開封してみると、『豊饒の海』に登場する神風連の乱に関する谷川先生の文章のコピーであつた。ちなみに神風連の乱は明治九年に熊本で起きた士族の反乱である。白川静に関する先生の文章も同封されてゐた。私が感激したのは言ふまでもない。

全集の対談は各巻刊行の間隔と同じ三か月に一度のペースで、夕方五時半から冨山房インターナショナルの事務所で行つた。五時半と云ふのは私が会社での仕事を終へてから、と云ふ谷川先生の御配慮である。

最初は文京区にある同社編集部の分室を対談の場所としてゐたが、のちに神田神保町の本社社長応接室に場所を移す。この社長応接室が素晴らしかつた。部屋の周囲の書棚には、百二十五年を超へる冨山房の歴史的な書籍がぎつしりと並んでゐるのである。谷川先生が尊敬して已まない吉田東伍の『大日本地名辞書』もある。古書特有の匂ひに満ち、先人達の眼差しを背後から感じる、まさに谷川先生との対談に相応しい場所であつた。

私は毎回七、八項目程度の質問を簡単な箇条書きにして事前に先生にお送りし、当日はそれに基づいて対談をさせて頂く。この質問は谷川先生のお話を引き出すきつかけに過ぎない。先生は資料などお持ちにならず、驚異的な記憶をもとに自在にお話をされる。小一時間お話を伺つたところで、先生が「まあ大体こんなところですかね」とおつしやつて終了となる。先生御自身もこの対話を楽しんでをられた。

編集作業も楽しかつた。谷川先生の御発言をなるべく生かしつつ、先生のお考へが明確になるやうに並べ替へや削除などを行ふ。最初は「ここまで大胆に整理してよいものか」と云ふ迷ひもあつた。しかし、三十代の頃の谷川先生が、のちにベストセラーとなる平凡社の『風土記日本』の編集を担当された時、大御所の先生方の原稿を情け容赦なく書き直したり削つたりしたことを思ひ起し、お許し頂かうと心に決めたのである。谷川先生は固有名詞の誤りなどは修正されるが、それ以外は殆ど手を入れられることがない。信頼して頂けるのは編集者冥利に尽きる。

最後に、私が谷川先生に惹かれた最大の理由を記しておきたい。それは私が谷川先生を天才だと直感したからである。

例へば『白鳥伝説』だ。古代史の闇に埋もれてゐた物部氏の東遷、それを大和朝廷成立の根柢に見据ゑた同書を読み終へた時、私は先生の天才を確信した。しかし世間はそれに気が付かない。学界は谷川先生を、在野の研究者だからなのか無視し続ける。それで私は冒頭に述べた対談集『魂の民俗学—谷川健一の思想』を上梓したのである。

その本が出版される直前、『谷川健一全集』の発刊が決まつた。私は『魂の民俗学—谷川健一の思想』のあとがきにかう書いた。「私はこの全集が、「日本人とは何か」を想ふ、百年後二百年後のたつた一人の天才のためにも用意されるべきと心密かに考へる」。

谷川先生はこれを御覧になり「大江さんはひどいことを言ひますね。たつた一人のためですか」とおつしやつた。そして、愉快さうにお笑ひになつた。

谷川先生とお話ししたいと思ふ事

私は『谷川健一全集』全二十四巻の巻末対話で、毎回先生のお話の聞き手を務めた。全集以外も含めると、谷川健一先生との対話の回数は優に三十回を超えてゐる。先生が何の専門も持たぬ私を対話の相手にして下さつたのは有難いことだつた。

なかでも印象深いのは「キリスト教について」と題した全集最後の巻末対話である。いつもと異なり、これは特に私の方からお願ひした題目であつた。すると先生は「いつかこのことを話したいと思つてゐた」とおつしやつた。そしてこれが谷川先生との最後の対話となつた。

谷川先生は幼児期からイエスに深く心を寄せてをられたが、青年期になりキリスト教に幻滅する。しかしそのあともキリスト教の精神が先生の思想に潜在してゐると感じた私は、どうしてもそれを直接伺ひたかつたのだ。いつも巻末対話では、笑顔の谷川先生が「話すことが楽しくて仕方がない」といふ表情で滔々とお話しになる。しかし、この回はいつもと趣が違つた。

谷川先生は最初に法悦とも云ふべき幼児期の強烈なイエス体験を語る。それを追体験しようと再度青年期にキリスト教に近づくが、西洋中心のカトリックに違和感を抱き、以後キリスト教と疎遠になつたことを話された。そして日本人に合ふ信仰とは何か、と思ひを巡らすとともに、話はニヒリズム、アナーキズムに至り、トルストイやドフトエフスキーの思想が語られる。

そこで私はドフトエフスキーの『カラマーゾフの兄弟』における、無神論者イワンとその弟で敬虔な修道僧アリョーシャとの問答の場面を問うた。この世に神が存在するなら、どうして罪のない無垢な幼児が親に虐待される非合理が生ずるのか。この問ひには答へがない。ただこの問ひを私の慕ふ谷川先生と共有したかつたのだ。

谷川先生は苦渋の表情を浮かべながら私を見つめ、しばし沈黙した。そして逡巡しながら、「それはこの世の不条理の典型です。これは人類全体の問題であり、その意味で不条理を超える力を求めねばなりません」と沈んだ眼差しで述べられたのである。

私は高校を卒業するまで幅広く本を読むと云ふことがなかつた。だが、大学に入る頃、福田恆存や小林秀雄の評論に出会ふ。当時小林は「新潮」に最後の長編『本居宣長』を連載中だつたし、福田は演劇活動の傍ら「文藝春秋」等の月刊誌にものごとの本質に迫る評論を次々に寄稿してゐた。

彼らは遥かに仰ぎ見る存在であつた。私は小林や福田の古典への造詣の深さを目の当たりにし、自らの無知を恥ぢた。そして少しでも彼らに近づかうと、必死に背伸びをしつつ本を読み始めた。聖書、ドフトエフスキー、トルストイ、万葉集、古事記、平家物語、論語、シェークスピア、カント、ゲーテ、ヘーゲル、ニーチェ、フロイト、ユング、保田與重郎等々。

私の同世代の人間でこれらの書物を広範に読んでゐる人間に出会ふのは難しい。もはや古典に敬意を払ふ時代ではないのだ。でも私は別にそれらを古臭いとも思はぬ。なにせ小林や福田に少しでも近づくのが私の願ひだつたから。しかし、これらにより生れる私の様々な思ひを一体誰と分かち合つたらよいのか。

そんな自分が出会つたのが谷川健一先生なのだ。私は「巻末対話」の聞き手として、これらの古典を踏まへながら、民俗学、古代史や和歌などについてお話し出来ることが嬉しくて仕方がなかつた。対話の当日、冨山房の応接室のすりガラスの重い扉を押し開けると、明治以来の出版物が書棚に並ぶ、古書の匂ひに満ちた冨山房の歴史そのものの部屋の一角で、古びたこげ茶の革張りの椅子に腰かけ、お気に入りのよれよれの紺の帽子を被り全集の打合せをしてをられる先生が、いつも「やあ、大江さん」と満面の笑みで迎へて下さるのだ。暫くして「そろそろ始めませうか」とのお声掛けで対話が始まる。

しかし考へてみると、私は本当に聞き手であつたのだらうか。逆に谷川先生の方がいつも私の話を聞いて下さつてゐたのではないか。そして私の拙い問ひを素材に、谷川先生は私との対話を楽しんでをられたのではないか。ああ、さうに違ひない。

先日ドフトエフスキーの『罪と罰』を三十数年ぶりに再読した。その印象は若い時と違つてゐた。また谷川先生とお話ししたいと思つた。

ドフトエフスキーと谷川健一

平成二十六年十一月、次男のヴァイオリンリサイタルのため、家族ともどもロシアのサンクトペテルブルクを訪れた。ドフトエフスキーの数々の小説の生まれた地である。

私、長男と家内の三人は滞在三日目の午前中、重苦しい鉛のやうな冬空の下、『罪と罰』の舞台となつた家々や路地を案内書を頼りに巡り歩いた。ラスコーリニコフが苛々しながら歩いてゐた街路や自首のため赴いた警察署。ヨーロッパ様式の古いアパートの連なる街並みは、執筆当時の十九世紀中頃の面影を色濃く残してゐた。

娼婦ソーニャの諭しにより、主人公が大地に接吻したセンナヤ広場は、今も庶民が行き交ふ喧噪の地であつた。これまで曖昧だつた小説の風景の輪郭が、古い絵葉書を見るやうにはつきりと現れるのを感じた。

翌日の午後は、同市随一の繁華街ネフスキー大通りの東の端、アレクサンドル・ネフスキー大修道院にあるドフトエフスキーの墓を訪れた。それは、人もまばらな、寒々とした墓地の一角にあつた。木立の下、じつと遠くを見つめる彼の胸像の置かれた墓石の上には、昨夜の小雪が薄つすらと積もつてゐた。

帰国後、私はまるで憑かれたやうに、ドフトエフスキー全集の第一巻の『貧しき人々』から最後の『カラマーゾフの兄弟』までの全作品を五か月かけて繰り返し読み耽つた。つい数か月前自ら歩いたロシアの街並みの中に、登場人物たちが蘇へる喜びは何ものにも替へ難いものがあつた。

ドフトエフスキーは、自分の中の強固なニヒリズムと一生闘ひ続けた人間である。最後の大作『カラマーゾフの兄弟』で、自作の「大審問官物語」を話して聞かせる無神論者の兄イワンと、それに聞き入る敬虔な修行僧の弟アリョーシャ、まさに対極的な二人のいづれもが彼の分身なのだ。

一八四六年、ドフトエフスキーは処女作『貧しき人々』で文壇に華やかに登場した。彼は西欧の社会主義思想に感化された良心的な知識人であり、虐げられた民衆を救ふのが己の責務と考へてゐた。その彼が一八四九年社会主義サークルの事件に連座し、シベリア流刑になる。そして、貴族で知識人たるドフトエフスキーが監獄で目の当たりにしたのは、民衆出の囚人達と彼との間に横たはる深い溝であつた。母なる大地を母体とする、彼らの敵意に満ちた眼差しを前に、無神論者たる彼は、自分が民衆から完全に分離してゐることを実感した。そして、民衆の中にこそ神が宿ると確信する。たとへそれが殺人者であらうと酔ひどれであらうとだ。彼はそこにロシア正教の根源を見るのである。ドフトエフスキーのニヒリズム克服の萌芽がここにある。

さて、日本民俗学の孤高の巨人、谷川健一もニヒリズムに苦しんだ人だ。私は同氏とよくドフトエフスキーについて話した。それは谷川健一といふ人の心の奥を垣間見る得難い機会であつた。谷川健一は幼児期、日曜学校で見た「イエスの生涯」といふ映画をきつかけに、熱病にでも罹つたやうにイエスに対する強い憧れを抱く。寝ても覚めても頭からイエスのことが離れず、その陶酔状態は小学校入学前の一年間続いたといふ。

青年になり、法悦とでもいふべきその感動を追体験しようと彼はキリスト教に再接近する。だが、東洋人など歯牙にもかけぬ権威主義的なカトリックに幻滅し、距離を置くやうになる。のちの彼の歌集『青水沫』に「十字架にかかれるイエスを見詰めをりハシブトカラス不信の眼して」といふ歌がある。私が意味を問ふと、氏は「ハシブトカラスは自分のことです」と答へた。

谷川健一は平凡社の天才編集者として活躍してゐたが、結核が再発したため入院、昭和四十九年、激しい情熱に突き動かされ、当てもないまま病院を飛び出し、沖縄の地を踏む。それを皮切りに十年間、日本各地を歩き回る。そして名もない貧しい庶民達から話を聞き、文献からは窺ひ知ることの出来なかつた日本人の死生観の本質を知るのである。

ドフトエフスキーと谷川に共通するもの、それは小さき民への無限の愛情と敬意である。宗教上の教義とは別の、アニミズム的な心情を基盤に持つ民衆、その彼らへのほとんど崇拝ともいふべき心持ちなのだ。時代と場所を異にした二人だが、奇しくも大地に根ざした庶民のアニミズム的な心情に宗教の本質を見出してゐるのである。

青年期にキリスト教と絶縁した谷川だが、彼は終生、貧しい民衆とともに歩んだイエスへの信頼を失ふことは無かつた。それはニヒリズムを乗り越えるための唯一の「蜘蛛の糸」であつた。はたして谷川健一はニヒリズムを克服しえたであらうか。

平成二十三年の東日本大震災のあと、谷川は被災地の歌人たちの歌を集めた『東日本大震災詩歌集　悲しみの海』(谷川健一・玉田尊英 編)を上梓したが、その最後に自詠を置いた。その中の二首。

みどり児はその手に青き麦の穂をにぎりしめしか波のまにまに
大波もやさしく抱けよゆりかごに眠るみどり児目ざめぬやうに

宮古島のカンカカリヤ

谷川健一先生から「『宮古島の神と森を考へる会』のシンポジウムに参加しませんか」とお誘ひを頂いたのは、平成十五年の十二月であつた。まだ宮古島に行つたことのなかつた私は、喜んで先生のお伴をすることにした。

先生は私に一冊の本を下さつた。題名は『神に追われて』。「この本に出てくるツル子さんも来ますよ」。宮古島のシャーマン「カンカカリヤ」の根間ツル子さんを中心に描いた谷川先生のノンフィクションである。カンカカリヤは相談に訪れた者に神意を示すことを生業とする。

普通の生活を送つてゐる人が、ある日突然、神に魅入られる。神はその人間に厳しい試練を与へる。幻視や幻聴に襲はれ、夜中にさまよひ歩く。その行動は周囲の人間には気が狂つたやうにしか見えない。この状態を神ダーリと呼ぶ。それを乗り切つた者だけがカンカカリヤとなる。しかし、耐へ切れずに発狂し、自殺してしまふこともあるといふ。

読了後、私は谷川先生に「これほど恐ろしい本に出会つたことがありませんでした」と申し上げた。それは私の偽らざる気持ちであつた。

宮古島に着いた翌日、シンポジウムに参加する人たちが、地元でのお世話役である陶芸家の佐渡山安公さんの窯場に行き、併設された茶房でお茶を飲んだ。そこに根間ツル子さんもゐた。私はずつと端の席にゐたが、谷川先生が「大江さん、折角だからこちらにいらつしやい」と、根間さんの隣に呼んで下さつた。

「ツル子さん、この人はね、『神に追われて』を読んで『これほど恐ろしい本はない』と言つたんですよ」と私を紹介して下さつた。私は根間さんが眼光鋭い人だと想像してゐたが、予想に反して、穏やかで笑顔を絶やさぬ人だつた。

私は『神に追われて』で感じたことを述べた。倭《やまと》姫が天照大神の御杖代《みつゑしろ》として彷徨ひ歩いた話が神ダーリに似てゐる、とも話した。

しばらく話をした後、根間さんがぽつんと言つた。「あなたがもし宮古島に生まれてゐたら、神様が降りてくる人だ」。

その日、谷川先生の歌碑の除幕式があつた。神事は根間さんが執り行つた。歌碑は刈り取つてきた蘆で厚く覆はれてゐる。白装束に身を包み、歌碑に向かつて祈る根間さんの姿を見ながら、私は考へた。根間さんが私に見たものは狂気であらう。私の神ダーリになりさうな性質。でも、私にそれがあるからこそ、私は、日本人の霊魂観に特別の関心を抱く柳田國男や谷川健一先生に強く惹かれるのだ。

神事は終はつた。笑顔の谷川先生が、手にした綱を勢ひよく引いた。青々とした蘆の下から、背丈ほどもあるずっしりとした肌色の大理石が現れ、日の光に輝いた。

みんなみの離りの島の眞白砂に
わがまじる日は燃えよ花礁も
健一

谷川健一先生と日下

私は出不精である。でも用事で何処かに行くことになると俄然張り切る。大概はその近傍の谷川健一先生にゆかりのある場所を訪れる。

平成二十六年七月に東大阪市に行く都合が出来た。用事は午後二時半で終はつた。夏の日は長い。近鉄奈良線の最寄り駅で電車に乗り、そこから二十分ほどの石切駅に向かふ。谷川先生の大著『白鳥伝説』発端の地、生駒山脈の西の麓「日下《くさか》」の地に立つのである。古事記によれば「日下の蓼津《たでつ》」が神武東征の上陸地だ。古事記の序文に、日下と書いて「くさか」と読む、とある。この記述から、古事記編纂時、すでに何故「くさか」と読むのか不明であつたことが推測される。日本書紀では「草香」と表記される。大阪城の立つ上町台地を除いて、古代の難波は生駒山地の麓まで巨大な潟湖であつた。神武軍が船で日下に押し寄せたのも道理だ。戦場となつたのは生駒山脈の西斜面、急峻な孔舎衙坂《くさかざか》で、これが大和への近道である。

この戦ひで、神武軍は、物部の始祖で大和の支配者、饒速日尊《にぎはやひのみこと》の軍勢に敗北する。「日神の子孫が天道に背き、日に向かつて戦つたからだ」と日本書紀にある。

かつて瀬戸内海を東に航行してきた帰化人たちは、その行き着く果て、難波潟の一番奥から太陽が昇るのを見た。その場所が生駒山脈の麓、日下なのだ。さう『白鳥伝説』は記す。谷川健一先生は諸説を比較し、この「日下」が本来ヒノモトと読まれ、昇る朝日を迎へる太陽信仰の拠点であることを解き明かした。

「飛ぶ鳥の明日香」から、飛鳥を「あすか」と読むやうになつたのと同様、「日下（ひのもと）の草香」から、日下が「くさか」と読まれるやうになつた。

また「日下（ひのもと）」は、幾多の変遷を経て現在の国名「日本」となる。

『白鳥伝説』は弥生時代から鎌倉時代後期に至る、物部氏の九州から津軽までの日本列島縦断の大移動を描く。それは正史から抹殺された歴史だ。

私は石切で下車し、十分ほど坂を上つて饒速日尊を祭神とする石切《いしきり》劔箭《つるぎや》神社《じんじや》の上之社に参つた。社の周囲は樹木に遮られ眺望が利かないが、少し坂を下るといはゆる難波の地が一望出来た。見渡す限りの街並みであり、はるか西の彼方には夕日を浴びた高層ビル群。物部氏所縁の四天王寺もあのあたりか。

日没までにまだ時間がある。私は坂道を下り三十分ばかりで本社に辿り着いた。社殿の前にはお百度石があり、そこをみすぼらしい身なりの男が、何かに憑かれたやうな面持ちで往復してゐる。ここには末期癌患者の親族も一縷の望みを抱いて数多く来ると云ふ。

夕闇の迫る境内、年のころ五十歳くらゐのこの男は、物部の始祖の饒速日尊に何を祈るのか。物部は生きてゐる。谷川先生はいつも敗れた者の味方だ。「大江さん、よくここに来てくれましたね」。先生の笑顔が心に浮ぶ。

初出一覧

第一部　対話のたのしみ

一～二十三　『谷川健一全集』第一巻～第二十三巻「巻末対話」（冨山房インターナショナル　二〇〇六年五月二七日～二〇一二年十月二九日）
二十四　『日本人の魂のゆくえ』「対談・日本人の魂のゆくえ」（冨山房インターナショナル　二〇一二年六月九日）

第二部　魂の民俗学と私

見るべき程のことは見つ（「短歌往来」二〇一四年一月号）
魂の民俗学―谷川健一の根柢にあるもの（『道の手帖　谷川健一―越境する民俗学の巨人』二〇一四年二月　河出書房新社）
谷川健一先生と常世（谷川健一主宰「海の宮」第八号・冬、二〇一四年一月）
谷川先生との対話を懐かしむ（日本地名研究所編『追悼　神は細部に宿り給う』二〇一四

年五月）
谷川先生との対話の楽しみ―『谷川健一全集』巻末対話を終へて（谷川健一主宰『海の宮』第六号・冬、二〇一三年一月）
谷川先生とお話ししたいと思ふ事（谷川健一創刊「海の宮」第九号・春、二〇一五年一月）
ドフトエフスキーと谷川健一（「海の宮」第十号・秋、二〇一五年九月）
宮古島のカンカカリヤ（「海の宮」第二号・冬、二〇一〇年一二月）
谷川健一先生と日下（「地名と風土」第十号、二〇一六年三月）

谷川 健一（たにがわ　けんいち）
1921年　熊本県水俣市生まれ。東京大学文学部卒業。
民俗学者、歌人。初代日本地名研究所所長。
2007年　文化功労者に顕彰される。
2013年８月24日　逝去。
『南島文学発生論』で芸術選奨文部大臣賞、南方熊楠賞受賞。
「海霊・水の女」で短歌研究賞を受賞。
壮大な業績の全容は『谷川健一全集』に収められている。

〈編著者紹介〉
大江 修（おおえ　おさむ）
昭和30年　宮城県生まれ。
昭和55年　早稲田大学法学部卒業。
学生時代に柳田国男の著作を読み感銘を受ける。
『谷川健一全集』の「巻末対話」で７年間に亙り
聞き手を務める。
編に『魂の民俗学――谷川健一の思想』（冨山房インターナショナル）がある。
現在、会社員。仙台市在住。

装丁　　富山房企畫　滝口裕子

谷川健一《たにがわけんいち》の世界《せかい》
―― 魂の民俗学が遺したもの ――

2016年10月27日　第１刷発行

編　者　大《おお》　江《え》　　修《おさむ》
発行者　坂　本　　喜　杏
発行所　株式会社 冨山房インターナショナル
〒101-0051　東京都千代田区神田神保町1-3
電話　03（3291）2578　Fax 03（3219）4866
URL www.fuzambo-intl.com

印　刷：株式会社 冨山房インターナショナル
製　本：加藤製本株式会社

ISBN978-4-86600-018-3

谷川健一全集

菊判　布表紙　貼函入り　全24巻

第1巻	古代1	白鳥伝説
第2巻	古代2	大嘗祭の成立　日本の神々　他
第3巻	古代3	古代史ノオト　他
第4巻	古代4	神・人間・動物　古代海人の世界
第5巻	沖縄1	南島文学発生論
第6巻	沖縄2	沖縄・辺境の時間と空間　他
第7巻	沖縄3	甦る海上の道・日本と琉球　渚の思想　他
第8巻	沖縄4	海の群星　神に追われて　他
第9巻	民俗1	青銅の神の足跡　鍛冶屋の母
第10巻	民俗2	女の風土記　埋もれた日本地図(抄録)　他
第11巻	民俗3	わたしの民俗学　わたしの「天地始之事」　他
第12巻	民俗4	魔の系譜　常世論
第13巻	民俗5	民間信仰史研究序説　他
第14巻	地名1	日本の地名　続 日本の地名　他
第15巻	地名2	地名伝承を求めて　日本地名研究所の歩み
第16巻	地名3	列島縦断 地名逍遥
第17巻	短歌	谷川健一全歌集　うたと日本人　他
第18巻	人物1	柳田国男
第19巻	人物2	独学のすすめ　折口信夫　柳田国男と折口信夫
第20巻	創作	最後の攘夷党　私説神風連　明治三文オペラ　他
第21巻	古代・人物補遺	四天王寺の鷹　人物論
第22巻	評論1	常民への照射(抄録)　評論　講演
第23巻	評論2	失われた日本を求めて(抄録)　評論　随想
第24巻	総索引	総索引　年譜　収録作品一覧

送呈・内容見本　　各6,500円・揃156,000円(税別)